Fulton J. Sheen
O PRIMEIRO AMOR DO MUNDO

Maria, a Mãe de Deus

TRADUÇÃO
Cristian Clemente

petra

Título original: *The World's First Love*
Copyright © Espólio de Fulton J. Sheen/ The Society for the Propagation of the Faith/ www.onefamilymission.org. Todos os direitos reservados.

Direitos de edição da obra em língua portuguesa no Brasil adquiridos pela PETRA EDITORIAL LTDA. Todos os direitos reservados. Nenhuma parte desta obra pode ser apropriada e estocada em sistema de banco de dados ou processo similar, em qualquer forma ou meio, seja eletrônico, de fotocópia, gravação etc., sem a permissão do detentor do copirraite.

PETRA EDITORA
Rua Candelária, 60 — 7.º andar — Centro — 20091-020
Rio de Janeiro — RJ — Brasil
Tel.: (21) 3882-8200

Imagens de capa: Pierre Joseph Redouté, ilustração de *Les liliacèes* (1759-1840). Aprimorada digitalmente por rawpixel.com.

Sandro Botticelli, *A Virgem e o Menino (A Madona do Livro)*, têmpera, 1480. Museu Poldi Pezzoli, Itália.

Leonardo da Vinci, *Estudo da cabeça de uma jovem*, ponta de metal sobre papel preparado com destaques em branco (c. 1488-90), 181 x 159 mm. Biblioteca Reale, Turim.

Dados Internacionais de Catalogação na Publicação (CIP)

S541p   Sheen, Fulton J., 1895-1979
           O primeiro amor do mundo: Maria, a Mãe de Deus / Fulton J. Sheen; traduzido por Cristian Clemente. – 1.ª ed. – Rio de Janeiro: Petra, 2022.
           232p. 15,5 x 23 cm

           Título original: *The World's First Love*
           ISBN: 978-65-88444-52-8

           1. Cristianismo. I. Clemente, Cristian.II.Título.

                                       CDD: 233
                                       CDU: 2-184

André Queiroz – CRB-4/2242

Dedicado à mulher que amo

A Mulher com que o próprio Deus sonhou
Antes da criação do mundo;
A mulher de quem nasci
À custa de dor e trabalho na cruz;
A Mulher que sem sacerdócio
Podia dizer no Calvário:
"Eis o meu Corpo, eis o meu Sangue."
Pois ela somente deu-lhe vida.
A Mulher que guia minha pena,
Vacilante nas palavras,
A falar da Palavra.
A Mulher que, no mundo vermelho,
Exibe o azul da esperança.
Aceita estes agraços do pensar
Deste pobre autor, sem vinho;
E com a mágica de Caná e o poder do teu Filho
Faz um milagre e salva uma alma —
Sem esquecer a minha pelo caminho.

Sumário

Parte I
A Mulher que o mundo ama | 9

1. O amor começa com um sonho | 11
2. Quando a liberdade e o amor foram uma só coisa: a Anunciação | 21
3. O cântico da mulher: a Visitação | 31
4. Quando a crença na Virgem Maria começou? | 45
5. Todas as mães são iguais, exceto uma | 55
6. A Virgem Mãe | 69
7. O casamento mais feliz do mundo | 77
8. Obediência e amor | 85
9. As bodas de Caná | 97
10. Amor e tristeza | 103
11. A Assunção e o mundo moderno | 111

Parte II
O mundo que a Mulher ama | 121

12. Homem e mulher | 123
13. As sete leis do amor | 133
14. Virgindade e amor | 139
15. Equidade e igualdade | 145

16. A Senhora do mundo | 153
17. Maria e os muçulmanos | 167
18. Rosas e orações | 171
19. Os 15 mistérios do rosário | 181
20. A miséria da alma e a Rainha de Misericórdia | 187
21. Maria e a espada | 199
22. A Mulher e o átomo | 223

Parte I

A Mulher que o mundo ama

1
O AMOR COMEÇA COM UM SONHO

Todos trazem no coração uma espécie de projeto da pessoa amada. O que parece ser "amor à primeira vista" é na verdade a satisfação do desejo, a realização de um sonho. Platão, ao intuir isso, disse que todo conhecimento é recordação de uma existência anterior. Essa afirmação não é verdadeira — não tal como ele a faz —, mas pode ser verdadeira quando se entende que ela quer dizer que cada um de nós já tem dentro de si um ideal; um ideal constituído pelo nosso pensamento, pelos nossos hábitos, nossas experiências e nossos desejos. Do contrário, quando víssemos pessoas ou coisas, como saberíamos de maneira tão imediata que já as amávamos? Já temos uma espécie de padrão ou molde daquilo de que gostamos e desgostamos mesmo antes de encontrar certas pessoas; algumas dessas pessoas se encaixam no molde, e outras, não.

Quando ouvimos uma música pela primeira vez, podemos gostar dela ou não. Nós a julgamos com base na música que já ouvimos dentro de nossos corações. Mentes inquietas, incapazes de fixar o pensamento num só objeto ou perseverar no mesmo ideal, amam músicas que as deixam distraídas, excitadas e agitadas. Mentes calmas gostam de música calma: seu coração possui uma melodia secreta toda sua, e no dia em que alguém toca a partitura, reagem: "É isso." O mesmo vale para o amor. Um arquiteto minúsculo trabalha dentro do coração humano, desenhando rascunhos de amor ideal a partir das pessoas que vê, dos livros que lê, das suas esperanças e dos seus devaneios, enquanto acarinha a esperança de que um dia os olhos possam ver esse ideal e que as mãos o possam tocar. A vida se torna plena no momento em que o sonho é visto andando, em que a pessoa aparece como encarnação de tudo aquilo que o coração amava. O afeto é imediato porque, na verdade, já estava ali, à espera, há muito tempo. Algumas pessoas passam pela vida sem jamais encontrar o que consideram o seu ideal. Seria muito frustrante se esse ideal nunca existisse de verdade. O ideal absoluto de todo coração, porém, existe: é Deus. Todo amor humano é uma iniciação no Amor Eterno. Alguns conseguem encontrar o ideal em substância, sem passar pelas sombras.

O próprio Deus também carrega dentro de si os projetos de tudo que há no universo. Como o arquiteto tem em mente o projeto da casa antes de construir a casa, Deus tem na sua Mente um arquétipo de cada flor, de cada pássaro, árvore, primavera e melodia. Jamais um pincel tocou a tela ou um cinzel golpeou o mármore sem que antes houvesse uma grande ideia preexistente. Da mesma forma, cada átomo e cada rosa é a realização e materialização de uma ideia que existia na Mente de Deus desde toda a eternidade. Todas as criaturas abaixo do homem correspondem ao padrão que Deus tem em sua Mente. Uma árvore é uma árvore de verdade porque corresponde à ideia que Deus tem de árvore. Uma rosa é uma rosa porque é o ideal que Deus tem de rosa, tramado em química e tonalidades e vida. *Mas com as pessoas não é assim.* Deus precisa ter duas imagens de nós: uma delas é a daquilo que *somos*, e a outra é a daquilo que *devemos ser*. Ele possui o *modelo*, e também a realidade: o projeto e o edifício, a partitura da música e a forma como a tocamos. Deus precisa ter essas duas imagens porque em todos e cada um de nós há certa desproporção e inconformidades entre o plano original e a maneira como o executamos. A imagem está borrada; a tinta desbotou. Para começar, a nossa personalidade não se completa no tempo; precisamos de um corpo renovado. Além disso, os nossos pecados diminuem a nossa personalidade; nossos atos maus sujam a tela que a mão do Mestre criou. Como ovos por chocar, alguns de nós recusamos o calor do Amor Divino que é tão necessário para levar a incubação a um nível mais elevado. Estamos constantemente precisando de consertos; nossos atos livres não coincidem com a lei do nosso ser; ficamos aquém de tudo aquilo que Deus quer que sejamos. São Paulo nos diz que fomos predestinados, antes da constituição do mundo, a nos tornar filhos de Deus. Mas alguns de nós não satisfazem essa esperança.

Na verdade, existe uma pessoa na humanidade inteira de que Deus só tem uma imagem, e em quem há uma conformidade perfeita entre o que Ele queria que ela fosse e o que ela é. Essa pessoa é a sua Mãe. A maioria de nós é um sinal de menos, no sentido de que não satisfazemos as altas esperanças que nosso Pai Celeste tem para nós. Mas Maria é o sinal de igual. O ideal que Deus tinha dela é o que ela é, e em carne e osso. O modelo e a cópia são perfeitos; ela é tudo o que foi previsto, planejado e sonhado. A melodia da sua vida é tocada tal qual fora composta. Maria foi pensada, concebida e planejada para ser o sinal de igual entre ideal e história, pensamento e realidade, esperança e realização.

É por isso que, ao longo dos séculos, a liturgia cristã aplicou a ela as palavras do Livro dos Provérbios. Porque ela é o que Deus queria que todos nós fôssemos, a liturgia fala dela como o projeto eterno na Mente de Deus, como aquela a quem Deus amou antes de ser criatura. Ela chega mesmo a ser retratada como se estivesse ao lado Dele não apenas na criação, mas ainda antes da criação. Existia na Mente de Deus como pensamento eterno antes de existirem outras mães. Ela é a Mãe das mães. *Ela é o primeiro amor do mundo.*

> O Senhor criou-me, como primícias das suas obras, desde o princípio, antes que criasse qualquer coisa. Desde a eternidade fui formada, desde as origens, antes dos primórdios da terra. Ainda não havia os abismos e eu já tinha sido concebida; ainda as fontes das águas não tinham brotado; antes que as grandes massas montanhosas fossem estabelecidas, antes de haver outeiros, eu já tinha nascido. Ainda Ele não tinha criado a terra nem os campos, nem os primeiros elementos do mundo. Quando Ele formava os céus, ali estava eu; quando colocava a abóbada por cima do abismo, quando condensava as nuvens, nas alturas, quando continha as fontes do abismo, quando fixava ao mar os seus limites, para que as águas não ultrapassassem a sua orla; quando assentou os fundamentos da terra, eu estava com Ele como arquiteto, e era o seu encanto, todos os dias, brincando continuamente em sua presença; brincava sobre a superfície da terra, e minha delícia era estar junto dos filhos dos homens. Agora, meus filhos, ouvi-me: Felizes os que seguem os meus caminhos. Ouvi as minhas instruções para serdes sábios; não queirais rejeitá-las. Feliz o homem que me ouve e que vela todos os dias à minha porta e é assíduo no limiar da minha casa! Aquele que me encontrar, encontrará a vida e alcançará o favor do Senhor. (Pr 8, 22-25)

Mas Deus não apenas pensou nela na eternidade; também a tinha em mente no começo do tempo. No começo da história, quando o gênero humano caiu por intermédio de uma mulher, Deus falou ao demônio e disse: "Farei reinar a inimizade entre ti e a mulher, entre a tua descendência e a dela. Ela te esmagará a cabeça, e tu tentarás mordê-la no calcanhar" (Gn 3, 15). Deus estava dizendo que, se foi por uma mulher que a humanidade caiu, seria por uma mulher que Deus seria vingado. Quem quer que fosse a Sua Mãe, seria com certeza bendita entre todas as mulheres, e como o próprio Deus a escolheu, Ele cuidaria para que todas as gerações a chamassem por bem-aventurada.

Quando Deus quis fazer-se homem, teve que decidir quando viria, em que país nasceria, em que cidade seria criado, qual seu povo, sua raça, o sistema político e econômico que O cercaria, o idioma que falaria, as atitudes psicológicas com que entraria em contato enquanto Senhor da História e Salvador do Mundo.

Todos esses detalhes dependiam integralmente de um único fator: a mulher que seria sua Mãe. Escolher a própria mãe é escolher uma posição social, um idioma, uma cidade, um ambiente, uma crise e um destino.

A Mãe de Deus não era como a nossa, a quem aceitamos como uma realidade fixada na história que não podemos mudar. Deus nasceu de uma Mãe a quem escolheu antes mesmo de nascer. É o único caso na história de um Filho que quis sua Mãe e de uma Mãe que quis seu Filho. E é isso o que o Credo quer dizer nas palavras "nasceu da Virgem Maria". Ela foi chamada por Deus tal qual Aarão, e Nosso Senhor nasceu não apenas de sua carne, mas também de seu consentimento.

Antes de assumir a natureza humana, Deus consultou *a Mulher*, para perguntar se ela lhe daria *um homem*. A humanidade de Jesus não foi roubada aos homens como Prometeu roubou o fogo ao Olimpo; ela lhe foi dada de presente.

O primeiro homem, Adão, foi feito do barro da terra. A primeira mulher foi feita de um homem em êxtase. O novo Adão, Cristo, vem da nova Eva, Maria, num êxtase de oração e amor de Deus e da plenitude de liberdade.

Não nos deve surpreender que se fale dela como um pensamento de Deus antes da criação do mundo. Quando o pintor norte-americano James McNeill Whistler pintou o famoso retrato de sua mãe, acaso já não tinha em mente uma imagem dela antes mesmo de juntar as cores na paleta? Se você pudesse ter existido antes de sua mãe (não *artisticamente*, mas *realmente*), não teria feito dela a mulher mais perfeita que já existiu, tão bela que seria alvo de uma doce inveja de todas as outras mulheres, e ao mesmo tempo tão boa e misericordiosa que todas as outras mães quereriam imitar suas virtudes? Por que, então, deveríamos pensar que Deus agiria de outra forma? Quando Whistler recebeu elogios pelo retrato de sua mãe, disse: "Bom, sempre tentamos fazer a nossa mãe da melhor maneira possível." Quando Deus se fez homem, acredito que Ele também quis fazer Sua mãe da melhor maneira possível, o que para Ele significou fazê-la a Mãe perfeita.

Deus nunca faz nada sem uma preparação abundante. As duas grandes obras-primas de Deus são a Criação do homem e a Recriação, ou Redenção, do homem. A Criação foi feita para o homem antes da queda; seu Corpo Místico, para o homem depois da queda. Antes de criar o homem, Deus fez um jardim das delícias, um jardim belo como só Deus pode fazer. Foi nesse Paraíso da Criação em que se celebraram as primeiras bodas de um homem e uma mulher. Mas o homem não quis receber bênçãos senão aquelas que satisfaziam sua natureza mais baixa. Ele não apenas perdeu a felicidade como ainda feriu a própria mente e a própria vontade. Então Deus planejou a recriação ou redenção do homem. Mas antes de levá-la a cabo, faria um novo Jardim. Este jardim não seria de terra, mas de carne; seria um Jardim em cujos portais jamais se escreveriam a palavra "pecado"; um Jardim no qual jamais cresceriam as ervas daninhas da rebelião para sufocar o crescimento das flores da graça; um Jardim do qual correriam quatro rios de redenção em direção aos quatro cantos da terra; um Jardim tão puro a que o Pai Celeste não coraria ao enviar seu próprio Filho. Esse "horto cerrado de carne a ser cultivado pelo novo Adão" era a Nossa Santíssima Mãe. Como o Éden foi o Paraíso da Criação, Maria é o Paraíso da Encarnação, o Jardim no qual se celebraram as primeiras bodas entre Deus e humanidade. Quanto mais perto do fogo, maior o calor; quanto mais perto de Deus, maior a pureza. Mas como ninguém jamais esteve tão próximo de Deus que a mulher cujos portais humanos ele abriu para adentrar nesta terra, ninguém poderia ser mais puro do que ela. Nas palavras do poeta Laurence Houseman:

> *Um canteiro num jardim em flor*
> *Cresceu à espera da mão do Criador:*
> *Onde o homem passo algum jamais deu,*
> *Foi esse mesmo o portão de Deus.*
> *O primeiro canteiro era escarlate —*
> *Lábios que diziam "Aceito-te".*
> *O segundo canteiro era azul —*
> *Olhos por que passaste Tu.*
> *O terceiro canteiro era branco —*
> *A alma dela diante do Santo.*
> *Três canteiros de amor*
> *E então veio o Salvador.*

A essa pureza especial chamamos de Imaculada Conceição. Não se trata do Nascimento Virginal. A palavra "imaculada" vem do latim e quer dizer "sem mancha". "Conceição" quer dizer que — desde o primeiro instante de sua concepção no ventre de sua mãe, Santa Ana, e em virtude dos méritos antecipados da Redenção realizada por seu Filho — a nossa Mãe Santíssima foi preservada das manchas do pecado original.

Nunca consegui compreender por que alguém do nosso tempo teria qualquer objeção à doutrina da Imaculada Conceição; todos os pagãos modernos creem-se concebidos sem mancha. Se não existe pecado original, *todo mundo* é concebido sem mancha. Por que não querem conceder a Maria aquilo que atribuem a si próprios? As doutrinas do Pecado Original e da Imaculada Conceição excluem-se mutuamente. Se Maria é *a* Imaculada Conceição, logo o restante de nós carregamos o Pecado Original.

A Imaculada Conceição não implica que Maria não necessitasse de Redenção. Ela precisava, tanto quanto você ou eu. Ela foi redimida antecipadamente, por prevenção, tanto em corpo como em alma, no primeiro instante da sua concepção. Recebemos os frutos da redenção na alma no Batismo. A humanidade inteira precisa da redenção. Mas Maria foi desligada e separada dessa humanidade carregada do pecado porque os méritos da Cruz de Nosso Senhor lhe foram conferidos no instante da sua concepção. Se a isentássemos da necessidade da redenção, teríamos também que isentá-la da pertença à humanidade. A Imaculada Conceição, portanto, não implica de forma alguma que ela não precisasse ser redimida. Ela precisava!

Maria é o primeiro efeito da redenção, no sentido de que ela lhe foi aplicada no instante da sua concepção, ao passo que para nós foi aplicada de outra maneira, menor, apenas depois do nosso nascimento.

Ela obteve esse privilégio não por méritos próprios, mas por méritos Dele. É por isso que quem não acredita na divindade de Cristo não vê motivos para o privilégio especialíssimo concedido a Maria. Se eu não acreditasse na divindade de Nosso Senhor — que Deus me livre —, não consideraria nada senão bobagem a reverência especial dada a Maria acima de todas as outras mulheres da terra! Mas se ela é a Mãe de Deus, que se fez homem, ela é única, ela se levanta como a nova Eva da humanidade, assim como Ele é o novo Adão.

Era necessário que existisse uma criatura como Maria, do contrário Deus não teria encontrado ninguém de quem pudesse tomar sua natureza humana de maneira idônea. Um político honesto que queira fazer reformas na sociedade busca assistentes honestos. Para dar início a uma nova criação, o Filho de Deus buscou algo da bondade que existia antes do domínio do pecado. Haveria, na cabeça de algumas pessoas, dúvidas sobre o poder de Deus se Ele não tivesse demonstrado uma predileção especial pela Mulher que seria sua Mãe. Com certeza, Deus não negaria à própria Mãe aquilo que deu a Eva.

Imagine que Deus, ao recriar o homem, também não recriasse a mulher numa nova Eva! Quantos uivos de protestos não se levantariam? O cristianismo seria denunciado por ser uma religião exclusivamente masculina. As mulheres seriam forçadas a procurar uma religião feminina! Alguns argumentariam que a mulher foi sempre escrava do homem, que o próprio Deus a criou para isso, já que se negou a criar uma nova Eva, ao passo que nos deu um novo Adão.

Sem a Imaculada Conceição, Cristo teria sido menos belo, pois teria tomado seu Corpo de uma pessoa que não era perfeita em termos humanos! Há necessariamente uma separação infinita entre Deus e o pecado, mas ela não existiria sem a Mulher capaz de esmagar a cabeça da serpente.

Se você fosse pintor, deixaria que alguém lhe preparasse uma tela coberta de garatujas? Pois bem, por que esperar que Deus agisse de maneira diferente quando se preparava para unir-se a uma natureza humana em tudo como a nossa, exceto no pecado? Mas ao elevar uma mulher preservando-a do pecado, para em seguida deixá-la ratificar livremente esse dom na Anunciação, Deus deu esperança à nossa humanidade perturbada, neurótica, torta e fraca. Ah, sim! Ele é o nosso modelo, mas também é uma Pessoa Divina! Também deveria existir, no nível humano, alguém para dar esperança aos humanos; alguém para nos levar a Cristo; *alguém para fazer a mediação entre nós e Cristo, assim como ele faz a mediação entre nós e o Pai.* Basta olhá-la para sabermos que um ser humano que não é bom pode ser melhor; basta uma oração a ela para sabermos que, por ela não ter pecado, nós podemos ser menos pecadores.

E isso nos traz de volta ao começo. Dizíamos que todos trazem dentro de si o projeto do seu amor ideal. O melhor dos amores humanos, por mais devotado que seja, chega ao fim, e nada que é perfeito tem fim. Se podemos dizer a alguém "Este é o abraço final", o amor, aí, não é perfeito. Por isso, alguns, ignorando Deus, tentam fazer com que uma multidão de amores compense o amor ideal. Isso, porém, seria o mesmo que dizer que para tocarmos uma obra-prima da música precisamos tocar doze violinos diferentes.

Todo homem em busca de uma mulher, toda mulher que anseia ser cortejada, todo laço de amizade no universo, busca um amor que não é apenas o amor *dele* ou *dela*, mas algo que transborde tanto ele como ela e possa ser chamado de "o nosso amor". Todos estão enamorados de um amor ideal, um amor tão além do sexo que se esquece do sexo. Todos amamos algo mais do que amamos. Quando o transbordamento cessa, o amor para. Como diz o poeta Richard Lovelace: "Não te poderia amar tanto, querida, se não amasse mais a honra." Esse amor ideal que vemos além de todo o amor das criaturas, ao qual acorremos instintivamente quando o amor carnal fracassa, é o mesmo ideal que Deus tinha em seu Coração, desde toda a eternidade, pela Senhora a quem chama de "Mãe". Ela é a quem todos os homens amam quando amam uma mulher, saiba ele disso ou não. Ela é aquilo que todas as mulheres querem ser quando olham a si mesmas. Ela é a mulher que todo homem desposa em ideal quando toma uma esposa; ela se esconde como ideal no descontentamento de cada mulher perante a agressividade carnal do homem; ela é o desejo secreto que toda mulher tem de ser honrada e cuidada; ela é a maneira como todas as mulheres querem atrair respeito e amor, por causa da beleza de sua bondade de corpo e alma. E esse projeto de amor, a quem Deus amou antes da criação do mundo; essa mulher dos sonhos que existia antes de todas as mulheres é aquela a quem todo coração pode dizer no mais profundo de sua intimidade: "Ela é a mulher que amo!"

2
QUANDO A LIBERDADE E O AMOR FORAM UMA SÓ COISA: A ANUNCIAÇÃO

Os tempos modernos, que dão a primazia ao sexo, justificam a promiscuidade e o divórcio baseados na ideia de que o amor é livre por natureza, o que ele é de fato. Em certo sentido, todo amor é amor livre. A ausência de amor é a essência do inferno. A Escritura nos diz: "Onde está o Espírito do Senhor, aí há liberdade" (2Cor 3, 17). Não se atinge a vida ideal com a sujeição a uma lei absoluta, mas com a resposta judiciosa de um afeto educado.

A fórmula de que o amor é livre está correta. A interpretação dela, porém, pode muitas vezes estar errada. Os maridos que abandonam a esposa por outra podem justificar sua infidelidade dizendo que "precisamos ser livres para viver a própria vida". Não existe egoísmo ou volúpia que não cubra suas exigências com um desfile de ideais desse tipo. Por trás de muitas das afirmações contemporâneas de liberdade existe uma racionalização falsa; pois se todo o amor supõe liberdade, nem toda liberdade supõe amor. Sou incapaz de amar se não sou livre, mas, por ser livre, posso não amar como gostaria. Um homem pode ter liberdade sem amor. Aquele que usa de violência contra os outros, por exemplo, age com liberdade caso não haja ninguém por perto para impedi-lo; contudo, ele com certeza não demonstra qualquer amor. Um assaltante é livre para saquear uma casa quando os proprietários estão ausentes, mas seria absurdo dizer que ele ama os proprietários só porque está livre para roubar. A liberdade mais pura é aquela que é dada, não roubada.

O que muitos contemporâneos querem dizer quando falam que amam livremente é que se consideram livres *de alguma coisa*, sem serem livres *para* nada. Um jovem quer ser livre do jugo dos pais para assim poder amar alguém além dos pais e prolongar sua vida. Liberdade de amor é, portanto, inseparável do serviço, do altruísmo e da bondade. A imprensa quer ser livre de constrangimentos, a fim de ser livre para expressar a verdade; um homem quer ser livre da tirania política, a fim de trabalhar pela própria prosperidade, para a vida aqui embaixo e para o seu destino eterno depois. O amor exige a liberdade de uma coisa para poder colocar-se livremente a serviço de outra. Quando um homem se enamora, busca a doce servidão do afeto e da devoção. Quando um homem se enamora de Deus, parte imediatamente em busca do seu próximo. Mas para ser absolutamente livre de todas as amarras, um homem teria que estar só; nesse caso, porém, não teria a quem amar. É precisamente esse o ideal de Sartre ao dizer: "O inferno são os outros." A base da sua filosofia é que qualquer coisa que limite o ego não é nada. Mas tudo e todos limitam o ego, e, portanto, não são nada. É bem verdade que, se um homem se decide a ser livre no sentido de viver a vida somente como quer, acabará no niilismo do inferno. Sartre se esquece de que encontrar o amor é também encontrar outra coisa: a responsabilidade. Assim, o mesmo amor que necessita de liberdade para exercitar-se também busca os freios para a limitar. A liberdade do amor, portanto, não é uma licença. A liberdade não é simplesmente fazer uma escolha, mas também ser responsável pela escolha.

Existem três definições de liberdade: duas são falsas, e uma verdadeira. A primeira definição falsa é: "Liberdade é o direito de fazer o que *quero*." É a doutrina liberal da liberdade, que reduz a liberdade a uma potência física, e não moral. É óbvio, somos livres para fazer o que quisermos; podemos, por exemplo, metralhar as galinhas do nosso vizinho, ou dirigir o carro pela calçada, ou encher o colchão de um vizinho com navalhas usadas, mas por acaso *devemos* fazer essas coisas? Esse tipo de liberdade, em que todos estão autorizados a buscar seus próprios interesses, causa confusão. Não existe um liberalismo desse tipo sem um mundo de egoísmos conflitantes, onde ninguém está disposto a rebaixar-se pelo bem comum.

Foi para superar essa confusão em que todos fazem o que bem entendem que surgiu uma segunda definição errada de liberdade, a saber: "Liberdade é o direito de fazer o que você é obrigado a fazer." É a liberdade totalitária, concebida para destruir a liberdade individual em favor da sociedade. Engels, teórico da filosofia do comunismo ao lado de Marx, dizia: "A pedra é livre para cair porque é obrigada a obedecer à lei da gravidade." Assim, o homem é livre na sociedade comunista porque é obrigado a obedecer ao ditador.

O verdadeiro conceito de liberdade é: "Liberdade é o direito de fazer o que devemos fazer", e esse *dever* implica uma meta, um propósito, a moral e a lei de Deus. A verdadeira liberdade encontra-se dentro da lei, não fora dela. Sou livre para desenhar um triângulo se o fizer com três lados, mas não se, num ímpeto de mente aberta, o desenhar com cinquenta e sete lados. Sou livre para voar, desde que obedeça às leis da aeronáutica. No âmbito do espírito, também sou mais livre quando obedeço à lei de Deus.

Para escapar das implicações da liberdade (a saber, a sua relação com a responsabilidade), há quem tente negar a liberdade individual tanto em nome da comunidade (como os comunistas) como em nome da biologia (como alguns freudianos). Qualquer civilização que negue o livre-arbítrio costuma ser uma civilização já enojada das escolhas que fez com sua liberdade, pois desencadeou sua própria infelicidade. Quem nega o livre-arbítrio na teoria são aquelas pessoas que, na prática, erram o conceito de liberdade e a identificam com licença. Jamais encontraremos um acadêmico que negue o livre-arbítrio e não tenha em sua vida alguma responsabilidade de que queira fugir. Ele renega o mal recusando aquilo que tornou o mal possível, isto é, o livre-arbítrio. Quando vão jogar golfe, esses negacionistas culpam os tacos, nunca a si próprios. Sua desculpa é uma versão daquela explicação perene dada pelo garotinho que quebra um vaso — "Foi alguém que me empurrou" —, o que quer dizer que foram forçados a fazer determinada coisa. Quando crescem e viram professores universitários, em vez de dizerem que foram empurrados, pontificam: "A concatenação de fatores sociais, econômicos e ambientais, carregados ainda pela herança cognitiva psíquica e pela nossa origem animal e evolucionária, criou em mim o que os psicólogos chamam de um *id* compulsivo." Esses mesmos acadêmicos que negam o livre-arbítrio são os que depois participam de abaixo-assinados pela libertação de comunistas em nome da liberdade, embora eles tenham abusado do privilégio que é a liberdade americana.

A beleza deste universo é que praticamente todos os presentes e dons são condicionados pela liberdade. Não existe lei que force um jovem a dar um anel à sua noiva. A palavra que prova a conexão entre os presentes e a liberdade é "obrigado". Como disse Chesterton: "Se o homem não fosse livre, jamais seria capaz de dizer: 'Obrigado pela mostarda.'"

Na verdade, temos liberdade exatamente para entregá-la, para renunciar a ela em favor de algo que amamos. Qualquer pessoa no mundo que seja livre quer que sua liberdade seja principalmente um meio: quer a liberdade para renunciar a ela. Quase todo mundo, de fato, renuncia à liberdade. Alguns entregam sua liberdade de pensamento para a opinião pública, para os tempos, as modas, para a massa anônima do "dizem por aí", tornando-se escravos voluntários das efemeridades do dia. Outros abrem mão da liberdade em favor do álcool e do sexo, de modo que sentem na pele as palavras da Escritura: "Quem peca torna-se escravo do pecado." Há aqueles que abrem mão da liberdade para amarem outra pessoa. Trata-se de uma forma superior de rendição, a doce escravidão do amor de que nos falava o nosso Salvador: "Meu jugo é suave e meu peso é leve." O jovem que paquera uma moça está, na prática, dizendo-lhe: "Quero ser seu escravo por todos os dias da minha vida e isso será para mim a maior e mais bela forma de liberdade." A que a moça paquerada poderia responder: "Você diz que me ama, mas como vou saber se não paquerou as outras 458.623 candidatas na cidade?" Se o jovem estiver em dia com a metafísica e a filosofia, poderá responder: "Em certo sentido, sim, mas o simples fato de eu amar você me leva a rejeitar todas elas. O mesmo amor que me faz escolher você também me faz repelir as outras por toda a minha vida."

O amor, portanto, não é apenas uma afirmação; é também uma rejeição. O simples fato de João amar Maria de todo o coração significa que ele não ama Rute com qualquer parte dele. Toda declaração de amor é também a limitação de um tipo errado de amor livre. Amar, nesse caso, é refrear a liberdade entendida como licença; ao mesmo tempo, é fruir da liberdade mais perfeita, pois o jovem do nosso exemplo não deseja outra coisa senão amar aquela única moça. O verdadeiro amor sempre impõe restrições a si mesmo por causa dos outros, seja o amor do santo que se afasta do mundo a fim de apegar-se a Cristo com mais força, seja o amor do marido que se afasta dos relacionamentos anteriores para pertencer melhor à esposa. O amor verdadeiro, por sua própria natureza, não aceita meio-termo; supõe libertar o eu do egoísmo e do amor-próprio. Escreve Santo Agostinho: "Ama a Deus e faz o que queres." E o que quis dizer com isso é: "Se você ama Deus, jamais fará qualquer coisa que o magoe." No amor conjugal, da mesma maneira, a verdadeira liberdade convive com uma *única* limitação que preserva esse amor: a recusa em magoar o cônjuge amado. Não há instante mais sagrado na liberdade do que aquele quando a capacidade de amar os outros é suspensa e limitada pelo interesse que temos naquela pessoa a quem prometemos nosso coração; há um instante em que abandonamos o desejo de possuir em favor do prazer da contemplação, quando a necessidade de ter e consumir desaparece na alegria de ver o outro viver.

Outro ponto interessante do amor é este: que perdemos nossos dons à medida que rejeitamos o amor. Nenhum fugitivo da Rússia manda um presente ao seu antigo ditador ao chegar a outro país; também os presentes de Deus, seus dons, dependem do nosso amor. Adão e Eva poderiam ter legado à sua descendência seus extraordinários dons de corpo e de alma, mas só se tivessem amado. Nenhum dos dois era *obrigado* a amar; ninguém lhes pediu para dizer "amo", porque as palavras podem ser vazias. A única coisa exigida deles foi uma escolha entre as coisas de Deus e as coisas que não são de Deus, uma escolha entre as coisas simbolizadas pelas alternativas do jardim e da árvore. Se nossos primeiros pais não tivessem liberdade, teriam se voltado para Deus como um girassol se volta para o sol; mas, como eram livres, podiam trocar a parte pelo todo, o jardim pela árvore, a alegria futura pelo prazer imediato. O resultado foi que a humanidade perdeu os dons que Deus queria confiar-lhe se ela O tivesse amado de verdade.

O que nos interessa agora é restaurar esses dons mediante outro ato de liberdade. Deus poderia ter restaurado o homem à antiga forma apenas perdoando-lhe os pecados, mas isso seria pura misericórdia sem justiça. O problema que confrontava o homem era semelhante ao problema que confronta o chefe de uma orquestra. A partitura está escrita e foi posta nas mãos de um excelente maestro. Os músicos, talentosos em sua arte, são livres para seguir o maestro ou para rebelar-se contra ele. Imaginemos que um dos músicos decida tocar a nota errada. O maestro tem duas opções: pode ignorar o erro ou pode bater a batuta e ordenar que o trecho seja executado de novo. Qualquer das alternativas faria pouca diferença, pois a nota errada já ecoa pelo espaço e, como é impossível voltar no tempo, a dissonância avança cada vez mais pelo universo, até o fim dos tempos. Será que existe algum jeito de deter essa desarmonia voluntária? Com certeza, ninguém no tempo será capaz disso. A correção só é possível se alguém, a partir da eternidade, apanhar a nota e deter seu voo insano. Mas acaso ela não continuaria a ser uma dissonância? Não; poderia ser a primeira nota de uma nova sinfonia e, assim, tornar-se harmoniosa!

Ao criar os nossos primeiros pais, Deus lhes deu uma consciência, uma lei moral e uma justiça original. Eles não eram obrigados a segui-Lo como condutor da sinfonia da criação. No entanto, escolheram rebelar-se, e essa amarga nota de rebelião foi legada à humanidade, de geração em geração. Como deter essa desordem? Poderia ser detida da mesma forma que a nota amarga: pela entrada da eternidade no tempo a fim de agarrar o homem com força e forçá-lo a participar de uma nova ordem em que os dons originais fossem restaurados e a harmonia se tornasse lei. Mas Deus não age assim, pois destruiria a liberdade humana. Deus poderia segurar uma nota, mas não poderia segurar um homem à força sem abusar do maior dos dons que deu ao homem: a liberdade, única coisa que torna o amor possível.

E é então que chegamos ao maior ato de liberdade que o mundo jamais conheceu, a reversão daquele ato livre que o cabeça da humanidade realizou no paraíso ao não escolher Deus. O maior ato de liberdade foi o momento em que a escolha infeliz de Adão foi revertida, o momento em que Deus, na sua misericórdia, quis refazer o homem, dar-lhe um novo começo num *novo* nascimento de liberdade sob *Deus*. Deus *poderia* ter criado um homem perfeito a partir do pó para dar início à humanidade, como já fizera na criação do mundo. E poderia tê-lo feito sem consultar a humanidade, mas estaria transgredindo uma prerrogativa humana. Deus não tiraria um homem do mundo da liberdade sem o ato livre de um ser livre. O relacionamento de Deus com os homens não é uma ditadura, mas uma cooperação. A redenção da humanidade que Ele queria levar a cabo só se daria *com* o consentimento da humanidade, não *contra* ele. Deus poderia destruir o mal, mas apenas ao custo da liberdade humana; a destruição da ditadura terrestre custaria uma ditadura celeste, um preço alto demais. Antes de recriar a humanidade, Deus quis consultar a humanidade, pois não queria destruir a dignidade humana. A pessoa específica a quem consultou foi uma mulher. O mistério da Encarnação consiste, na sua imensa simplicidade, no pedido de Deus a uma mulher para que lhe desse, livremente, uma natureza humana. Suas muitas palavras, através do anjo, queriam dizer: "Tu queres fazer de Mim um homem?" Assim como o primeiro Adão deu origem à primeira Eva, agora, no renascimento da dignidade humana, o novo Adão se origina da nova Eva.

E no consentimento livre de Maria temos a única natureza humana nascida em perfeita liberdade.

O Evangelho de São Lucas (Lc 1, 26-35) narra a história do renascimento da liberdade:

> No sexto mês, o anjo Gabriel foi enviado por Deus a uma cidade da Galileia, chamada Nazaré, a uma virgem desposada com um homem que se chamava José, da casa de Davi, e o nome da virgem era Maria. Entrando, o anjo disse-lhe: "Ave, cheia de graça, o Senhor é contigo." Perturbou-se ela com essas palavras e pôs-se a pensar no que significaria semelhante saudação. O anjo disse-lhe: "Não temas, Maria, pois encontraste graça diante de Deus. Eis que conceberás e darás à luz um filho, e lhe porás o nome de Jesus. Ele será grande e será chamado Filho do Altíssimo, e o Senhor Deus lhe dará o trono de seu pai Davi; e reinará eternamente na casa de Jacó, e o seu reino não terá fim." Maria perguntou ao anjo: "Como se fará isso, pois não conheço homem?" Respondeu-lhe o anjo: "O Espírito Santo descerá sobre ti, e a força do Altíssimo te envolverá com a sua sombra. Por isso, o ente santo que nascer de ti será chamado Filho de Deus."

O anjo Gabriel, como porta-voz de Deus, pergunta se ela daria livremente a natureza humana ao Filho de Deus, a fim de que Ele seja também o Filho do Homem. O Criador pergunta a uma criatura se ela quer cooperar livremente com o plano de Deus para tirar a humanidade da lama e a elevá-la completamente em Deus. Maria, no começo, preocupa-se, pois não sabe como poderá dar humanidade a Deus sendo ainda virgem. O anjo resolve a questão dizendo-lhe que o próprio Deus, por meio do seu Espírito, vai operar um milagre no seio dela.

Mas do nosso ponto de vista parece haver ainda outra dificuldade. Maria foi escolhida por Deus para ser sua mãe, e foi até preparada para tamanha honra, tendo sido preservada do pecado ancestral que infecta a humanidade inteira. Com tanto preparo assim, será que ela era mesmo livre para aceitar ou rejeitar o pedido do anjo, e será que sua resposta seria fruto exclusivo do seu livre-arbítrio? A resposta é que, embora a redenção de Maria já estivesse completa, ela ainda não a tinha aceitado nem confirmado. Ela estava, em certo sentido, diante de um dilema semelhante ao nosso. Somos batizados ainda bebês e nossos corpos tornam-se templos de Deus, uma vez que nossas almas se enchem de virtudes infusas. Nós nos tornamos não apenas criaturas feitas por Deus, mas participantes da natureza divina. Tudo isso é realizado pelo Batismo antes de nossa liberdade florescer, sendo a Igreja a responsável pelo nosso nascimento espiritual da mesma maneira que nossos pais foram responsáveis pelo nosso nascimento físico. Mais tarde, contudo, nós confirmamos os dons recebidos por atos livres da nossa vida moral, pela recepção dos sacramentos, pelas orações e pelos sacrifícios.

Assim, a redenção de Maria já estava completa, como acontece conosco depois de recebermos o Batismo, mas ela ainda não a tinha aceitado, corroborado ou confirmado antes de dar seu consentimento ao anjo. Havia um papel no drama da redenção, um papel pensado por Deus para Ela, da mesma maneira que os pais biológicos sonham com uma carreira musical para seu filho. Só que o papel ainda estava vago até o momento da anunciação. A Santíssima Trindade nunca toma posse de uma criatura sem o consentimento dela. Portanto, quando Maria ouve como se daria a Encarnação, ela pronuncia as palavras que compõem a maior jura e declaração de liberdade que o mundo jamais ouviu: "Faça-se em mim segundo a tua palavra." Assim como no Éden se deram as primeiras bodas entre homem e mulher, em Maria se deram as primeiras bodas entre Deus e a humanidade, entre a eternidade e o tempo, entre a onipotência e o limitado. Em resposta à pergunta "Podes dar-me uma natureza humana?" a cerimônia amorosa de casamento banha-se de uma liberdade mais profunda: "Posso." E o Verbo se fez carne nela.

Eis aqui a *liberdade da religião*: Deus respeita a liberdade humana quando se nega a invadir a humanidade e estabelecer uma cabeça de praia no tempo sem o livre consentimento de suas criaturas. A *liberdade de consciência* também aparece aqui: antes que Maria pudesse tomar posse dos grandiosos dons de Deus, ela precisou confirmá-los por um ato da sua vontade na Anunciação. Há ainda a *liberdade do abandono total em Deus*: nosso livre--arbítrio é a única coisa que temos de verdade. Saúde, riqueza, poder: Deus pode nos tirar tudo isso. Mas nos deixa a liberdade, mesmo no inferno. Por ser a única coisa verdadeiramente nossa, a liberdade é o único dom perfeito que podemos dar a Deus. E aqui uma criatura rendeu total mas livremente sua vontade a Deus, a tal ponto que já não cabe dizer que a vontade de Maria quis fazer a vontade do Filho, mas que a vontade de Maria se perdeu na do Filho. Mais tarde, o Filho viria a dizer: "Se o Filho do Homem vos libertar, sereis verdadeiramente livres." Se é assim, então ninguém jamais foi tão livre quanto essa donzela da liberdade, a senhora que cantou o *Magnificat*.

Mas outra liberdade se revela por meio de Maria. O casamento humano conta com um componente pessoal e outro, impessoal ou racial. O componente pessoal e livre é o amor, porque o amor é sempre destinado a uma única pessoa, de modo que os ciúmes são o guardião da monogamia. Impessoal e automático é o sexo, já que a sua realização está, em alguma medida, fora do controle humano. O amor é humano, mas o sexo pertence a Deus, pois os efeitos dele estão além das nossas determinações. Se uma mãe dá à luz o seu bebê, foi porque quis livremente o ato de amor que fez dela e o marido dois em uma só carne. Mas há também o desconhecido, o elemento-surpresa no amor do casal: se vai ou não nascer uma criança da união, se será um menino ou uma menina, e quando nascerá. Até o momento de sua concepção perde-se numa noite de amor ignorada. Nossos pais, portanto, mais nos aceitam do que nos querem, pois sua vontade só entra indiretamente na questão.

Mas a liberdade de Maria foi perfeita. Seu Divino Filho não foi aceito de algum modo imprevisto ou imprevisível. Foi *querido*. Não houve surpresas; nada foi impessoal, pois Ele foi completamente querido na mente e no corpo. Como pode ser isso? Jesus foi querido na *mente* porque quando o anjo explicou o milagre, Maria disse: "Faça-se em mim segundo a tua palavra." Depois foi querido no corpo *naquele instante*, não em alguma noite obscura do passado; a concepção se deu como que no pleno fulgor da manhã à medida que o Divino Espírito de Amor começa a tecer as vestes de carne para o Verbo Eterno. O tempo de tudo foi escolhido deliberadamente; o consentimento foi voluntário; a cooperação física foi livre. Trata-se do único nascimento no mundo inteiro verdadeiramente querido e, portanto, verdadeiramente livre.

Cada nascimento se assemelha ao que ocorre no domínio das plantas, pois a flor desabrocha para o céu mesmo tendo as raízes na terra. Na geração humana, o corpo vem dos pais, que são a terra, e a alma vem de Deus, que está no Céu. Em Maria quase não havia terra a não ser ela própria; tudo era o Céu. O outro amor que a fez conceber foi o Espírito Santo; a Pessoa que nasceu dela foi a Palavra Eterna. A união entre Deus e a natureza humana foi alcançada através da misteriosa química da Trindade. Apenas Maria era terra, e mesmo ela também parecia estar mais para Céu.

As outras mães sabem que uma nova vida palpita dentro de si por causa das pulsações do corpo. Maria sabia que a Vida de Deus palpitava dentro dela por causa de sua comunhão com o anjo. As outras mães tomam consciência da maternidade por causa das mudanças físicas por que passam; Maria soube da sua maternidade pela mensagem do anjo e pela sombra do Altíssimo. Nada que venha do corpo é capaz de ser livre como o que vem do espírito: há mães que anseiam por um filho, mas dependem de processos sujeitos à natureza. Só em Maria o Filho não se sujeitou à natureza, mas à aceitação da vontade de Deus. Maria só precisou dizer *Fiat* ("Faça-se") para conceber. Assim seriam todos os nascimentos sem o pecado: uma união de vontades humanas unindo-se à vontade de Deus e, por meio da união dos corpos, participando do processo de criação de uma nova vida por meio dos atos normais da procriação humana. O Nascimento Virgem é, portanto, um sinônimo de Nascimento Livre.

Maria! Nós, pobres criaturas de terra, tropeçamos em nossas próprias liberdades, atrapalhamo-nos com nossas próprias escolhas. Milhões de nós procuram abrir mão da liberdade, alguns até a repudiam, por causa do fardo da culpa. Alguns, ao renderem-se aos costumes e modas do tempo, ao serem absorvidos no comunismo, onde há somente a vontade do ditador e onde o único amor é o ódio e a revolução!

Falamos muito de liberdade hoje em dia, Maria, porque a estamos perdendo, da mesma maneira que só falamos da saúde quando ficamos doentes. Tu és as Senhora da Liberdade, porque a falsa liberdade que escraviza os homens às suas paixões foi desfeita quando tu pronunciaste a palavra que o próprio Deus disse ao fazer a luz, e de novo quando o teu Filho redimiu o mundo: *Fiat!* Ou, "Faça-se em mim segundo a vontade de Deus". Assim como o "não" de Eva prova que a criatura foi feita por amor e que é, pois, livre, o teu *Fiat* prova que a Criatura também foi feita para amar. Ensina-nos, pois, que não há outra liberdade senão a liberdade de fazer, por amor, o que fizeste na Anunciação: dizer "sim" ao que Jesus nos pede.

3
O CÂNTICO DA MULHER: A VISITAÇÃO

Um dos momentos mais belos da história foi o encontro de uma gravidez com outra, quando as gestantes se tornaram os primeiros arautos do Rei dos Reis. Todas as religiões pagãs começam pelos ensinamentos dos adultos, mas o cristianismo começa com o nascimento de uma criança. Desde esse dia até hoje, os cristãos têm defendido a família e o amor à vida. Se algum dia nos tivéssemos disposto a registrar por escrito o tipo de ação que esperávamos do Deus Infinito, a última coisa que imaginaríamos seria a sua prisão de nove meses dentro de um cibório de carne; e a penúltima coisa que esperaríamos seria que o "maior dos homens nascidos de mulher" saudaria o Deus-homem ainda dentro do ventre materno. Mas foi exatamente isso que aconteceu na Visitação.

Na Anunciação, o arcanjo disse a Maria que a prima dela, Isabel, estava prestes a dar à luz João Batista. Maria era, naquela altura, uma menina, ao passo que sua prima já estava "avançada em anos", ou seja, bem além da idade normal de gravidez. "'Também Isabel, tua parenta, até ela concebeu um filho na sua velhice; e já está no sexto mês aquela que é tida por estéril, porque a Deus nenhuma coisa é impossível'. Então disse Maria: 'Eis aqui a serva do Senhor. Faça-se em mim segundo a tua palavra'. E o anjo afastou-se dela" (Lc 1, 36-38).

O nascimento de Cristo dá-se independentemente de um varão; o nascimento de João Batista dá-se independentemente da idade! "A Deus nenhuma coisa é impossível." A Escritura continua a história:

> Naqueles dias, Maria se levantou e foi às pressas às montanhas, a uma cidade de Judá. Entrou em casa de Zacarias e saudou Isabel. Ora, apenas Isabel ouviu a saudação de Maria, a criança

estremeceu no seu seio; e Isabel ficou cheia do Espírito Santo. E exclamou em alta voz: "Bendita és tu entre as mulheres e bendito é o fruto do teu ventre. Donde me vem esta honra de vir a mim a mãe de meu Senhor? Pois assim que a voz de tua saudação chegou aos meus ouvidos, a criança estremeceu de alegria no meu seio. Bem-aventurada és tu que creste, pois se hão de cumprir as coisas que da parte do Senhor te foram ditas!" (Lc 1, 39-45)

Maria "foi às pressas"; ela sempre tem pressa em fazer o bem. Com uma rapidez deliberada, Maria torna-se a primeira enfermeira da civilização cristã. A mulher apressa-se em acudir outra mulher. Quem melhor serve ao próximo é quem carrega Cristo em seu coração e sua alma. Portando em seu seio o Segredo da Salvação, Maria viaja por cinco dias de Nazaré a Hebron, onde, segundo a tradição, descansam as cinzas dos fundadores do Povo de Deus: Abraão, Isaac e Jacó.

> *Os morros férteis de Judá,*
> *prenhes de semente,*
> *alçaram a voz à passagem dela,*
> *para louvar a criança*
> *que ela ainda teria;*
> *invocaram a bênção Dele*
> *para a sua gestação.*[1]

"E saudou Isabel": a primavera pôs-se a serviço do outono. Ela — que dará à luz Aquele que dirá: "Não vim para ser servido, mas para servir" — serve agora à sua prima que dá à luz somente a trombeta Dele, sua voz no deserto. Nada atiça tanto o serviço dos necessitados quanto a consciência da própria insignificância perante a visita da graça de Deus. A serva do Senhor torna-se serva de Isabel.

Ao ouvir a saudação, a criança que Isabel carregava "saltou em seu ventre". Aqui, vemos o Velho Testamento encontrar o Novo Testamento; as sombras dissolvem-se com alegria perante a substância. Todas as aspirações

---

1 | Calvin Le Compte, *I Sing of a Maiden*, Macmillan, 1949.

e expectativas de milhares de anos quanto ao Salvador cumprem-se agora no êxtase desse momento em que João Batista saúda Cristo, o Filho do Deus vivo.

Maria está presente em três nascimentos: no nascimento de João Batista, no de seu próprio Filho divino e no "nascimento" de João Evangelista, ao pé da Cruz, quando o Mestre lhe diz: "Eis a tua mãe." Maria, a Mulher, presidiu a três grandes momentos da vida: a um nascimento, por ocasião da Visitação; a um casamento, nas Bodas de Caná; e a uma morte, ou entrega da Vida, na Crucificação de seu Divino Filho.

"A criança estremeceu de alegria em seu seio, e a própria Isabel ficou cheia do Espírito Santo." Um Pentecostes antes do Pentecostes. O corpo físico de Cristo dentro de Maria preenche João Batista com o Espírito de Cristo; trinta e três anos depois, o Corpo Místico de Cristo, sua Igreja, ficará cheio do Espírito Santo, com Maria, mais uma vez, em meio aos Apóstolos perseverando na oração. João é santificado por Jesus. Assim, Jesus não é como João, somente homem, mas Deus também.

A segunda parte da segunda oração mais bonita do mundo, a *Ave--maria*, está agora prestes a ser escrita. A primeira parte foi pronunciada por um anjo: "Ave [Maria], cheia de graça, o Senhor é contigo" (Lc 1, 28).

Agora Isabel acrescenta a segunda parte "em alta voz": "Bendita és tu entre as mulheres e bendito é o fruto do teu ventre [Jesus]." A velhice aqui não inveja a juventude ou o privilégio, pois Isabel faz a primeira proclamação pública de que Maria é a Mãe de Deus: "Donde me vem esta honra de vir a mim a mãe do meu Senhor?" Ela aprendeu isso não dos lábios de Maria, mas do Espírito de Deus que se aninhava em seu ventre. Maria recebeu o Espírito de Deus por meio de um anjo; Isabel foi a primeira a recebê-Lo por meio de Maria.

Prima-enfermeira no nascimento, Mãe-enfermeira na morte. Maria não tem nada que seja só seu, nem mesmo seu Filho. Antes mesmo de nascer, o Filho dela pertence aos outros. Mal ela recebe a Hóstia Divina dentro de si e já se levanta da grade de Comunhão em Nazaré para visitar uma anciã e a rejuvenescer. Isabel não chegaria a viver para ver o filho perder a cabeça para a enteada dançarina de Herodes, mas Maria viveria e morreria ao mesmo tempo ao ver seu Filho provar a morte a fim de destruir a morte.

Thomas Merton comparou João Batista no ventre de sua mãe ao contemplativo, como o trapista, pois João Batista, como o primeiro "anacoreta", vive para Deus em segredo:

Por que foges das praias submersas da Galileia,
Das areias e das águas perfumadas?
Por que deixas o mundo cotidiano, Virgem de Nazaré,
Os barcos de pesca amarelos, as fazendas,
As vinhas e as adegas,
Ou a prensa de azeite, e as mulheres junto ao poço?
Por que foges desses mercados,
Desses jardins suburbanos,
Das trombetas de lírios invejosos,
Deixando-os todos, lindos, entre os limoeiros?

Não confiaste a qualquer cidade
A nova atrás dos teus olhos.
Submergiste a palavra de Gabriel em pensamentos como mares
E te voltaste à montanha de pedra
Rumo a ermos sem árvores.
Virgem de Deus, por que tuas roupas são como velas?

No dia em que Nossa Senhora, cheia de Cristo,
Cruzou o limiar de sua parenta,
Acaso seus passos, leves, não deixaram no chão folhas como de
                                                            [ouro?
Acaso seus olhos, gris feito pombas,
Não se acenderam como a paz de um novo mundo naquela casa,
                                            [sobre a milagrosa Isabel?

A saudação dela
Soa no vale pedregoso como um sino de cartuxa:
E São João nascituro
Desperta no corpo da mãe,
Estremece com os ecos da descoberta.

Canta em tua cela, pequeno monge!
Como a vista na escuridão sem olhos?

Que sílaba secreta
Despertou tua jovem fé para a louca verdade
Que um bebê por nascer podia ser lavado no Espírito de Deus?
Ah, alegria ardente!

Que mares de vida os plantados por aquela voz?
Com que sentido novo
Teu coração recebeu o Sacramento dela,
E conheceu seu Cristo no claustro?

Não precisas de eloquência, infante selvagem,
Exultante no eremitério.
Teu êxtase é teu apostolado,
Tu, cujos chutes são contemplata tradere.

Tua alegria é a vocação dos filhos escondidos da Madre Igreja —
Destes que por seus votos vivem enterrados no claustro ou
                                        [eremitério;
O silente trapista, ou o gris, granítico cartuxo,
A quieta carmelita, a clarissa descalça,
Firmes na noite de contemplação,
Sob as trevas, à espera de nascer.

A noite é a nossa diocese, e o silêncio nosso ministério
A pobreza é nossa caridade, e a carestia nosso sermão mudo.
Para além do campo de vista e som, vivemos no ar
A fim de vencer o mundo numa experiência impensável.
Estamos exilados no extremo da solidão, vivendo feito ouvintes
Os corações à escuta dos céus que não compreendemos:
À espera dos primeiros tambores distantes do Cristo Conquistador,
Postados feito sentinelas nas fronteiras do mundo.[2]

Isabel, ao descrever como o Deus-homem escondido em Maria moveu sua alma e a nova vida em seu corpo envelhecido, exclamou: "Pois assim que a voz de tua saudação chegou aos meus ouvidos, a criança estremeceu

---

2 | Thomas Merton, "The Quickening of St. John the Baptist" [O estremecimento de S. João Batista]. In: *The Tears of the Blind Lions*, 1949.

de alegria no meu seio. Bem-aventurada és tu que creste, pois se hão de cumprir as coisas que da parte do Senhor te foram ditas" (Lc 1, 44-45). Eva acreditou na serpente; Isabel agora louva Maria por apagar a ruína de Eva ao crer em Deus.

Mas, assim que uma criança por nascer saltou de alegria numa prisão de carne, um cântico saltou aos lábios de Maria. Entoar um cântico é possuir a alma de alguém. Maria, a irmã de Moisés, cantou após a travessia milagrosa do Mar Vermelho. Débora cantou após a derrota dos cananeus. Onde há liberdade, ali os livres cantam. O marido de Isabel cantou o *Benedictus* para saudar a Nova Ordem, pois Nosso Senhor veio "não para abolir a lei, mas para lhe dar cumprimento". Contudo, apenas como um espelho, em quem Isabel vê refletido o Emanuel por nascer, é que Maria brilha com a canção dos dias futuros em que somente Ele será a Luz do mundo. Maria sorri através de lágrimas de alegria e faz um arco-íris com sua canção. Pelo menos até o nascimento, a Mulher terá alegria. Depois dos nove meses, Ele, que está embainhado na carne da Mãe, dirá: "Não vim trazer a paz, mas a espada" (Mt 10, 34).

O *Magnificat* é o hino de uma mãe com uma Criança que é ao mesmo tempo "o Ancião dos Dias". Como um grande artista que leva uns meses para completar uma pintura, Maria podia dizer: "Em tão pouco tempo, e, no entanto, é toda minha vida." Assim, a canção jorrou dos lábios de Maria, como uma torrente de poucos segundos que ela passara a vida toda compondo.

Ela reuniu as melodias da alma do seu povo: um cântico de Davi, um cântico que sobretudo Ana cantou séculos antes em frente à porta do tabernáculo de Siló, quando levou ali seu recém-nascido Samuel para "oferecê-lo ao Senhor, a fim de que só a Ele sirva todos os dias da sua vida" (1Sm 1, 28). Maria, porém, não refere as palavras de seus antepassados e as suas próprias ao passado, mas ao futuro, quando a lei do temor cederá à lei do amor, e quando outra vida, outro reino, ressurgirá num voo altaneiro de santidade e louvor.

"Minha alma glorifica o Senhor, e meu espírito exulta em Deus, meu salvador." O rosto das mulheres passou séculos sob o véu, e em certo sentido o dos homens também, pois a humanidade se escondia de Deus. Mas agora, levantado o véu do pecado, a mulher ergue-se e olha para o rosto de Deus, para O louvar. Quando o Divino entra no humano, a alma pensa menos em pedir e mais em amar. O amante não busca favores da amada; Maria não pede, apenas louva. À medida que a alma se desapega das coisas terrenas e toma consciência de si e de seu destino, passa a conhecer-se somente em Deus. O egoísta se engrandece; Maria, contudo, engrandece o Senhor. A pessoa carnal pensa primeiro no corpo, e o medíocre relega Deus ao segundo plano. Em Maria nada passa à frente Dele que é Deus Criador, Senhor da história e Salvador da humanidade.

Agradecemos a gentileza dos amigos que nos louvam por nossos feitos. Quando Isabel exalta Maria, Maria glorifica Deus. Maria recebe o louvor como um espelho recebe a luz: não guarda nada para si, nem mesmo reconhece as palavras da prima; transmite tudo ao seu Deus, a quem são devidos todo o louvor, toda honra e toda gratidão. A versão reduzida do cântico de Maria é: "Obrigada, meu Deus." Toda a personalidade dela está a serviço de Deus. Nós homens muitas vezes louvamos Deus com a língua enquanto mantemos o coração distante Dele. "As palavras sobem, mas os pensamentos não saem do chão" (*Hamlet*, III, 3). Foi, porém, a alma e a mente de Maria, não seus lábios, que transbordaram de palavras por causa do segredo de Amor que já rompia seus limites.

Por que engrandecer Deus, que não podemos diminuir com nosso ateísmo nem aumentar com nosso louvor? É mesmo verdade, afinal: a estatura de Deus não muda por causa do nosso reconhecimento, assim como uma pintura de Rafael não perde sua beleza por causa dos vitupérios de um ignorante. Mas Deus pode, sim, crescer ou decrescer em nós à medida do nosso amor ou do nosso pecado. Se inchamos nosso ego, a necessidade de Deus parece menor; se murchamos o ego, a necessidade de Deus aparece na sua dimensão de verdadeira fome.

O amor de Deus se reflete na alma do justo como a luz do sol parece mais intensa num espelho. O Filho de Maria é o Sol, e ela, a lua. Ela é o ninho, e Ele, o pássaro recém-emplumado que voará para uma Árvore mais alta e que chamará a mãe para a casa. Ela O chama de Senhor e Salvador. Mesmo tendo sido preservada da mancha do pecado original, porque isso se deu exclusivamente pelos méritos da Paixão e Morte de seu Divino Filho. Em si mesma, ela não é nada e nada possui. Ele é tudo! Porque "Ele se dignou a olhar para a pequenez da sua serva; porque o Onipotente, cujo Nome é Santo, fez em mim maravilhas".

Os orgulhosos acabam no desespero, e o ato final do desespero é o suicídio, é tirar a própria vida, que se torna insuportável. Os humildes são necessariamente alegres, pois onde não há orgulho, não pode haver egocentrismo para tornar a alegria impossível.

O cântico de Maria tem essa dupla nota: o espírito dela exulta porque Deus olhou para sua pequenez. Um vaso cheio de areia não pode se encher de ouro; uma alma transbordando de ego não pode se encher de Deus. Deus não põe limites à sua presença na alma; só a alma pode limitar a entrada Dele, como uma cortina limita a luz. Quanto mais vazia a alma estiver de si, mais espaço haverá para Deus. Quanto mais vazio estiver um ninho, maior será a ave que se abrigará nele. Há uma relação intrínseca entre a humildade de Maria e a Encarnação do Filho de Deus. Ela, a quem os céus não puderam conter, é agora tabernáculo do Rei dos Céus em Pessoa. O Altíssimo olha para a pequenez da sua serva.

De nada adiantaria a Maria, porém, esvaziar-se do ego se Ele — seu Deus, seu Senhor e Salvador — não tivesse "humilhado a si mesmo". Ainda que vazio, um cálice é incapaz de conter o oceano. As pessoas são como esponjas. Assim como cada esponja só consegue absorver uma quantidade de água limitada até se saturar, também cada pessoa só consegue absorver uma quantidade determinada de honra. Quando se chega ao ponto de saturação, as coisas se invertem: não é a pessoa que se reveste de realeza, mas a realeza que se reveste da pessoa. E sempre depois de aceitar uma honra que aquele que a recebeu geme em falsa humildade: "Senhor, eu não merçço."

Maria, porém, em vez de ostentar seu privilégio depois de receber a honra, faz-se criada da prima idosa e é nessa tarefa que entoa um cântico em que chama a si mesma de serva do Senhor ou, melhor, escrava de Deus. Uma escrava que não passa de uma propriedade de Deus e que não tem outra vontade senão a Dele. A falta de ego mostra-se o seu verdadeiro ego. "Não havia lugar na pensão", porque a pensão estava cheia. Havia lugar no estábulo, pois ali não havia egos; havia somente um boi e um jumento.

Deus foi buscar no mundo um coração vazio, mas não um coração solitário. Buscou um coração vazio como uma flauta, em que pudesse soprar uma melodia, não um coração solitário como um abismo, repleto de morte. E o coração mais vazio que encontrou foi o da Senhora. Como não havia "eu" nele, Deus o preencheu com Seu Eu Divino.

"De hoje em diante, me chamarão bem-aventurada todas as gerações." São palavras milagrosas. Como explicá-las senão pela divindade do seu Filho? Como essa moça do interior, do vilarejo desprezado de Nazaré, envolta em anonimato pelas montanhas da Judeia, como ela pôde prever que nas gerações futuras pintores como Michelangelo e Rafael, poetas como Sedulius, Cynewulf, Jacopone da Todi, Chaucer, Thompson e Wordsworth; que teólogos como Éfrem, Boaventura e Tomás de Aquino; que tanto em vilarejos obscuros como entre os grandes e sábios todos a cobririam de louvores num torrente interminável, que todos veriam nela o primeiro amor do mundo e diriam das próprias rimas empobrecidas:

> *E os homens levantaram o olhar à mulher feita para a manhã*
> *Quando as estrelas eram jovens,*
> *Para quem, mais toscas que as rimas do mendigo na sarjeta,*
> *Cantam esses cânticos.*

Mais tarde, o Filho dará a lei que explica a recordação imortal de sua mãe: "Aquele que se humilhar será exaltado." A humildade perante Deus compensada pela glória diante dos homens. Maria havia feito um voto de virgindade e com isso parecia evitar que sua beleza passasse para as outras gerações. E, contudo, pelo poder de Deus, ela se vê mãe de incontáveis gerações sem deixar de ser virgem. Todas as gerações que perderam a graça de Deus por comer o fruto proibido agora a exaltarão, porque através dela eles podem mais uma vez tomar posse da Árvore da Vida. Em três meses, Maria recebeu suas Bem-aventuranças:

1. "És bem-aventurada porque és cheia de graça", disse o Arcanjo Gabriel.
2. "És bem-aventurada porque vais conceber em teu ventre o Filho do Altíssimo, Deus."
3. "És bem-aventurada, Virgem Mãe, porque o Espírito Santo virá sobre ti, e o poder do Altíssimo te cobrirá."
4. "És bem-aventurada porque fazes a vontade de Deus: 'Faça-se em mim segundo a tua palavra.'"
5. "És bem-aventurada porque creste", disse Isabel.
6. "Bendito o fruto do teu ventre [Jesus]", acrescentou Isabel.

7. "Bendita és tu entre as mulheres."
8. "És bem-aventurada porque a mensagem que te trouxeram da parte do Senhor será cumprida."

Pequenez e exaltação são uma só coisa em Maria. Pequenez porque, ao julgar-se indigna de ser a Mãe de Nosso Senhor, fez um voto de virgindade. Exaltação porque Deus, ao ver aquilo que Maria considerava o seu nada, mais uma vez criou um mundo "a partir do nada".

Bem-aventurado quer dizer feliz. Maria tinha tudo o que podia fazer uma pessoa feliz de verdade. Para ser feliz, uma pessoa precisa de três coisas: ter tudo o que quer; ter essas coisas unidas em uma pessoa que ama com todo o ardor de sua alma; e saber que tudo é possuído sem pecado. Maria tinha as três.

Se o Filho não quisesse que sua Mãe fosse honrada onde ele é adorado, jamais teria permitido que se cumprissem as palavras dela. Teria desviado a mão dos artistas na tela, fechado os lábios dos poetas e congelado nossos dedos nas contas dos terços.

Com que rapidez os grandes homens e as grandes mulheres não são esquecidos. E como são poucos os nomes que chegam a ser lembrados! Precisamos consultar um guia para identificar os mortos enterrados em Westminster; poucos cidadãos conhecem seus heróis da Guerra Mundial, ainda que seus nomes tenham batizado ruas. Mas Maria é uma moça, obscura e desconhecida, num entreposto do Império Romano. No entanto, é ela que afirma que a lei do esquecimento será suspensa em seu favor, e profetiza ainda antes de qualquer um dos Evangelhos ter sido escrito, antes de o Filho de Deus ver a luz do dia em sua carne.

A sua misericórdia se estende de geração em geração
sobre aqueles que o temem.
Manifestou o poder do seu braço
e dispersou os soberbos.
Derrubou os poderosos de seus tronos
e exaltou os humildes.
Aos famintos encheu de bens
e aos ricos despediu de mãos vazias.
Acolheu a Israel, seu servo,

*lembrado da sua misericórdia,
como tinha prometido a nossos pais,
a Abraão e à sua descendência, para sempre.*

Essa parte do *Magnificat* é o documento mais revolucionário já escrito, mil vezes mais revolucionário do que qualquer coisa escrita por Karl Marx. Seria mesmo interessante, atendo-nos aos versículos citados, comparar a revolução de Maria com a revolução de Marx e do comunismo.

A FILOSOFIA DA REVOLUÇÃO

Maria

Maria começa com a alma e com Deus. "Minha alma engrandece o Senhor; meu espírito exulta em Deus, meu salvador." O universo inteiro gira em torno dessas duas realidades: a alma aspira a uma felicidade infinita que só Deus pode dar.

Marx

Marx concluiu o primeiro dos seus livros com as palavras: "Odeio todos os deuses." Para o comunismo só existe a matéria, uma matéria dotada de contradição interna que gera movimento. Se só a matéria existe, a alma não existe. A crença de que todo homem tem valor "baseia-se", Marx disse, "na ilusão cristã de que todo homem tem alma".

Deus não existe porque a crença em Deus aliena o homem de si mesmo e o submete a alguém externo. Não há Deus, mas há o homem. "A religião é o ópio do povo."

O FUTURO DA REVOLUÇÃO

Maria

"De hoje em diante, me chamarão bem-aventurada todas as gerações." Maria será uma exceção à lei do esquecimento, porque o Senhor da História quis que ela fosse venerada ao longo dos séculos. A história é determinada pela Providência. O progresso e a queda das civilizações estão subordinados a um ordenamento moral da vida humana determinado por Deus. A paz é a tranquilidade da ordem, e a ordem supõe fazer justiça a Deus e ao próximo. A paz desmorona quando cada homem busca apenas ater-se às suas coisas e se esquece de amar a Deus e ao próximo.

Marx

A história é determinada pela dialética. Nem Deus nem a maneira como os homens vivem determina o progresso ou a decadência da civilização, mas a lei da luta de classes, que continuará a valer enquanto o comunismo não triunfar e as classes deixarem de existir. O futuro é determinado pela matéria. A geração presente e todas as anteriores contemplam um futuro remoto em que dançarão sobre o túmulo de seus ancestrais. Algumas classes estão destinadas a serem a pira funerária que iluminará as gerações futuras enquanto estas erguem seus punhos cerrados sobre o cadáver de Lênin.

Temor e revolução

Maria

"A sua misericórdia se estende de geração em geração sobre aqueles que o temem." O temor de que se fala aqui é o temor filial, isto é, o receio de magoar a quem se ama. Esse é o temor que um filho tem para com um pai dedicado, e o temor que um cristão tem para com Cristo. O temor aqui se relaciona com o amor.

Marx

O comunismo não se baseia no temor filial, mas no temor servil. É o medo que o escravizado tem do tirano, que o operário tem do ditador. O temor gerado pela revolução é uma neurose compulsiva, que não nasce do amor, mas do poder. Uma revolução que destrói o temor filial de Deus sempre acaba na criação do temor servil do homem.

Técnica da revolução

Tanto Maria como Marx defendem a exaltação dos pobres, a queda dos soberbos, a espoliação dos ricos em favor dos desafortunados, mas suas técnicas são diferentes.

Maria

A violência é necessária. "O reino dos Céus padece de violência." Mas a violência deve ser dirigida contra o ego, contra seu egoísmo, sua ganância, sua luxúria e sua soberba.

O golpe de espada deve cortar para dentro, a fim de arrancar tudo aquilo que leva ao desprezo do próximo.

A transferência de riqueza, que promove a prosperidade dos pobres, é inspirada pela caridade interior que ama a Deus e ao próximo.

O homem não tem nada a perder senão as correntes do pecado, que obscurecem seu intelecto e enfraquecem sua vontade. Ao livrar-se do pecado pelos méritos de Cristo, o homem se torna filho de Deus, herdeiro do Paraíso. Assim, pode desfrutar da paz interior ainda nesta vida, mesmo em meio às provações, e entrar no êxtase supremo e final do amor no Céu.

Marx

A violência é necessária. Mas a violência deve dirigir-se contra o próximo, contra os proprietários, contra os que creem em Deus e contra a democracia. O egoísmo precisa se disfarçar de justiça social.

O golpe da espada deve cortar para fora, para livrar a sociedade de todos os que rejeitariam uma revolução baseada no ódio.

A transferência da riqueza se dá pelo "confisco violento" e pela passagem do butim e da pilhagem de um bolso para outro.

O homem não tem nada a perder senão as correntes que o prendem a Deus e à propriedade. Assim, graças ao ateísmo e ao socialismo, o homem será capaz de voltar à sua condição de verdadeiro deus.

A maneira como Maria começa o *Magnificat* — falando da própria experiência, para logo passar a identificar-se com toda a humanidade — é notável. Ela olha para a frente e vê o efeito que o nascimento do seu Filho terá sobre o mundo, vê como esse acontecimento vai melhorar a condição da vida humana como um todo, como vai libertar os oprimidos, alimentar os famintos, assistir os desvalidos. E seu Filho ainda não tinha nascido quando Maria pronunciou essas palavras, embora a alegria do cântico faça parecer que ela já O tinha nos braços. Seu canto é um canto de pura fé em algo que com toda a certeza ocorrerá, porque Deus o vai tornar realidade. Não se trata da previsão qualquer de uma revolução de forças materiais cegas.

Existe um antagonismo intrínseco entre a revolução de Maria e qualquer outra, porque a revolução dela se baseia na verdadeira psicologia da natureza humana. A revolução dela se baseia na existência de uma carência imensa, tão grave e imperiosa que todo coração honesto almeja satisfazê-la. Felizes os que experimentam, dentro de si, a expulsão da soberba e do egoísmo, que recebem alimento para sua fome espiritual. Felizes os que descobrem, antes que seja tarde demais, que são pobres, e nus, e cegos, e que buscam revestir-se com os trajes da graça que o Filho de Maria traz.

4
Quando a crença na Virgem Maria começou?

Um dos temas mais importantes no estudo do Direito é a prova. *Tão poucos* chegam a uma verdade que creem ter importância absoluta porque muitos se esquecem da importância da prova. A prova é uma das divisões mais importantes da teologia. Não se pode aderir a crença alguma sem prova ou sem um "motivo de credibilidade". Poderíamos mesmo dizer que o maior dos céticos é o cristão, pois ele não acredita na Ressurreição enquanto não vê o Homem morto e crucificado erguer-se do túmulo pelo poder do próprio Deus.

Qualquer doutrina do cristianismo poderia ser tomada como exemplo de prova e de evidências, mas tomaremos uma doutrina que o mundo rejeita há trezentos anos (depois de crer nela pelos mil e seiscentos anos anteriores): o Nascimento Virginal de Jesus de sua Mãe, Maria, que é virgem. Antes de aduzir as evidências, é importante ter presente que a Igreja, que é o Corpo Místico de Cristo, não tira sua fé somente da Escritura. Esse fato pode surpreender aqueles que, sempre que ouvem um ensinamento cristão em particular, perguntam: "Está na Bíblia?" A Igreja espalhou-se por todo o Império Romano antes de ao menos um livro do Novo Testamento ter sido escrito. Já existiam muitos mártires na Igreja antes de os Evangelhos e as Epístolas existirem. Um apostolado — com autoridade e reconhecimento — levava a cabo a obra do Senhor, seguindo as ordens Dele, falando em seu Nome e dando o testemunho do que viram: tudo isso antes de uma única linha do Novo Testamento ter sido escrita.

Para os primeiros seguidores de Nosso Senhor, a autoridade dos Apóstolos era igual à de Cristo, no sentido de que era uma continuação do ensinamento Dele. Nosso Senhor disse: "Quem vos ouve, a mim me ouve." Os Apóstolos primeiro ensinaram e mais tarde, dois e somente dois dos doze escreveram um evangelho. Nosso Senhor disse a seus Apóstolos: "Ide, pois, fazei discípulos de todos os povos, batizando-os em nome do Pai, do Filho e do Espírito Santo, ensinando-os a cumprir tudo quanto vos tenho mandado. E sabei que Eu estarei sempre convosco até o fim dos tempos" (Mt 19, 20). E disse também: "Assim como o Pai me enviou, também Eu vos envio a vós" (Jo 20, 21). Os Apóstolos formavam o núcleo da Igreja, o novo Israel, a primeira manifestação visível do Corpo Místico de Cristo. É por isso que em Pentecostes escolheram um da comunidade dos 120 para assumir o posto de Judas. O sucessor tinha que ter testemunhado em primeira mão os acontecimentos do Evangelho; era a condição primordial para ser Apóstolo. A Igreja era um corpo orgânico de coesão, fonte de unidade e autoridade sob a primazia de Pedro, a quem Deus escolheu para isso. Isso tudo se deu quase 25 anos antes dos primeiros evangelhos serem escritos; por isso, quem toma um único texto da Bíblia isolado dessa tradição apostólica ou o estuda à margem dela vive e pensa no vácuo. Os Evangelhos precisam da tradição como os pulmões precisam de ar, como os olhos precisam de luz e a planta, de terra! O maior dos livros veio em segundo, não primeiro. Quando finalmente escritos, os Evangelhos eram mais atas notariais daquilo em que já se acreditava.

Tomemos o Evangelho de Lucas, escrito por volta do ano 67, e leiamos as linhas de abertura: "Visto que muitos empreenderam compor uma narração dos fatos que entre nós se consumaram, como no-los transmitiram os que desde o princípio foram testemunhas oculares e se tornaram servidores da Palavra, resolvi eu também, depois de tudo ter investigado cuidadosamente desde a origem, expô-los a ti por escrito e pela sua ordem, caríssimo Teófilo, a fim de reconheceres a solidez da doutrina em que foste instruído" (Lc 1, 1-4). Lucas não escreveu a Teófilo para contar-lhe novidades sobre alguém que morrera 34 anos antes. Teófilo, como qualquer outro membro da Igreja Apostólica no Império Romano, já conhecia o milagre dos pães e dos peixes, a Ressurreição e o Nascimento Virginal. Uma situação semelhante: quando um livro de história nos diz que a Primeira Guerra Mundial começou em 1914, não cria em nós uma crença; ele apenas confirma o que já sabíamos. Da mesma maneira, os Evangelhos registraram de maneira mais sistemática aquilo em que os primeiros cristãos já acreditavam. Se tivéssemos vivido nos primeiros 25 anos da Igreja, qual seria a nossa resposta para a pergunta: "Como saber em que acreditar?"

Não poderíamos dizer: "Vou ver na Bíblia." A Bíblia ainda não existia. Acreditaríamos nos ensinamentos da Igreja Apostólica e, até a invenção da imprensa teria sido difícil que qualquer um de nós pudesse se arvorar em autoproclamados "livre-intérpretes da Escritura".

Nosso Senhor não pediu sequer uma vez para aqueles primeiros discípulos escreverem alguma coisa. Ele mesmo só escreveu uma vez na vida, e foi na areia. Mas Ele nos pediu para pregar seu Nome e dar testemunho Dele pelos quatro cantos da terra até o fim dos tempos. Assim, quem toma um ou outro texto da Bíblia fora de contexto para provar alguma coisa o isola da atmosfera histórica de onde ele surgiu, e do boca a boca que passou adiante a verdade de Cristo. Se três pessoas estão numa sala, a sala contém também seis pernas e seis braços, mas esses membros não representam qualquer problema, já que estão ligados a um organismo físico. Mas um braço solto do lado de fora da sala seria um problema tremendo, pois está isolado do todo orgânico. O mesmo vale para certas verdades cristãs se forem isoladas do todo. A doutrina da penitência, por exemplo, não pode ser isolada da doutrina sobre o pecado original. É somente à luz do círculo da verdade que os seguimentos do círculo cobram sentido.

Quando os Evangelhos finalmente foram escritos, registraram uma tradição; eles não a criaram. A tradição já existia. O que aconteceu foi que, depois de um tempo, os homens decidiram registrar por escrito essa voz e essa tradição vivas, e isso explica o começo do Evangelho de Lucas: "A fim de reconheceres a solidez da doutrina em que foste instruído." Não foram os Evangelhos que deram origem à Igreja; foi a Igreja que deu origem aos Evangelhos. A Igreja não saiu dos Evangelhos; os Evangelhos é que saíram da Igreja.

A Igreja precedeu o Novo Testamento, e não o contrário. Antes da constituição dos Estados Unidos, existiam os americanos, que depois, à luz dessa constituição, decidiram formar um governo e uma nação. Os fundadores da pátria precederam a fundação da pátria; da mesma maneira, o Corpo Místico de Cristo precedeu os relatos escritos posteriormente por escribas inspirados. A propósito, como sabemos que a Bíblia é inspirada? Ela própria não o diz! Mateus não conclui seu evangelho dizendo: "Não se esqueça de ler Marcos. Ele também é inspirado." Além disso, a Bíblia não é um livro. É uma coleção de 72 livros no total. Convém abrir a Bíblia para ver se estamos com tudo e não fomos enganados. Esses livros bem distantes uns dos outros são incapazes de atestar a própria inspiração. É somente por algo fora da Bíblia que sabemos ser ela inspirada. Não entraremos nesse ponto agora, mas vale a pena estudar sobre isso.

Os Evangelhos não foram escritos para provar aquilo em que os cristãos acreditavam. Tampouco iniciaram a crença. Eles simplesmente registraram de maneira sistemática aquilo em que os cristãos já acreditavam. As pessoas não acreditavam na Crucificação porque os Evangelhos dizem que havia acontecido uma; os autores sagrados escreveram a história da Crucificação porque já acreditavam nela. A Igreja não passou a acreditar no Nascimento Virginal porque os Evangelhos dizem que houve um Nascimento Virginal; foi porque a palavra viva de Deus no seu Corpo Místico já acreditava nesse fato que ele foi fixado nos Evangelhos.

Um segundo fato a recordar é que o Corpo Místico de Cristo tem uma memória, assim como nós temos uma memória. Se tivermos mais de 45 anos de existência física, podemos lembrar-nos de duas guerras mundiais. Falamos delas como testemunhas vivas; não como quem lê livros sobre elas, mas como quem viveu na época delas e talvez tenha lutado nelas. Mais tarde, podemos ler livros sobre essas duas guerras. No entanto, eles não serão o começo do nosso conhecimento, mas apenas uma recapitulação ou um aprofundamento daquilo que já sabíamos. Da mesma maneira, Nosso Senhor é a Cabeça da nova humanidade, da nova comunhão, ou do organismo espiritual que São Paulo chama de Corpo Místico. A esse Corpo Místico de Cristo estão associados, em primeiro lugar, os Apóstolos de Cristo e, depois, todos aqueles que creram Nele ao longo dos séculos. Esse Corpo sabe que a Ressurreição é verdade porque ela, a Igreja, estava presente. As células do nosso corpo mudam a cada sete anos, mas mantemos a mesma personalidade. As células do Corpo Místico do qual nós também participamos também podem mudar a cada cinquenta ou sessenta anos; contudo, é Cristo que ainda vive nesse Corpo. A Igreja sabe que Cristo ergueu-se dentre os mortos e que o Espírito desceu sobre os Apóstolos em Pentecostes, porque a Igreja presenciou tudo desde o começo. A Igreja tem uma memória que abrange mais de mil e novecentos anos, e essa memória se chama Tradição. O Credo Apostólico, fórmula aceita na Igreja por volta do ano 100 e que sintetiza o ensinamento dos apóstolos, é assim:

> Creio em Deus Pai todo-poderoso, Criador do céu e da terra, e em Jesus Cristo seu único Filho, nosso Senhor, que foi concebido pelo poder do Espírito Santo; nasceu da Virgem Maria;/padeceu sob Pôncio Pilatos,/ foi crucificado, morto e sepultado. Desceu à mansão dos mortos; ressuscitou ao terceiro dia, subiu aos céus; está sentado à direita de Deus Pai todo-poderoso, donde há de vir a julgar os vivos e os mortos. Creio no Espírito Santo; na Santa Igreja Católica; na comunhão dos santos; na remissão dos pecados;/ na ressurreição da carne;/ na vida eterna. Amém.

Reparem nas palavras: "Concebido pelo poder do Espírito Santo; nasceu da Virgem Maria." As verdades expressas no Credo eram essenciais para a admissão à Igreja. Todos os primeiros batizados do Corpo Místico de Cristo acreditavam em cada uma dessas verdades. Nos primeiros séculos do cristianismo, o Nascimento Virginal era uma verdade tão aceita quanto a Ressurreição.

O Credo não tem sequer uma única citação dos Evangelhos. Os primeiros membros da Igreja estavam registrando a tradição cristã primitiva, da qual os Evangelhos eram apenas uma expressão literária. Existem ainda muitos escritos dos primeiros cem anos após a vida de Nosso Senhor. Há, por exemplo, os escritos de São Clemente, um dos sucessores de São Pedro, que escreveu no ano de 92; há também São Policarpo, bispo de Esmirna, um dos sucessores de João Evangelista; e ainda temos Irineu, que dá os nomes dos 12 primeiros bispos de Roma; temos Inácio de Antioquia, que dizia que queria ser "moído como o trigo entre as presas dos leões para ser um pão vivo para o seu Salvador".

Muitos desses autores não citam os Evangelhos. Temos mil e quinhentas linhas de Clemente, mas apenas dois de seus textos são do Novo Testamento; ele estava registrando as doutrinas cristãs, aceitas pelas testemunhas de Cristo. Policarpo cita os Evangelhos apenas três vezes, porque conviveu com muitos que viram Nosso Senhor, e escreveu do que sabia e do que tinha aprendido com os Apóstolos. Inácio de Antioquia (que viveu aproximadamente setenta anos depois da vida de Nosso Senhor) escreveu: "Nosso Deus Jesus Cristo foi concebido pelo Espírito Santo [...] e nasceu verdadeiramente de uma Virgem."

Há uma dupla fonte a que podemos acorrer para aprender a verdadeira doutrina cristã: a Palavra de Deus revelada nas Escrituras e o ensinamento contínuo da Igreja desde o princípio, ou seja, a sua memória viva. Assim como os advogados, para sustentar um argumento, não se valem somente da afirmação crua da lei, mas também da maneira como juízes compreenderam e interpretaram essa lei, as Escrituras não são letra morta, mas vivem e respiram no belo contexto de uma comunhão espiritual.

No ano de 108, ainda estavam vivas muitas pessoas que eram crianças quando Nosso Senhor foi crucificado; que viram e conversaram quando jovens com os Apóstolos antes de eles serem martirizados; e que, espalhadas por todo o Império Romano, já conheciam bem a Tradição cristã e a transmitiram através da Igreja. Alguns Apóstolos só foram martirizados bem mais tarde; João morreu apenas no ano 100. Alguns desses primeiros autores estavam mais perto de João e dos outros Apóstolos do que nós estamos da Primeira Guerra Mundial. E uma coisa é certa: se os Apóstolos — que viveram com Nosso Senhor e o ouviram falar abertamente em montes e no templo, que o ouviram pregar o Reino de Deus por quarenta dias após sua Ressurreição — não tivessem ensinado a doutrina do Parto Virginal, ninguém o teria feito. A ideia era incomum demais para ter sido inventada pelos homens e seria no geral difícil de aceitar se não tivesse vindo do próprio Cristo!

O homem que talvez tendesse mais a duvidar da historicidade do Nascimento Virginal em termos naturais (visto que era médico) era o segundo evangelista, São Lucas. Contudo, é justamente ele quem mais nos fala desse fato. Nosso Senhor teve muitos inimigos desde o começo. Hereges negaram alguns aspectos da sua doutrina, mas há uma doutrina que nenhum dos primeiros hereges chegou a negar, e é precisamente a de que Jesus nasceu de uma Virgem. Poderíamos pensar que essa seria a primeira doutrina a ser atacada, mas pelo contrário: era aceita tanto pelos primeiros fiéis como pelos primeiros hereges. Seria tolice tentar convencer qualquer um do Nascimento Virginal caso ele já não acreditasse na divindade de Cristo; talvez por isso teria sido imprudente da parte de Maria falar no assunto antes da Ressurreição, embora José, Isabel, provavelmente João Batista já soubessem, além, evidentemente, do Filho, o responsável por tudo...

Os "exegetas de um versículo só" dizem que na Bíblia está escrito que Nosso Senhor tinha irmãos; disso concluem que Ele não nasceu de uma

Virgem. Mas há resposta para essa alegação. Um pregador que sobe ao púlpito e diz "Caros irmãos" não quer dar a entender que todos na igreja têm a mesma mãe. Em segundo lugar, a palavra "irmão" é usada com um sentido mais amplo na Sagrada Escritura, que abrange também os parentes próximos e os amigos. Abraão, por exemplo, chama Ló de irmão: "Peço-te que entre nós e entre os nossos pastores não haja conflitos, pois somos irmãos" (Gn 1, 8). Mas Ló não era seu irmão. Em terceiro lugar, várias pessoas chamadas de irmãos de Cristo, como Tiago e José, aparecem em outros trechos como filhos de outra Maria, irmã da mãe de Jesus e esposa de Cléofas! "Junto à cruz de Jesus estavam, de pé, sua mãe e a irmã da sua mãe, Maria, a mulher de Cléofas, e Maria Madalena" (Jo 19, 25). Em quarto lugar, Tiago, mencionado nominalmente como irmão de Jesus — "Mas não vi nenhum outro Apóstolo, a não ser Tiago, o irmão do Senhor" (Gl 1, 19) —, aparece regularmente nas listas dos Apóstolos como filho de outro pai, Alfeu (Mt 10, 3; Mc 3, 18; Lc 6, 15).

Em nenhum momento a Escritura diz que os assim chamados "irmãos" do Senhor são filhos ou filhas de José e Maria. O próprio Cristo usava o termo "irmãos" com um sentido mais amplo. "E, indicando com a mão os discípulos, acrescentou: 'Aí estão minha mãe e meus irmãos'" (Mt 12, 49). Nenhum texto bíblico diz que José gerou irmãos e irmãs de Jesus, assim como não há textos dizendo que Maria teve outros filhos além do Filho.

O Evangelho de São João pressupõe o Nascimento Virginal. Nós, humanos, podemos nascer duas vezes: uma vez dos nossos pais, e outra vez do Espírito Santo que nos é dado pelo Senhor no Batismo. Foi essa verdade que Jesus expressou quando disse ao ancião Nicodemos que ele deveria nascer de novo, que, tendo já nascido da carne, teria de nascer uma segunda vez do espírito. É esse segundo nascimento pelo Batismo que nos faz cristãos. Notemos, porém, como isso se relaciona com o Nascimento Virginal de Nosso Senhor. São João, no começo de seu Evangelho, diz que Jesus nos deu "o poder de nos tornarmos filhos de Deus". Diz-nos que isso se dá por um nascimento. Mas logo em seguida esclarece que não se trata de um nascimento humano, porque não implica sangue, sexo ou vontade humana, mas apenas o poder de Deus. Essa afirmação de São João pressupõe um conhecimento comum do Nascimento Virginal. Mas como algum cristão seria capaz de compreender um nascimento assim se ele já não tivesse acontecido? Em fins do primeiro século, nenhum leitor do Evangelho de São João se impressionava ao vê-lo tratar de uma nova geração que não nasceu do sexo. Àquela altura, o mundo cristão inteiro sabia que foi assim que o cristianismo surgiu. O Nascimento Virginal foi uma ideia de Deus, não do homem. Ninguém jamais pensaria nisso se não tivesse acontecido. Nenhuma religião pagã faz ideia disso; seus mitos tratam da união dos deuses com mulheres, que engravidavam depois da união sexual. Todas as histórias amorosas de Zeus e dos outros deuses tinham esse caráter antropomórfico. Nada poderia estar mais longe da verdade do que representar esses nascimentos como se fossem "nascimentos virginais".

São Paulo também implica o Nascimento Virginal de Cristo ao usar uma palavra diferente para "nascimento". Ao falar da origem humana do Filho de Deus, escreve:

> Este Evangelho [que] Deus prometera outrora pelos seus profetas na Sagrada Escritura, acerca de seu Filho Jesus Cristo, nosso Senhor, descendente de Davi quanto à carne, que, segundo o Espírito de santidade, foi estabelecido Filho de Deus no poder por sua ressurreição dos mortos. (Rm 1, 2-4)
>
> Quando chegou a plenitude do tempo, Deus enviou o seu Filho, nascido de uma mulher, nascido sob o domínio da Lei, para resgatar os que se encontravam sob o domínio da Lei, a fim de recebermos a adoção de filhos. (Gl 4, 4-5)
>
> Ele esvaziou-se a si mesmo, tomando a condição de servo. Tornando-se semelhante aos homens e sendo, ao manifestar-se, identificado como homem. (Fl 2, 7)

São Paulo nunca usa a palavra comum para descrever "nascimento" — o verbo *gennao*, usado em todas as outras passagens do Novo Testamento — para se referir à encarnação de Nosso Senhor. Em todas as quatro vezes em que aborda o começo temporal do Filho de Deus, o apóstolo usa uma palavra completamente diferente, *gemmenos*, que vem de um verbo completamente diferente, *ginomai*.

Mais uma vez: São Paulo não emprega uma vez sequer a palavra *gennao* com relação a Nosso Senhor e a sua Mãe, a palavra que significa "nascer" e que é usada em todo o Novo Testamento. Quando fala da vinda de Nosso

Senhor, usa uma forma do verbo *gonomai* que quer dizer "fazer com que seja", "vir a ser". Numa das passagens (Gl 4, 23-24.29), São Paulo usa o verbo "nascer" três vezes para descrever o nascimento de Ismael e Jacó, mas se recusa a usá-lo no mesmo capítulo e contexto para se referir ao nascimento de Cristo. O Novo Testamento fala 33 vezes do nascimento de uma criança, e em cada uma delas usa a palavra *gennao*, mas São Paulo não a usa uma vez sequer para o nascimento de Cristo. São Paulo evita a todo custo dizer que Nosso Senhor nasceu da maneira comum. Nosso Senhor nasceu *numa* família humana, e não *de* uma família humana. Deus formou Adão, o primeiro homem, sem semente de varão. Por que, pois, rejeitar a ideia de que o novo Adão também foi formado sem semente de varão? Assim como Adão foi feito da terra em que Deus soprou uma alma vivente, também o corpo de Cristo foi formado na carne de Maria pelo Espírito Santo. O Nascimento Virginal estava tão arraigado com tanta força na tradição cristã que nenhum dos primeiros apologistas precisou defender essa doutrina. Mesmo os hereges criam nela, com a mesma firmeza com que acreditavam na Crucificação, porque tanto uma como outra tinham *status* de fato histórico.

Há duas histórias de nascimento no Evangelho: a de Jesus e a de João Batista. Mas a ênfase de cada uma está em aspectos diferentes. A narrativa evangélica de João Batista centra-se no pai, Zacarias. A narrativa do nascimento de Jesus centra-se na mãe, Maria. Ambas mostram dificuldades do ponto de vista científico. Zacarias era idoso, e sua esposa havia passado muito da idade de gerar filhos. "Zacarias disse ao anjo: 'Como haverei de verificar isso, se estou velho e a minha esposa é de idade avançada?'" (Lc 1, 18). "Maria disse ao anjo: 'Como será isso, se eu não conheço homem?' (Lc 1, 34). Maria era uma Virgem que fizera um voto de castidade. O poder de Deus precisou agir nos dois casos, em Zacarias, que duvidou, e em Maria, que aceitou. Por ter duvidado, Zacarias ficou mudo por um tempo.

Ninguém jamais implica com o fato de Zacarias e Isabel terem gerado "o maior homem nascido de mulher", mas alguns implicam com o Nascimento Virginal. Não por causa das dificuldades humanas, pois Deus as supera. O real motivo da incredulidade é: o ataque ao Nascimento Virginal é um ataque sutil à divindade de Cristo. Quem acredita que Nosso Senhor é verdadeiro Deus e verdadeiro homem jamais se perturba com o Nascimento Virginal.

5
Todas as mães são iguais, exceto uma

Nenhuma mãe cujo filho distinguiu-se — seja na profissão, seja no campo de batalha — crê que o respeito direcionado a ela própria por ser mãe dele diminui as honras e dignidades direcionadas ao filho. Assim, por que algumas mentes pensam que qualquer reverência que se demonstre para com a Mãe de Jesus diminui o poder ou a divindade Dele? Conhecemos a resposta falsa e atravessada daqueles que dizem que os católicos "adoram" Maria ou fazem dela uma "deusa", mas isso é mentira. Como nenhum dos leitores destas páginas seria culpado de tamanha insensatez, vamos ignorá-la aqui.

Onde começam essa frieza, esse esquecimento e, no mínimo, essa indiferença com relação à Bem-aventurada Mãe? Começam na incapacidade de se dar conta de que seu Filho, Jesus, é o Filho Eterno de Deus. No instante em que ponho Nosso Divino Senhor no mesmo nível de Júlio César, de Karl Marx, de Buda ou de Charles Darwin — ou seja, no instante em que passo a considerá-lo um simples homem dentre outros —, a ideia de dedicar uma reverência especial à Sua Mãe por ela ser diferente das nossas mães se torna verdadeiramente abjeta. Todo homem famoso também tem mãe. Todo mundo pode dizer: "Eu tenho mãe, e ela é tão boa ou melhor do que a sua." É por isso que se escreve tão pouco acerca das mães dos grandes homens, porque toda mãe é considerada a melhor do mundo pelo filho. Nenhuma mãe de um mortal tem direito a mais amor do que as outras. Portanto, nenhum filho ou filha deveria ter a obrigação de destacar a mãe de outra pessoa dizendo que ela é a Mãe das mães.

Nosso Senhor descreveu João Batista como "o maior homem nascido de mulher". E se essa afirmação tivesse dado início a uma seita para honrar a mãe dele, Isabel, por ser superior a todas as outras mães? Quem de nós não se rebelaria contra algo tão excessivo? Tudo que os críticos dissessem contra esse exagero sem tamanho seria bem aceito, pelo simples motivo de que João Batista é apenas um homem. Se Nosso Senhor é apenas um homem, um outro reformador da ética, outro sociólogo, acabamos por partilhar, até com os maiores fanáticos, do ressentimento contra a ideia de que a Mãe de Jesus é diferente de todas as outras mães.

O Quarto Mandamento diz: "Honra o teu pai e a tua mãe." Não diz nada sobre honrar a mãe de Gandhi ou o pai de Napoleão. Mas o Mandamento de honrar o nosso pai não exclui a adoração do nosso Pai Celeste. Se o Pai Celeste envia seu filho Divino à terra, o Mandamento de honrar nossa mãe terrena não exclui a veneração da Mãe do Filho de Deus.

Se Maria fosse apenas a Mãe de outro homem, então não poderia ser também a nossa mãe, porque os laços de carne e sangue seriam exclusivos demais. A carne só permite uma mãe. A diferença entre mãe e madrasta é longa, e poucas mulheres conseguem percorrê-la. Mas o Espírito permite mais uma mãe. E como Maria é a Mãe de Deus, ela pode ser a Mãe de todos os redimidos por Cristo.

A chave para compreender Maria é essa: não começar com Maria. Começamos com Cristo, Filho do Deus Vivo! Quanto menos pensarmos Nele, menos pensaremos nela. Quanto mais pensarmos Nele, mais pensaremos nela; quanto mais adorarmos a divindade Dele, mais veneraremos a maternidade dela; quanto menos adorarmos a divindade Dele, menos razões veremos para respeitar sua mãe. Podemos mesmo nos lamentar de ouvir o nome dela se nos tornarmos perversos a ponto de não acreditar que Cristo é o Filho de Deus. Nunca se ouvirá dizer que alguém que ame de verdade o Nosso Senhor não gosta de Maria. Quem não gosta das devoções a Maria é quem nega a divindade de Cristo, ou quem lhe põe defeitos por causa do que Ele diz a respeito do Inferno, do divórcio ou do Juízo.

É por Nosso Divino Senhor que Maria recebe atenção especial, não por si mesma. Por si só, a maternidade de Maria se dissolveria em humanidade. Mas vista à luz da divindade de seu Filho, ela é única. Nosso Senhor é Deus feito homem. Nunca antes ou depois a Eternidade tornou-se tempo numa mulher, nem a Onipotência assumiu as limitações da carne numa donzela. É o Filho que faz a maternidade de Maria ser diferente.

Um menino católico que fazia a catequese estava conversando com o vizinho, um professor universitário, sobre a nossa Santíssima Mãe. O professor desdenhou do menino dizendo: "Mas não há diferença entre ela e a minha mãe." O menino respondeu: "É isso que você diz, mas há um montão de diferença entre os filhos."

A resposta é essa. Por Nosso Senhor ser tão diferente de todos os outros filhos nós pomos sua Mãe à parte de todas as outras mães. Porque ele foi gerado eternamente no seio do Pai como filho de Deus, e gerado temporalmente no ventre de Maria como Filho do Homem, sua vinda criou um novo conjunto de relações. Ela não é uma pessoa individual, como todas as outras mães. Nós não a deixamos diferente; nós a encontramos diferente. Não escolhemos Maria; foi Deus quem a escolheu.

Mas por que um Nascimento Virginal? Por Cristo ser o Filho de Deus, não podemos ser indiferentes às circunstâncias do seu nascimento como seríamos com as do nascimento do açougueiro ou do padeiro. Se depois de Pentecostes Maria contou aos Apóstolos sobre o Nascimento Virginal, o fato certamente fez diferença. Se os Apóstolos a incluíram no seu Credo e na sua doutrina, o fato certamente fez diferença. Quando se aceita Cristo como Filho de Deus, surge um interesse imediato não apenas na sua pré-história — descrita por São João no prólogo de seu Evangelho —, mas também na sua história e especialmente no seu Nascimento.

Acaso o Nascimento Virginal é adequado e conveniente? Em parte alguma (a não ser o talmude judaico) encontramos desafios à doutrina do Nascimento Virginal como se ele fosse fruto de algum pecado de Maria. Geralmente, disputa-se a possibilidade física de um processo milagroso de nascimento. Ao manter sua Mãe absolutamente Imaculada, Deus evitou que as dúvidas sobre a sua paternidade divina viessem a partir-lhe o coração, que era um coração de mulher. É impossível para nós imaginar ou sentir, mesmo no grau mais ínfimo, o vasto oceano do amor que Cristo tem por sua Mãe. Ainda assim, se tivéssemos que lidar com o problema de evitar que o mais insignificante odor de escândalo recaia sobre a nossa própria mãe, o que não faríamos? É, portanto, difícil de acreditar que o Filho Onipotente de Deus faria tudo ao seu alcance para proteger a própria Mãe? Com isso em mente, podemos tirar muitas conclusões.

Nenhum líder faz sua entrada triunfal na cidade passando por vias recobertas de sujeira quando pode escolher fazer o mesmo sobre avenidas cobertas de flores. Se a Pureza Infinita tivesse escolhido outro porto de entrada para a humanidade que não o da pureza humana, teria criado uma tremenda dificuldade para si. Afinal, como Ele poderia ser sem pecado se nasceu da humanidade carregada de pecado? Se um pincel mergulhado em preto se torna preto, e se o tecido assume a cor da tintura, acaso Ele, nos olhos do mundo, não teria também parte na culpa partilhada por toda a humanidade? Se Ele tivesse vindo a esse mundo através do trigal da fraqueza moral, certamente teria um pouco de palha pespegada nas vestes de sua natureza humana.

Formulemos o problema de outra maneira: como Deus poderia se tornar homem e, ao mesmo tempo, ser um homem sem pecado e Cabeça da nova humanidade? Primeiro, Ele tinha que ser perfeitamente homem para agir em nosso nome, para fazer a nossa defesa e para quitar a nossa dívida. Se vou preso por excesso de velocidade, você não pode entrar no tribunal e dizer: "Juiz, esqueça isso, eu levo a culpa." Se estou me afogando, não posso salvar ninguém que esteja se afogando também. Se Nosso Senhor não estiver fora da torrente de pecados da humanidade, não poderá ser nosso Salvador: "Se um cego guia outro, ambos cairão no abismo", Jesus disse. Se Ele estava destinado a ser o novo Adão, a nova Cabeça da Humanidade, o Fundador de uma nova assembleia, Corpo Místico ou humanidade regenerada, ele também precisava ser diferente de todos os outros homens. Tinha de ser absolutamente perfeito, impecável, o Santo dos Santos, tudo que Deus pensou para o homem.

Eis o problema: como Deus poderia se tornar homem e, ao mesmo tempo, ser um homem impecável, sem pecado original. Como, nas palavras de São Paulo, Ele "podia ser como nós em todas as coisas, com exceção do pecado"? Como ele poderia ser um homem nascido de mulher? Podia ser um homem sem pecado nascendo de uma Virgem. A primeira afirmação é óbvia, porque se ele nascer de mulher, tomará parte da nossa humanidade. Mas por que nascer de uma Virgem o livraria do pecado original?

Ora, jamais devemos pensar que a Encarnação teria sido possível sem o Nascimento Virginal. Seria mesmo tola a mente humana que quisesse ditar ao Deus Todo-poderoso os métodos que ele deveria usar para vir a esta terra. Mas, com o Nascimento Virginal revelado, convém que investiguemos a sua propriedade, como fazemos agora. O Nascimento Virginal é importante por suas implicações quanto à solidariedade humana na culpa.

A humanidade incorporou-se ao primeiro Adão ao nascer da carne; a incorporação ao segundo Adão, Cristo, veio por nascer do espírito, ou nascer através de um parto virginal. Graças a isso, compreendemos como o Nosso Santíssimo Senhor entrou na humanidade pecadora por fora. Portanto, a maldição não recaiu sobre ele, senão na maneira como Ele livremente escolheu suportá-la em favor daqueles a quem redimiu por seu Sangue. Em nenhuma passagem do Novo Testamento os autores sagrados constroem seus argumentos fundamentados no Nascimento Virginal de Deus a partir de uma Virgem. Antes: eles constroem seus argumentos com base na humanidade sem pecado de Cristo.

Em suma: para ser descendente de Adão, Jesus tinha de ser descendente de Adão, tinha de nascer de uma filha de Adão. Mas o processo de geração e nascimento de qualquer indivíduo é uma coisa só. A única maneira de mostrar que no nascimento de Cristo esse processo foi milagroso era fazer com que o seu funcionamento interno se desse numa mulher tida por todos como incapaz de ter vivido esse processo: uma virgem. José, homem justo, representou a humanidade inteira quando questionou a fidelidade de Maria em seu coração. Mais do que ninguém, sabia como era cruel levantar uma dúvida dessas diante das provas mais incontroversas. Ele testemunhou a vida imaculada de Maria e sua amabilidade mesmo antes de seu Filho nascer. Sua dúvida foi sanada pelo próprio Céu. São José, mais do que qualquer outro ser humano no mundo, tinha direito de conhecer as circunstâncias do nascimento de Jesus. E como qualquer marido é a primeira testemunha da fidelidade da esposa, José também o é no caso da Maria, a quem desposara. Seu testemunho demonstra para todos os homens a virgindade dela e a natureza milagrosa da geração do seu Filho.

Como o padre Joseph Tennant indica, há um tipo de nascimento milagroso na história de Abraão e Sara. Quando ambos foram até o Egito, Abraão pediu para Sara dizer que era sua irmã, não esposa, para que os egípcios não o matassem. O faraó a recebeu em sua casa. A Bíblia não diz por quanto tempo ela viveu com o rei egípcio, mas não foi pouco, e o faraó e sua corte foram castigados com uma enfermidade por causa disso. Por fim, ele dispensou tanto Abraão como Sara do palácio. Não há relatos de ira divina nesse caso. Mas depois de Deus ter prometido a Sara que ela teria um filho cujo pai seria Abraão, era importante que não houvesse dúvidas, na cabeça de Abraão e de todo mundo, a respeito da paternidade do filho de Sara. Algum tempo depois dessa promessa, em Guerar, surgiu o risco de o rei, Abimelec, levar Sara para seu harém. Com uma covardia vergonhosa, Abraão permitiu que isso acontecesse. (E por isso foi castigado quando Deus o mandou sacrificar Isaac.) Mas Deus interveio imediatamente ao aparecer numa noite em sonhos para Abimelec e ameaçar destruir o seu reino inteiro se ele ousasse tocar Sara. "Ao erguer-se de manhã, Abimelec [...] chamou Abraão e disse-lhe: 'Que nos fizeste?'" Deus não apenas protegeu Sara; fez Abraão saber, pelos lábios do próprio Abimelec, que Sara não fora tocada, como aconteceu com José no caso de Maria. E assim, Isaac — o primeiro dos "filhos da promessa" (Gl 4, 28) e semente milagrosa de Abraão — nasceu.

Maria não era imaculada por ser virgem, mas o melhor sinal da sua falta de pecado era a sua virgindade. Os Evangelhos demonstram a humanidade humilde de Cristo ao nomear entre seus ancestrais Lamec, assassino arrogante; Abraão, o covarde; Jacó, o mentiroso; Judá, o adúltero; Rute, a pagã; Davi, o assassino e adúltero; e muitos reis idólatras, mostrando assim que era igual a nós em tudo, exceto no pecado. Da mesma maneira, os mesmos Evangelhos dissociam Maria de todo pecado a fim de mostrá-la, tanto quanto possível, "à imagem e semelhança de Deus". Maria era da casa de Davi, mas a relação de Cristo com essa casa não se dá por meio de Maria, mas de José, seu pai adotivo. E era necessário que a Mãe de Deus fosse sem pecado a fim de que pudéssemos crer com mais facilidade que ela havia lançado na cara do mundo o maior desafio da mulher: o voto de virgindade, que manteve e fez frutificar.

Não cremos que Jesus é Deus porque Ele nasceu da Virgem Mãe, da mesma maneira como os Apóstolos e Evangelistas não criam só por essa razão. Cremos na divindade de Cristo por causa do fato da Ressurreição, da maravilha do relato do Evangelho, dos milagres e das profecias de Cristo, da consonância de sua doutrina com as aspirações do coração humano. O Nascimento Virginal está relacionado com a humanidade de Cristo e com a sua separação do pecado que afetou todos os homens nascidos da união entre homem e mulher. Longe de tratar o Nascimento Virginal como uma marca deslumbrante da divindade, o *Te Deum* o considera uma sublime concessão de Nosso Senhor às condições humildes da humanidade:

*Vós, para vos unirdes ao homem e o resgatardes
não Vos dignastes de entrar no casto seio duma Virgem!*

O Nascimento Virginal é a garantia da impecabilidade da natureza humana que nosso Santíssimo Senhor assumiu. A única salvação dada aos homens deste mundo está no nome d'Aquele que, sendo Deus em pessoa, ingressou nas fileiras dos pecadores. Para que ninguém jamais possa negar que Ele foi homem. Ele nasceu como todos os demais homens do seio de uma Mulher, fato que deixou Marcião escandalizado a ponto de dizer: "Um bebê envolto em panos não é o tipo de Deus que adorarei."

Na Encarnação, Deus Filho inicia o processo de recriação daquilo que Ele mesmo criara, mas que se tinha desordenado; e seu método é vestir-se com os próprios elementos criados e caídos em desordem. Pela primeira vez desde a queda do homem, cria-se na terra uma unidade perfeita da humanidade. Essa humanidade é unida substancialmente à Pessoa do Filho de Deus.

O que atestam todas as negações do Nascimento Virginal? Geralmente, atestam a sutil tentativa de derrubar a nova ordem da humanidade e a geração do segundo Adão ao mundo não redimido do velho Adão. Se um pai humano tivesse fornecido sua natureza humana, Cristo não seria o novo Adão. O Nascimento Virginal mantém a iniciativa divina da Redenção como algo só de Deus. Se o início da nossa nova ordem foi dado ao homem, é porque foi tirado de Deus. Sem o Nascimento Virginal, Nosso Senhor estaria misturado com uma humanidade pecadora. Com ele, Jesus se encarna numa humanidade sem pecado. Quando alguém tenta livrar-se do Nascimento Virginal, quer mesmo é livrar-se da iniciativa divina que se faz presente desde o início nessa nova geração de Adão. Os primeiros hereges duvidavam da humanidade de Nosso Senhor, e por isso negaram que Ele tivesse mãe humana. Os agnósticos modernos duvidam da verdadeira divindade, e por isso acrescentam um pai humano à sua linhagem.

Não existe perigo de as pessoas superestimarem Maria; o perigo é que venham a subestimar Cristo. A frieza com relação a Maria é fruto da indiferença para com Cristo. Quaisquer objeções a chamá-la de "Mãe de Deus" é, fundamentalmente, uma objeção à divindade de Cristo. A expressão consagrada *Theotókos*, "Mãe de Deus", é a pedra de toque da fé cristã desde o ano de 432. E não foi cunhada porque a Igreja desejasse expandir a sua Mariologia; foi cunhada porque a Igreja quis definir a ortodoxia da sua *Cristologia*. Como disse São João Damasceno: "Esta palavra [Theotókos] contém todo o mistério da Encarnação." Se Cristo é diminuído, humanizado, naturalizado, o termo "Mãe de Deus" deixa de ter serventia. Ele implica uma dupla geração do Verbo Divino: a eterna, no seio do Pai, e a temporal, no ventre de Maria. Maria, portanto, não gerou um "simples homem", mas o "Deus verdadeiro". Nenhuma pessoa nova veio ao mundo quando Maria abriu os portões de sua carne, mas o Filho Eterno de Deus se fez homem. Tudo o que passou a existir foi uma nova natureza, uma natureza humana para uma Pessoa que existia desde toda a eternidade. Foi o Verbo, a Segunda Pessoa da Santíssima Trindade que se fez carne e habitou entre nós. *Theanthropos*, ou Deus-homem, e *Theotókos*, ou Mãe de Deus, caminham juntos e caem juntos.

Assim, descobrimos que os ditos cristãos que pensam crer na Divindade de Cristo, mas não creem que Maria é Mãe de Deus, costumam cair em quatro heresias antigas. São *adocionistas*, que creem que Cristo foi um simples homem adotado por Deus como filho depois de nascer. Ou são *nestorianos*, os quais afirmavam ter Maria dado à luz um homem que tinha apenas uma união íntima com a Divindade. Ou são *eutiquianitas*, que negavam a natureza humana de Cristo e, portanto, consideravam Maria apenas um instrumento para uma teofania. Ou são *docetistas*, que alegam ser a natureza de Cristo apenas como a de um fantasma ou aparição. Quem se ofende perante a reverência devotada a Maria, se analisar seu pensamento, vai descobrir que caiu no docetismo ou nalgum outro erro parecido da Antiguidade. Ainda que professe a divindade de Cristo durante sua existência terrena, essa pessoa evita afirmar que a natureza humana de Cristo foi glorificada com Ele e está à direita do Pai, onde Ele intercede por nós. Assim como algumas pessoas *já não pensam que Cristo é Deus,* outras já não pensam que Cristo foi glorificado como homem. Se Ele não é mais homem, então Maria deixa de ser sua Mãe. Contudo, se Ele é homem, sua relação com Maria se estende para além de Belém e do Calvário até o seu Corpo Místico, que é a Igreja. Portanto, ninguém que pense com lógica sobre Cristo será capaz de entender uma pergunta como: "Por que vocês falam tanto da Mãe dele?"

O Parto Virginal, de fato, constituiu um novo tipo de geração. Assim como nossa mente gera um pensamento sem destruir a si própria de forma alguma, assim Maria gerou o próprio Verbo sem que isso afetasse sua virgindade de forma alguma. Há muitas maneiras de gerar, mas as três principais são: a carnal, a intelectual e a divina. A carnal é sexual, tanto para os animais como para os humanos. A segunda maneira é a geração de um pensamento na mente. Tomemos a ideia de "fortaleza". Esse pensamento ou palavra (pois é uma palavra mesmo antes de eu a pronunciar) não existe no mundo exterior. Não possui peso nem cor, nem profundidade. Essa geração intelectual não passa de uma débil imagem da ordem espiritual que é a Geração Eterna do Filho pelo Pai. "No começo era a Palavra, e a Palavra estava com Deus, e a Palavra era Deus." Deus pensa um pensamento ou uma Palavra. Mas Deus não pensa muitos pensamentos ou palavras. Pensa apenas uma Palavra, que atinge o abismo de tudo o que é e pode ser conhecido. Essa Palavra é sua imagem perfeita de Pensador. Por ter sido gerada eternamente, Deus Pensador é chamado Pai, enquanto princípio da geração, e a Palavra é chamada Filho, enquanto termo da geração.

Deus quis que houvesse outro tipo de geração, que não seria nem totalmente intelectual nem totalmente carnal, mas em que a ordem da carne refletiria no tempo a Geração Eterna do Filho. Deus quis assumir uma natureza humana como a nossa através da uma Virgem enquanto conservava a virgindade da sua Mãe e mostrava de maneira inconfundível que Ele é a Palavra de Deus. Assim como a nossa mente não altera nem destrói a si mesma ao gerar um pensamento, tampouco o corpo virginal da nossa Santíssima Mãe sofre qualquer alteração ao gerar o Filho de Deus humanado. A Palavra de Deus quis que a sua geração na ordem da carne no tempo fosse exaltada com a semelhança mais próxima possível da sua geração celeste.

Cristo é Mediador entre Deus e a humanidade; Maria é a Medianeira entre Cristo e nós. Nosso Senhor é Mediador entre Deus e o homem. Um mediador é como a ponte que une as duas margens opostas de um rio, com a exceção de que no nosso caso se trata de uma ponte entre o Céu e a terra. Assim como não se pode tocar o teto sem uma escada, o homem pecador não pode tocar a Deus em justiça a não ser que haja um Mediador que seja tanto Deus como homem. Enquanto homem, ele pode agir em nosso nome, assumir nossos pecados; enquanto um de nós, ele nos redime na Cruz e nos dá vida nova em sua Ressurreição. Mas enquanto Deus, suas palavras, milagres e morte têm valor infinito, de modo que Ele restaura mais do que perdemos. Deus se tornou homem sem deixar de ser Deus nem homem, e é, portanto, nosso Mediador, nosso Salvador, nosso Senhor Divino.

Quando estudamos sua vida divina, quando o vemos como o primeiro refugiado perseguido por um governo cruel, quando o vemos trabalhar como carpinteiro, ensinar e redimir, vemos que tudo começou quando Ele assumiu nossa natureza humana e se fez homem. Se Ele jamais tivesse tomado nossa carne humana, jamais teríamos ouvido seu Sermão da Montanha, nem o veríamos perdoar aqueles que cravaram suas mãos e seus pés com pregos na cruz. Mas a Mulher deu a natureza humana a Nosso Senhor. Ele lhe pediu uma vida humana, mãos para abençoar as criancinhas, pés para ir em busca da ovelha desgarrada, olhos com que chorar pelos amigos mortos e um corpo com que sofrer a fim de nos conquistar um renascimento na liberdade e no amor.

Foi através dela que Ele se tornou a ponte entre o Divino e o humano. Se a excluímos, ou Deus não se torna homem, ou Aquele que nasceu dela é um homem e não Deus. Sem ela, não teríamos Nosso Senhor! Se nós temos um cofre onde guardamos nosso dinheiro, sabemos que devemos prestar atenção sobretudo na sua chave. Sabemos bem que a chave não é o dinheiro, mas também sabemos que sem a chave não conseguimos chegar ao dinheiro. Nossa Santíssima Mãe é a chave. Sem ela, jamais conseguimos chegar a Nosso Senhor, porque Ele veio por ela. Não a devemos comparar com Nosso Senhor, pois ela é uma criatura e Ele é o Criador. Mas se a perdemos, não podemos chegar a Ele. É por isso que lhe damos tanta atenção; sem ela, jamais seríamos capazes de compreender como construiu-se a ponte entre Céu e terra.

Pode-se contra-argumentar: "Nosso Senhor me basta. Não preciso dela." Mas Ele precisou dela, quer nós precisemos ou não. E, o que é mais importante, Nosso Senhor nos deu sua Mãe por nossa Mãe. Naquela Sexta-Feira da Paixão, quando Ele foi hasteado na Cruz como estandarte da salvação, Ele baixou o olhar para as duas criaturas mais preciosas que possuía na terra: sua Mãe e João, seu discípulo amado. Na noite anterior, na Última Ceia, Ele fez um Testamento em que nos dava o que nenhum moribundo jamais foi capaz de dar: Ele deu a Si próprio na Sagrada Eucaristia. Assim, permaneceria conosco, em suas palavras, "todos os dias até o fim do mundo". Agora, nas sombras cada vez mais escuras do Calvário, Ele acrescenta uma cláusula a seu testamento. Ali, sob a Cruz, os Evangelhos nos dizem que *stabat*, "estava de pé" e não prostrada, a sua Mãe. Como Filho, Ele pensou na Mãe; como Salvador, pensou em nós. E entregou-nos a sua Mãe: "Eis aí tua mãe."

Por fim, vemos a luminosa descrição evangélica do Nascimento dele: Maria "deu à luz o seu primogênito e o colocou em uma manjedoura". *Seu primogênito*. São Paulo o chama de "primogênito de todas as criaturas". Acaso isso significa que ele necessariamente teve outros filhos? Com toda certeza! Mas não segundo a carne, pois Jesus é seu único Filho. Mas ela teria outros filhos no espírito. Destes, o primeiro foi João, nascido ao pé da Cruz; talvez Pedro seja o segundo, Tiago, o terceiro, e todos nós os milionésimos dos milionésimos. Na alegria, ela deu à luz Cristo, que nos redimiu; mais tarde, na tristeza, nos deu à luz, a quem Cristo redimiu! Não se trata de uma mera figura de linguagem, nem de uma metáfora: em virtude do Batismo tornamo-nos verdadeiramente filhos de Maria e irmãos de Nosso Senhor Jesus Cristo.

Assim como não repelimos a noção de que Deus tenha nos dado seu Pai, de modo a podermos rezar "Pai Nosso", tampouco nos rebelamos quando Ele nos dá a sua Mãe, de modo a podermos rezar "Nossa Mãe". Assim, a queda do homem foi superada por meio de outra Árvore, a Cruz; Adão por meio de outro Adão, Cristo; e Eva por meio de outra Eva, Maria.

Nascido da Virgem Maria: eis uma afirmação verdadeira não apenas sobre Cristo, mas sobre todos os cristãos, ainda que de forma inferior. Todo homem nasce de uma mulher na carne enquanto membro da estirpe de Adão. Também nasce da Mulher no Espírito se for da estirpe redimida de Cristo. Da mesma maneira como formou Jesus em seu corpo, Maria forma Jesus na nossa alma. Nessa Mulher singular, virgindade e maternidade unem-se, como se Deus quisesse nos mostrar que ambas são necessárias para o mundo. Realidades separadas em outras criaturas são unidas nela. A Mãe é a protetora da Virgem, e a Virgem é também a inspiração da maternidade.

Não se pode tomar a estátua de uma mãe com um bebê nos braços e arrancar a mãe esperando preservar o bebê mesmo assim. Quando se toca a mãe, estragamos o bebê. Todas as religiões do mundo perdem-se em mitos e lendas, com exceção do cristianismo. Cristo está separado de todos os deuses do paganismo porque está atado a uma Mulher e à história. "Nasceu da Virgem Maria; Padeceu sob Pôncio Pilatos." O poeta Coventry Patmore diz, com razão, "que Maria é a nossa única salvação de um Cristo abstrato". É mais fácil compreender o coração manso e humilde de Jesus se olhamos para sua Mãe. Ela sustenta todas as grandes verdades do cristianismo, como um pedaço de madeira sustenta uma pipa. As crianças prendem a linha da pipa em volta de um graveto e soltam-na para que o brinquedo possa subir aos céus. Maria é como esse graveto; prendemos em volta dela todas as preciosas linhas das grandes verdades da nossa santa Fé: a Encarnação, a Eucaristia, a Igreja, por exemplo. Por mais alto que subamos, como a pipa sobe, sempre precisaremos de Maria para sustentar as doutrinas do Credo. Se descartarmos o graveto, não teremos mais pipa; se tivéssemos descartado Maria, jamais teríamos Nosso Senhor. Ele estaria perdido nos Céus, como uma pipa que escapa; E isso seria terrível para nós, que estamos na terra.

Maria não nos impede de honrar Nosso Senhor. Nada é mais cruel do que dizer que ela rouba almas de Cristo. Isso implicaria que Nosso Senhor teria escolhido uma mãe egoísta, logo Ele, o Amor em Pessoa. Se ela nos afastasse de seu Filho, nós a abandonaríamos! Mas acaso ela, que é a Mãe de Jesus, não é boa para com os pecadores que somos? Jamais teríamos nosso Divino Senhor se Ele não a tivesse escolhido.

Rezamos ao Pai Celeste: "O pão nosso de cada dia nos dai hoje." Embora peçamos o nosso pão cotidiano a Deus, não odiamos o fazendeiro nem o padeiro que colaboram para o seu preparo. Tampouco a mãe que dá o pão ao filho rejeita os cuidados da Providência de Deus. Se a única acusação que o Senhor tiver contra nós no dia do juízo é que amamos sua Mãe, ficaremos muito felizes!

Assim como nosso amor não começa com Maria, ele também não acaba em Maria. Maria é a janela através da qual nossa humanidade vislumbra pela primeira vez o divino na terra. Ou talvez ela pareça-se mais com uma lente de aumento, que intensifica nosso amor a seu Filho e deixa nossas orações mais luminosas e ardentes.

Deus, que fez o sol, fez também a lua. A lua não rouba o brilho do sol. A lua não passaria de uma bola de cinzas à deriva na imensidão do espaço se não fosse o sol. Toda sua luz é um reflexo da luz do sol. A Mãe do Céu reflete seu filho divino: sem ele, ela não é nada. Com ele, é a Mãe de todos os homens. Ficamos gratos ao ver a lua durante uma noite escura; quando a vemos brilhar, vem-nos a certeza de que existe um sol. Assim, nesta noite escura do mundo, quando os homens dão as costas a Ele que é a Luz do Mundo, olhamos para Maria, suplicando-lhe que guie os pés deles enquanto nós aguardamos o sol nascer.

6
A Virgem Mãe

Há três maneiras de uma mulher permanecer virgem: a primeira é nunca ter a oportunidade de casar-se. Nesse caso, pode tratar-se de uma virgindade involuntária (caso a situação lhe cause revolta) ou voluntária e meritória (caso ela a aceite como a santa vontade de Deus). Ninguém se salva apenas por ser virgem; das dez virgens do Evangelho, cinco eram tolas. Há virgens no inferno, mas não há nenhum humilde lá. A segunda maneira de uma mulher permanecer virgem é decidir não se casar. Ela pode fazê-lo por motivos sociais ou econômicos e, portanto, sem valor religioso. Mas a decisão também pode ser meritória, se tomada por um motivo religioso, como atender melhor a um membro doente da família ou dedicar-se ao próximo por amor de Deus. Em terceiro lugar, uma mulher pode permanecer virgem por ter feito um voto ou prometido a Deus que se manteria pura por Ele ainda que tenha cem chances de casar-se.

Maria seguiu pelo terceiro caminho. Enamorou-se desde muito cedo por Deus, um desses belos amores que são o primeiro e também o último, e o último amor é o Amor Eterno. Com certeza era muito sábia e muito boa para tomar uma decisão dessas na tenra idade de 15 ou 16 anos. Só isso a tornava muito diferente das outras mulheres, ansiosas por terem filhos. Na época, o fato de uma mulher casada não ter filhos às vezes era visto, erroneamente, como um sinal de que Deus estava zangado com ela.

Quando Nossa Senhora fez seu voto de virgindade, tornou-se "estranha" na opinião de algumas pessoas, pois sempre haverá gente materialista incapaz de compreender o porquê de algumas almas amarem Deus de verdade. Nossa Santíssima Mãe tinha mais chances do que a maioria das mulheres de vir a ser a Mãe de Deus. Pois a Bíblia dizia que Nosso Senhor nasceria da Casa de Davi, o grande rei que vivera mil anos antes.

E Maria pertencia a essa família real. Sem dúvida ela conhecia a profecia de Isaías já então esquecida por alguns, de que o Messias nasceria de uma Virgem. Mas é mais provável, pelo que ela mesma diria mais tarde, que se considerasse vil demais para tamanha dignidade e tivesse feito o voto na esperança de que, com seus sacrifícios e orações, a vinda do Messias pudesse ser adiantada.

Como sabemos que Maria fez esse voto? Sabemos pela resposta ao anjo Gabriel. Esse anjo saiu do grandioso e alvo trono de luz para ir até essa bela menina ajoelhada em oração. Essa visita do Anjo a Maria é chamada de Anunciação, porque anunciava a primeira boa-nova verdadeira que a terra ouvia em séculos. A notícia velha dizia respeito à queda do homem por causa de uma mulher; a notícia atual fala da regeneração do homem por causa de uma mulher.

Um anjo saudar uma mulher! Seria uma perversão da ordem celestial, pior do que a adoração de animais por parte dos homens, a não ser que Maria tivesse sido destinada por Deus a ser ainda maior do que os anjos, a ser a Rainha deles! E assim o Anjo, que estava acostumado a ser honrado pelos homens, agora honra a Mulher.

O embaixador de Deus não dá qualquer ordem, mas a saúda: "Ave, cheia de graça." "Ave" é como traduzimos o grego *chaire*, que talvez seja o equivalente à antiga fórmula aramaica *shalom*, "alegra-te" ou "que a paz esteja contigo". "Cheia de graça", palavra rara no grego do Evangelho, significa ou "a mais graciosa" ou "cheia de virtude". É quase um nome próprio, pelo qual o emissário de Deus afirma que Deus se compraz em Maria.

A visita radiante do Mensageiro Celestial perturbou menos a humilde donzela do que o impressionante cumprimento e o inesperado tom daquele elogio divino. Pouco tempo depois, quando Maria foi visitar a prima, Isabel, receberia a pergunta: "Donde me vem a honra de vir a mim a Mãe do meu Senhor?" Agora, porém, é a vez de Maria perguntar: "Donde me vem a honra de vir a mim um Anjo do Senhor?" O anjo apressasse-se em confiar-lhe o motivo da visita. Ela está prestes a cumprir em si mesma aquilo que o profeta Isaías anunciara sete séculos antes: "Eis que a virgem conceberá e dará à luz um Filho, e ele será chamado de 'Emanuel' [Deus conosco]" (Is 7, 14). Numa nítida alusão a essa profecia, o anjo diz: "Eis que conceberás e darás à luz um filho, e lhe porás o nome de Jesus. Ele será grande e será chamado

Filho do Altíssimo, e o Senhor Deus lhe dará o trono de seu pai Davi; e reinará eternamente na casa de Jacó" (Lc 1, 30-33).

Deus a estava escolhendo, não apenas porque ela era Virgem, mas por causa de sua humildade. Mais tarde, a própria Maria viria a declarar que o motivo da sua eleição fora este: "Ele olhou para a baixeza da sua serva" (Lc 1, 48). Por isso Maria perturbou-se. Nada perturba mais uma pessoa humilde do que um elogio, e aqui o elogio vem de um anjo de Deus.

Semelhante honra criou um problema para Maria, que havia prometido entregar-se a Deus de corpo e alma, de modo que jamais poderia ser mãe. Em suas palavras: "Não conheço homem. Minha vontade tem sido não conhecer homem."

A Bíblia jamais descreve o casamento em termos sexuais, mas como "conhecimento". Por exemplo: "Sem que José tivesse conhecido Maria" (Mt 1, 19); "Adão conheceu Eva, e ela concebeu" (Gn 4, 1). O motivo dessa linguagem é mostrar o quanto os esposos devem ser próximos: Deus espera que eles sejam tão próximos quanto a mente e aquilo que ela conhece. Por exemplo, sabemos que dois e dois são quatro, e não é possível pensar que exista algo entre a nossa mente e esse conhecimento. Nem o braço esquerdo de uma pessoa está tão unido ao corpo com a mesma proximidade que há entre aquilo que sabemos e a nossa mente.

Assim, Maria diz: "Como se dará isso, pois não conheço homem?" Maria não disse: "Jamais me casarei, de modo que não posso me tornar a Mãe de Jesus." Isso seria desobedecer ao anjo que lhe pedira para tornar-se a Mãe de Jesus. Ela também não disse: "Não quero marido, mas que se cumpra a Vontade de Deus", pois seria uma infidelidade a ela própria e ao voto que fez. Maria queria apenas um esclarecimento acerca do seu dever. O problema não era a virgindade. Ela conhecia bem a profecia de Isaías para saber que Deus nasceria de uma virgem. Maria queria apenas saber como Deus uniria maternidade e virgindade, duas realidades inconciliáveis até aquele momento da história. Podemos dizer que sua dúvida com relação ao parto virginal tinha bases científicas. E a solução claramente não podia ser natural; tinha que ser sobrenatural. Deus é capaz, mas como faria? Bem antes de a biologia moderna levantar qualquer interrogação quanto ao parto virginal, Maria, cientificamente, já perguntava "Como?". O anjo responde que, no caso dela, o nascimento ocorrerá sem amor humano, mas não sem Amor

Divino, pois a Terceira Pessoa da Santíssima Trindade, o Espírito Santo, que é o Amor de Deus, descerá sobre ela, e que Aquele que nascer dela será "o Filho de Deus".

Maria logo viu que essa solução lhe permitia manter seu voto. Tudo o que ela queria, em todo caso, era amar a Deus. Naquele momento, quando o Espírito Santo lhe arrebatou a alma e ela concebeu Cristo, ela deve ter alcançado aquele tipo de arrebatamento extático que as criaturas buscam na carne, mas que nunca conseguem alcançar. A carne, no auge de seu amor, quando se une a outra carne, volta a si própria, saciada; nessa união entre o amor humano e o Divino, porém, não há volta a si, mas apenas o deleite no êxtase do espírito. No amor carnal, o êxtase ocorre primeiro no corpo e, depois, chega à alma indiretamente. Neste amor do Espírito, a alma de Maria é arrebatada em primeiro lugar, e não por um amor humano, mas pelo amor de Deus. O amor de Deus inflamaria seu coração, seu corpo, sua alma, a ponto de todos poderem dizer de Jesus recém-nascido: "Eis um Filho do Amor."

Ao saber como o Amor Divino suplantaria o amor humano, e como ela poderia ser Mãe sem deixar de ser virgem graças ao grandioso mistério dessa geração, Maria dá o seu consentimento: "Faça-se em mim segundo a tua palavra", isto é, "Quero o que Deus, na sua sabedoria, quer". E naquele instante, o Verbo foi concebido nela: "O Verbo se fez carne e habitou entre nós." Antes da Queda, foi a mulher que veio do homem durante o êxtase do sono. Agora é o homem que vem da mulher no êxtase do Espírito.

Uma das mais belas lições do mundo transparece na Anunciação: a vocação da mulher aos valores religiosos supremos. Maria recobra aqui aquela que, desde o princípio, é a vocação da mulher: ser a portadora da divindade para a humanidade. Cada mãe assume essa vocação ao dar à luz, pois a alma de cada filho é infusa diretamente por Deus. Ela se torna assim uma cooperadora de Deus; ela porta o que apenas Deus pode dar. Assim como o sacerdote, na ordem da Redenção, traz o Salvador crucificado ao altar no instante da consagração, a mãe, na ordem da Criação, traz o espírito que sai da Mão de Deus ao berço da terra. Foi com isso em mente que o escritor Léon Bloy disse certa vez: "Quanto mais santa for a mulher, mais mulher será."

Por quê? Não é que as mulheres sejam naturalmente mais religiosas que os homens; isso não passa de uma racionalização feita por homens que abandonaram seus ideais. Tanto o homem como a mulher têm uma missão específica perante Deus a fim de complementarem-se mutuamente. Cada um deles tem também o próprio símbolo na ordem inferior. O homem assemelha-se ao animal em sua ânsia por adquirir coisas, sua mobilidade e sua iniciativa. A mulher assemelha-se à flor, que está fixada entre o céu e a terra; é como a terra por gerar vida; é como o céu por suas aspirações de florescer para o alto, rumo ao divino. A marca do homem é a iniciativa, ao passo que a marca da mulher é a cooperação. O homem fala de liberdade; a mulher de simpatia, amor, sacrifício. O homem coopera com a natureza; a mulher coopera com Deus. O homem está chamado a trabalhar a terra, a "sujeitá-la"; a mulher para dar à luz a vida que vem de Deus. O desejo oculto de cada mulher da história, a aspiração secreta de todo coração feminino satisfaz-se no instante em que Maria diz: *Fiat*: "Faça-se em mim segundo a tua palavra."

Eis a cooperação perfeita. Eis a essência da aceitação, resignação e submissão da mulher: "Faça-se em mim." Seja a filha solteira que cuida da mãe com um *fiat* de entrega ao serviço, ou a esposa que aceita o marido na unidade da carne, ou a santa que aceita as pequenas cruzes com que o Salvador lhe presenteia, ou seja, enfim, esta Mulher única, cuja alma submete-se ao mistério divino de ser Mãe do Deus feito homem: em todas está presente, em graus variados, a beleza da Mulher que assume a sua sublime vocação ao dom total, a aceitar uma missão de Deus, a submeter-se aos santos propósitos do céu. Maria chama a si mesma de *ancilla domini*, a serva do Senhor. E a verdade é que a mulher que não chega a ser serva do Senhor rebaixa a própria dignidade. Os momentos mais infelizes da mulher são aqueles em que ela se recusa a entregar-se. A tragédia se insinua quando a mulher é forçada, por circunstâncias econômicas ou sociais, a ocupar-se em materialidades que dificultam ou bloqueiam por inteiro a torrente dessa capacidade específica para render-se aos desígnios divinos que a tornam mulher. Sem um escape para o desejo ardente de servir, ela passa a sentir um vazio mais agudo do que o do homem, precisamente porque a sua fonte de amor é mais profunda.

Para uma mulher, ser colaboradora de Deus — seja ajudando as missões, visitando os doentes depois do expediente, voluntariando-se em hospitais ou sendo uma boa mãe para seus filhos — é desfrutar do equilíbrio espiritual que é a essência da sanidade. A liturgia fala da mulher que realiza o *mysterium caritatis*: o mistério do amor. E amor não significa ter ou possuir; significa ser possuído. É o dom de si. Uma mulher pode amar a Deus por intermédio das criaturas, ou pode amar a Deus diretamente, como fez Maria, mas para ser feliz ela precisa levar o divino ao humano. A revolta explosiva da mulher contra suas alegadas desigualdades com relação ao homem é no fundo um protesto contra os limites da civilização burguesa sem fé, uma civilização que acorrentou os talentos femininos dados por Deus.

O que toda mulher quer no "mistério do amor" não é o estouro bestial, mas a alma. O homem move-se por amor ao prazer; a mulher, pelo prazer do amor, pelo seu significado e pelas riquezas que ele concede à alma. No belo momento da anunciação, a mulher alcança seu mais sublime feito em favor do amor de Deus. Assim como a terra se submete à exigência da semente em favor da colheita, como a enfermeira se submete às exigências do ferido em favor da cura, como a esposa se submete às exigências da carne em favor da criança, Maria se submete às exigências da vontade divina em nome da redenção do mundo.

Intimamente atrelado à submissão vem o sacrifício. Pois submissão não é passividade, mas ação: ação de esquecimento próprio. A mulher é capaz de maiores sacrifícios do que o homem, em parte porque seu amor é menos intermitente e também porque qualquer dedicação que não seja total e completa a entristece. Maria é o protótipo, o padrão de mulher que realiza as mais profundas aspirações do coração de cada uma das filhas de Eva.

A virgindade e a maternidade não são tão irreconciliáveis como poderia parecer. Toda virgem anseia por tornar-se mãe, seja em sentido físico, seja espiritual, pois quando ela não cria, cuida e fomenta vida, seu coração torna-se instável e desajeitado como um navio gigante em águas rasas. Ela tem a vocação de gerar vida, seja na carne ou no espírito, mediante a conversão. Não há nada na vida profissional que necessariamente endureça uma mulher. Se a mulher chega a endurecer, é porque negou as funções especialmente criativas que Deus lhe deu, sem as quais ela não pode ser feliz.

Por outro lado, toda esposa e mãe almeja a virgindade espiritual, no sentido de querer recuperar aquilo que deu a fim de poder oferecê-lo novamente, só que de maneira mais profunda, mais piedosa, mais divina. Há um quê de incompletude na virgindade, algo ainda por dar, reservado, segregado. Há algo perdido em toda maternidade: algo dado, tomado e irrecuperável.

Mas na Mulher realizou-se tanto física como espiritualmente aquilo que toda mulher deseja fisicamente. Em Maria, nada ficou por dar, nada foi perdido. Houve colheita sem perda do florescer; um outono em meio à primavera eterna; submissão sem espoliação. Virgem e Mãe! A única melodia que saiu do violino da criação de Deus sem romper uma corda sequer!

A mulher tem a missão de dar a vida. A Vida que nasce de Maria vem sem a centelha do amor de um esposo humano, mas com a chama do Amor do Espírito Santo. Não pode haver nascimento sem amor; mas o significado do nascimento virginal é a ação do amor divino sem o auxílio da carne. O resultado é que Aquele a quem os Céus não puderam conter está contido em Maria. Foi esse o começo da propagação da fé em Cristo Jesus Nosso Senhor, pois no corpo Virgem de Maria dá-se a celebração, como num novo Éden, das núpcias entre Deus e homem.

Se virgindade e maternidade uniram-se nessa Mulher singular, é porque Deus quis mostrar que ambas são necessárias para o mundo. Aquilo que está separado em outras criaturas está unido nela. A Mãe é a protetora da Virgem, e a Virgem é a inspiração da maternidade. Sem mães não haveria virgens para a próxima geração; sem virgens, as mães se esqueceriam do ideal sublime além da carne. Complementam-se como o sol e a chuva. Sem sol, não haveria nuvens, e sem nuvens não haveria chuva. As nuvens, como as mães, entregam algo a fim de fecundar a terra; mas o sol, como uma virgem, recupera e ajunta essa perda ao atrair as delicadas gotas de volta ao céu. Como é belo saber que Aquele que foi gerado sem mãe no Céu é gerado sem pai na terra! Acaso conseguimos imaginar um passarinho que construa o ninho onde ele próprio nascerá? É simplesmente impossível, pois o pássaro teria de existir antes de construir seu ninho. Mas foi isso que aconteceu, em certo sentido, com Deus ao escolher Maria por Mãe: Ele pensou nela desde toda a eternidade, fez sua Mãe para ser o ninho onde Ele próprio nasceria.

Sempre ouvimos parentes ou amigos comentarem a respeito de alguma criança: "Parece o pai" ou "Parece a mãe". Ou: "Você puxou os olhos azuis da família da sua mãe", ou: "Você puxou a inteligência da família do pai". Bom, Nosso Senhor não tem família do pai na terra. De onde o Senhor puxou seu belo rosto, seu corpo forte, seu sangue são, seus lábios marcantes, seus dedos delicados? Puxou da Mãe. De onde puxou sua Divindade, sua mente divina que conhece tudo, mesmo nossos pensamentos mais secretos, e seu poder sobre a vida e a morte? Puxou do Pai Celeste. É terrível que um homem não conheça seu pai, mas é ainda mais terrível que não conheça sua Mãe do Céu. E o maior elogio que pode ser feito a um cristão de verdade é: "Você saiu ao Pai na graça, mas na humanidade, parece-se com a Mãe."

7
O CASAMENTO MAIS FELIZ DO MUNDO

É muito difícil para quem carece de espiritualidade pensar no meio-termo dourado entre o matrimônio e a solidão. Pensam que ou a pessoa está ligada a outra pelo casamento ou vive só. Trata-se de realidades que, na verdade, não se excluem, pois existe uma combinação entre casamento e solidão, em que se dá a união de almas ao mesmo tempo que a completa separação dos corpos. Apenas as alegrias do espírito são compartilhadas; nunca os prazeres da carne.

Hoje, o voto de virgindade só é feito fora do matrimônio humano, mas entre alguns judeus e entre alguns grandes santos cristãos, o voto de virgindade era feito com os votos matrimoniais. O matrimônio tornava-se assim a moldura em que se punha a imagem da virgindade. Era como um mar em que o casco da união carnal jamais navegava, mas onde se pescava o sustento da vida.

Existem casamentos nos quais não há unidade na carne, porque a carne já foi satisfeita e embotou-se. Alguns parceiros abandonam a paixão apenas porque a paixão os abandonou. Mas existem também casamentos em que, depois da unidade da carne, os casais oferecem mutuamente a Deus o sacrifício da excitação da unidade carnal em favor dos mais grandiosos êxtases do espírito. Além desses dois casos, há o verdadeiro casamento em que o exercício do direito ao corpo do outro anula-se, incluindo mesmo o desejo por ele: é o casamento de duas pessoas que fazem o voto de virgindade. Uma coisa é abrir mão dos prazeres da vida casada após esgotá-los; outra, muito diferente, é abrir mão dos prazeres ainda antes de os experimentar. Neste último, o matrimônio dá-se no coração, não na carne; é um matrimônio como o das estrelas, pois a luz de cada uma delas se une na atmosfera, embora as estrelas continuem separadas; um matrimônio como o das flores de um jardim, que unem seus aromas mesmo sem se tocar; um matrimônio semelhante a uma orquestra, em que se produz uma grandiosa melodia, mas também em que um instrumento não tem contato com o outro. Foi um matrimônio desse tipo o da Mãe Santíssima e São José, no qual o direito ao outro deu lugar a um propósito mais alto. O vínculo matrimonial não implica, necessariamente, união carnal. Como diz Santo Agostinho: "A base do amor conjugal é a união dos corações."

Primeiramente, pois, vamos refletir sobre a própria necessidade de ter havido um matrimônio, já que tanto Maria como José tinham feito voto de virgindade. Depois, vamos procurar compreender o caráter do próprio José.

O primeiro motivo para o casamento foi manter a Mãe Santíssima coberta de honra até o momento em que ela revelasse o nascimento virginal. Não sabemos ao certo quando ela o fez, mas é provável que tenha sido logo depois da Ressurreição. Não fazia sentido falar de parto virginal antes de Nosso Senhor dar a prova final da sua divindade. Até então, eram pouquíssimos os que sabiam dele: a própria Maria, São José, Isabel, a prima de Maria, e Nosso Senhor, evidentemente. No tocante às aparências, pensava-se que Nosso Senhor era filho de José. Assim, a reputação de sua Bem-aventurada Mãe foi conservada. Se Maria se tornasse mãe sem ter esposo, o mistério do nascimento de Cristo ficaria exposto ao ridículo e poderia vir a ser motivo de escândalo para os fracos.

O segundo motivo para o casamento foi que São José pudesse dar testemunho da pureza de Maria. Isso trouxe, tanto para Maria como para José, a maior das dores depois do Calvário. Todo privilégio da graça tem um preço, de modo que Maria e José tiveram que pagar pelos que receberam. Maria não contou a José que havia concebido pelo Espírito do Amor; o anjo não lhe instruíra a fazer isso. A Mãe Santíssima chegou a revelar a um santo, numa de suas aparições: "Fora o Calvário, não sofri agonia mais intensa do que a daqueles dias quando, muito a meu pesar, causei preocupações para José, que era justíssimo." A dor de José vinha do inexplicável. De um lado, sabia que Maria havia feito, como ele, votos de virgindade. Era-lhe impossível enxergar culpa nela, dada a sua bondade. Mas, de outro lado, diante daquela situação, poderia ele pensar noutra coisa? José sofreu, então, aquilo que os místicos costumam chamar de "a noite escura da alma". Maria teve de pagar por sua honra, e pagou especialmente no fim da vida, mas José teve de pagar no começo.

Por ter cumprido seu voto, José naturalmente surpreendeu-se ao saber que Maria estava grávida. A surpresa que sentiu era semelhante à de Maria na Anunciação: "Como se fará isso, pois não conheço homem?" Maria, na ocasião, queria saber como poderia ser virgem e mãe ao mesmo tempo; José quis saber como poderia ser virgem e pai. Para ambos, foi preciso que um anjo assegurasse que Deus havia encontrado um caminho. Nenhum conhecimento científico humano pode explicar algo assim. Só aqueles que ouvem a voz dos anjos podem penetrar esse mistério. Quando José cogitava abandonar Maria em segredo, o Evangelho levanta-lhe o véu do mistério: "Enquanto assim pensava, eis que um anjo do Senhor lhe apareceu em sonhos e lhe disse: 'José, filho de Davi, não temas receber Maria por esposa, pois o que nela foi concebido vem do Espírito Santo. Ela dará à luz um filho, a quem porás o nome de Jesus, porque ele salvará o seu povo de seus pecados'" (Mt 1, 20-21).

As preocupações de José são superadas por uma revelação da dignidade do nascimento virginal de Cristo e da natureza da missão Dele: salvar-nos dos nossos pecados. As próprias palavras do anjo — "Não temas receber Maria por esposa" — parecem dar apoio à opinião de que José já acreditava que um milagre havia acontecido em Maria e que, por isso, "temia" levá-la para sua casa.

É improvável que qualquer homem que viesse a saber de uma concepção virginal lhe desse crédito se já não acreditasse, do fundo do coração, no Messias, no Cristo, que estava por vir. José sabia que o Messias nasceria da família de Davi, e ele próprio era dessa família. José também conhecia as profecias que tratavam do Menino, mesmo aquela de Isaías que dizia que Ele nasceria de uma Virgem. Se José já não tivesse sido descrito como justo, a mensagem do anjo e a honra que recairia sobre Maria já bastariam para lhe inspirar mais pureza. Pois se alguém revelasse a um pai dos dias de hoje que seu filho viria a ser presidente da república, esse conhecimento por si só inspiraria uma mudança de atitude para com sua esposa, mãe do filho. De maneira semelhante, toda ansiedade e angústia deixam José, e sua alma enche-se de reverência e admiração por amor ao segredo de Maria.

Isso nos traz à segunda questão interessante em torno de José: ele era jovem ou idoso? A maior parte das estátuas e imagens de José que vemos hoje o representa como um homem de idade com barba grisalha, alguém que acolheria Maria e seu voto sob sua proteção com o mesmo distanciamento com que um médico pegaria uma bebê no berçário. Não temos, evidentemente, qualquer evidência histórica a respeito da idade de José. Alguns relatos apócrifos o retratam velho, e os Padres da Igreja, a partir do século IV, seguiram estritamente essa lenda. O artista da Renascença Guido Reni fez o mesmo ao pintá-lo como um idoso de cabelo branco.

Porém, quando investigamos os motivos para a arte cristã ter imaginado José como um idoso, descobrimos que o fizeram a fim de salvaguardar melhor a virgindade de Maria. De alguma maneira, a noção de que a senilidade era melhor protetora da virgindade que a adolescência foi ganhando força desapercebidamente. Assim, a arte, de maneira inconsciente, tornou José um esposo casto e puro por idade e não por virtude. Mas isso significa presumir que a melhor maneira de mostrar que um homem é incapaz de roubar seria retratá-lo sem as mãos; além disso, a prática ainda se esquece de que os velhos também podem ter desejos ilegítimos tanto quanto os jovens. Foram os velhos que tentaram Susana no jardim. Mas mais do que isso: um José idoso apresenta-nos um homem a quem restava pouca energia vital em vez de um homem que, apesar de estar cheio dela, a dominava por amor a Deus e seus santos desígnios. Mostrar que José era puro apenas porque sua carne tinha envelhecido é o mesmo que celebrar a torrente seca de uma montanha. A Igreja não admite ao sacerdócio homens sem força vital. Quer homens que tenham algo a domar, não homens que são dóceis por não terem energia para serem selvagens. Com Deus não seria diferente. Além disso, é mais razoável crer que Nosso Senhor preferiria, como pai adotivo, alguém que tivesse feito um sacrifício em vez de alguém que tenha sido forçado a sacrificar-se. Há que se acrescentar ainda o fato histórico de que os judeus não viam com bons olhos um casamento desproporcionado entre "a idade retorcida e a juventude", como escreveu Shakespeare. O Talmude só admite casamentos desproporcionados para viúvos e viúvas. Por fim, parece quase impossível que Deus viesse a ligar uma jovem mãe, provavelmente de 16 ou 17 anos, a um ancião. Se Ele não se negou a entregar sua Mãe a um jovem, João, aos pés da cruz, por que a entregaria a um velho em seu berço?

O amor de uma mulher sempre determina a maneira como o homem ama: ela é a educadora silenciosa da virilidade dele. Como Maria é o que poderíamos chamar de uma "virginadora" tanto de rapazes como de moças, e a maior inspiração da pureza cristã, não seria lógico que começasse por inspirar e virginar aquele que provavelmente é o primeiro rapaz a quem encontrou, José, o justo? Não seria pela diminuição da capacidade que ele tinha para amar — mas pela elevação — que ela faria sua primeira conquista, a conquista do próprio esposo, que era um homem de verdade, e não um mero vigilante senil!

José provavelmente era jovem, forte, viril, atlético, bonito, casto e disciplinado; o tipo de homem que às vezes vemos pastorear ovelhas, pilotar um avião, trabalhar numa bancada de marceneiro. Em vez de ser um homem incapaz de amar, ele devia arder de amor. Da mesma maneira que daríamos pouquíssimo crédito à Mãe Santíssima se ela tivesse feito seu voto de virgindade depois de passar dos cinquenta anos, também não teríamos muita consideração por um José que se tornou o esposo dela só por estar avançado em anos. As moças daqueles tempos, como Maria, juravam amar a Deus somente, e o mesmo faziam os rapazes, dentre os quais José destacava-se tanto que era chamado de "justo". Por isso, em vez de ser um fruto seco destinado à mesa do Rei, José era um ramo florescente cheio de promessa e força. Não estava na noite da vida, mas na manhã, fervilhando de energia, força e paixão controlada.

Maria e José levaram ao seu casamento não apenas seus votos de virgindade, mas também dois corações com as maiores torrentes de amor que já fluíram pelo peito humano. Não há marido e mulher que tenham se amado tanto quanto José e Maria. Seu casamento não era como o dos outros, pois ambos abriram mão do direito ao corpo do cônjuge; nos casamentos normais, a unidade da carne é o símbolo da sua consumação, e o êxtase que acompanha a consumação é apenas um antegosto da alegria que vem à alma, que se une a Deus mediante a graça. Se a saciedade e o enfado aparecem no matrimônio, é porque ele está aquém daquilo que deve revelar, ou porque o mistério divino interior passou desapercebido. Mas no caso de Maria e José, o símbolo da unidade carnal não era necessário, pois ambos já possuíam a divindade. Por que buscariam a sombra se já tinham a substância? Maria e José não precisavam da consumação carnal porque, nas belas palavras de Leão XIII, "a consumação de seu amor se deu em Jesus". Por que dar importância a velas tremeluzentes quando o amor deles era a Luz das Nações?

Com efeito, Ele é *Jesu, voluptas cordium*. Quando Ele é a volúpia doce dos corações, não há espaço para sequer um pensamento carnal.

Quando estão diante do berço de seu recém-nascido, marido e mulher esquecem-se, por um instante, da necessidade de um pelo outro; Maria e José, ao possuírem o próprio Deus em sua família, mal davam-se conta de que tinham corpo. O amor costuma fazer marido e mulher um só; no caso de Maria e José, não era o amor combinado de ambos, mas Jesus, que os fazia uma só coisa. Não há amor humano que tenha palpitado mais sob um teto do mundo desde o início dos tempos, nem jamais haverá até o fim dos tempos. José e Maria não alcançaram a Deus por meio do amor mútuo; alcançaram porque procuraram a Deus em primeiro luar, porque amavam-se de maneira profunda e pura. Àqueles que ridicularizam tamanha santidade, Chesterton escreveu:

> *Cristo veio da pureza criadora,*
> *para confundir tua volúpia espúria.*
> *Em seu lar nasceu a Vida sem luxúria,*
> *Para no teu morrer a luxúria sem vida.*

Num matrimônio carnal, o corpo conduz a alma para depois sobrevir um estado mais plácido, em que a alma conduz o corpo. Nesse ponto, ambos os cônjuges vão para Deus. Mas num matrimônio espiritual, Deus possui tanto corpo como alma desde o começo. Nenhum dos cônjuges tem direito ao corpo do outro, pois ele pertence ao Criador por meio de um voto. Maria e José, assim, uniram solidão e boda por meio da magia espiritual da virgindade ao lado da companhia. José renunciou à paternidade na carne, mas a encontrou no espírito enquanto pai nutrício de Nosso Senhor. Maria renunciou à maternidade, mas a encontrou na virgindade; como o horto cerrado em que ninguém entra exceto a Luz do Mundo, chegaria sem quebrar nada, tal como a luz não quebra a janela ao atravessá-la.

Como Maria e José tornam-se mais belos quando vemos em sua vida aquele que pode ser considerado o primeiro romance divino! Nenhum coração humano sente-se tocado diante do amor do velho pelo jovem; mas quem não se comove diante do amor entre jovens quando seu vínculo é o Ancião dos Dias, que é Deus? Havia juventude, beleza e promessa tanto em

Maria como em José. Deus ama cataratas em cascata e cachoeiras retumbantes, mas Ele as ama mais não quando transbordam e inundam suas flores, mas quando são domadas e refreadas a fim de iluminar uma cidade ou saciar a sede uma criança. Em José e Maria, não encontramos uma cachoeira controlada e um lago seco, mas, sim, duas juventudes que, antes de descobrir a beleza de uma e a força da outra, quiseram entregar ambas a Jesus.

Assim, não encontramos a velhice e a juventude debruçadas sobre o berço-manjedoura de Jesus; vemos duas vezes a juventude, a consagração da beleza numa donzela e a entrega do viço de um homem. Se o Ancião dos Dias fez a eternidade marchar para trás e rejuvenesceu; se a condição para a entrada nos Céus é renascer e voltar a ser jovem, então dirijo-me a todos os jovens casais: eis o seu modelo, o seu protótipo, o seu ideal divino. Aprendam desses dois cônjuges, que se amaram mais do que qualquer outro casal da terra, que para amar não são necessários dois, mas três: você, você e Jesus. Por acaso vocês não falam do "nosso amor" como se ele fosse diferente do amor de cada um de vocês? Esse amor, fora de ambos e mais do que a simples soma do amor de cada um, é o amor de Deus.

Os casais devem recitar o Rosário juntos todas as noites, pois sua oração em conjunto é mais do que as orações separadas de cada um. E quando lhes nasce um filho, devem recitar o Rosário ao pé do berço, como José e Maria rezavam. Nessa trindade terrena de Filho, Mãe e pai nutrício, não era que existissem dois corações com um só pensamento; existia apenas um Coração enorme, em que os outros dois desaguavam como afluentes. Como depositários da riqueza carnal, marido e mulher devem cuidar para as chamas de amor que lhes foram confiadas não queimarem a carne, mas que fundam a vida. E as os filhos perguntarão como escaparão da doce necessidade de obedecer aos pais, representantes de Deus, se Ele, que é o Filho de Deus, foi submisso aos seus pais em reparação aos pecados de orgulho do mundo? A democracia pôs o homem num pedestal; o feminismo pôs a mulher num pedestal. Mas nem a democracia nem o feminismo durariam mais de uma geração se uma Criança não tivesse sido posta num pedestal. Eis o significado do matrimônio de José e Maria.

8
OBEDIÊNCIA E AMOR

No dia 11 de fevereiro de 1895, no quadragésimo primeiro aniversário da aparição de Nossa Senhora em Lourdes, Jean Jaurès, o líder socialista francês, falou o seguinte na câmara de deputados de seu país: "O bem mais inestimável conquistado pelo homem através dos seus padecimentos e do seu esforço, e apesar de todos os seus preconceitos, é a ideia de que não existem verdades sagradas; de que toda verdade que não emane de nós é mentira... Se o próprio Deus aparecesse diante dos homens, o primeiro dever do homem seria recusar-se a obedecê-lo e considerá-lo seu par, não seu Mestre a quem devemos nos submeter."

Essa afirmação do homem contra Deus não é nova senão pelo palavreado. Desde o começo, o homem rebelou-se contra o seu destino divino. Pensemos no administrador que finge ser o dono da vinha e por isso mata os mensageiros do Senhor; pensemos no filho pródigo que exige sua parte na herança para logo a desperdiçar. O homem já agiu assim no passado, e agora a revolução mais uma vez ganha momento. Um autor moderno, quando lhe perguntaram o porquê de se ter tornado comunista, respondeu que seria preciso voltar ao jardim do Éden para compreender o motivo verdadeiro. Lá, Satanás tentou o homem com a promessa de que "ele seria como Deus".

O desejo do homem de negar a sua dependência do Criador e afirmar-se como um absoluto é o motivo básico para os homens tornarem-se comunistas. Esses homens já estão, fundamentalmente, rebelados contra Deus, e o comunismo lhes dá o padrão social dessa rebelião. A cópia em papel-carbono, assim, tenta ser o original, mas jamais faria esse esforço se já não estivesse consciente de que não passa de uma cópia. O homem é a sombra que quer ser substância; o pêndulo que quer balançar sem estar preso ao relógio; a pintura que nega ter sido tocada alguma vez pela mão do artista.

O mais ousado dos pecados é a autodeificação. E ele só é possível porque há um Criador, pois quem desejaria ser Deus se não tivesse saído das mãos de Deus? O "eu" humano não foi feito apenas para o "eu", mas para servir a Deus. O homem, portanto, que se nega a buscar a perfeição de sua personalidade, ou seja, que se nega a buscar a Deus, só tem uma dentre duas opções: inflar-se até o infinito e igualar-se, num crescimento fantástico, às dimensões de Deus; ou padecer de um terrível vazio e vácuo em seu ego, o que é o começo do desespero. Assim, de um lado do ego místico temos o orgulho e, do outro, temos a desesperança. A vontade que rompe com Deus sempre se torna uma vontade agressiva capaz de esmagar qualquer coisa sob seus pés impiedosamente. A vontade divorciada de Deus só quer poder. A vontade de poder de Nietzsche é sinônimo de ateísmo — não do ateísmo mental do calouro que sabe uma ou duas coisas de ciência e religião comparada, mas do ateísmo da vontade, que se põe no lugar de Deus. Ao longo dos séculos, e até a consumação dos tempos, haverá quem estrile perante o Pilatos deste mundo: "Não queremos que ele reine sobre nós!"

Por trás dessa rebelião, dessa desobediência a Deus, existem dois pressupostos básicos. O primeiro é que a inteligência inventa ou origina a verdade, que ela não a descobre ou encontra. No século XIX, era muito comum que os materialistas acreditassem ter dado origem às leis da natureza por as terem descoberto. Esquecem-se de que o cientista é, na verdade, o revisor do livro da Natureza, não seu autor. O segundo pressuposto é que a subordinação implica a sujeição. Isso supõe uma negação de todos os graus e hierarquias na natureza e na criação, e a redução da humanidade a um igualitarismo em que cada homem é um deus.

Essa filosofia do orgulho parte do princípio de que a independência é necessariamente a ausência de qualquer forma de dependência. Mas a independência está condicionada pela dependência. A Declaração de Independência dos Estados Unidos afirma algumas liberdades básicas, como o direito à vida, à liberdade e à busca da felicidade. Mas, umas linhas antes, reconhece que todos esses direitos são dons de um Criador. Por depender de Deus, o homem não depende do Estado. Mas quando a dependência de Deus se perde, o Estado assume as atribuições de uma divindade e, tendo uma estrutura totalmente material, esmaga até o último vestígio do espírito humano. A fim de corrigir essa falsa deificação do homem, é importante mais uma vez investigar o significado da obediência.

Obediência não é execução de ordens dadas por um sargento durante um treinamento militar. Ela brota, na verdade, do amor por uma ordem e do amor por Quem a deu. O mérito da obediência está menos no ato do que no amor; a submissão, a devoção e o serviço que a obediência demanda não nascem da servidão, mas são efeitos que brotam do amor e nele se unificam. A obediência só é servidão para aqueles que não compreenderam a espontaneidade do amor.

Para compreender a obediência é preciso estudá-la em dois momentos. O primeiro foi quando uma mulher fez um ato de obediência à vontade de Deus: "Faça-se em mim segundo a tua palavra." O outro momento foi quando a mulher pediu que um homem fosse obediente a Deus: "Faz o que Ele te ordenar." Entre esses dois fatos históricos está a história contada por Lucas: "Depois que cumpriram tudo segundo o que mandava a Lei do Senhor, voltaram para a Galileia, para a sua cidade de Nazaré. O menino crescia e se fortificava cheio de sabedoria, e a graça de Deus era com ele. [...] Depois desceu com eles e foi a Nazaré; e era-lhes submisso. Sua mãe conservava todas essas coisas no coração. Jesus crescia em sabedoria, em estatura e em graça diante de Deus e dos homens" (Lc 2, 39-40.51-52).

Para reparar pelo orgulho dos homens, Nosso Senhor humilhou-se na obediência a esses pais: "E era-lhes submisso." Deus era submisso ao homem. Deus, a Quem principados e potestades obedecem, sujeitou-se não apenas a Maria, mas a José também, por causa de Maria. Nosso Senhor em pessoa disse que tinha vindo "não para ser servido, mas para servir". E por isso o vemos servo não apenas de seus pais, mas da comunidade também, pois mais tarde as pessoas o chamarão de Filho do carpinteiro. Essa humanidade, abstração da própria divindade, era exatamente o contrário do que se espera de um homem destinado a reformar a humanidade. E, no entanto, o que esse carpinteiro tinha feito ao longo dos seus trinta anos de obscuridade? Fez um caixão para o paganismo do mundo e uma cruz onde seria aforado; forjou um arado para o mundo moderno; e fez uma Cruz em que o podiam idolatrar. Deu uma aula magna sobre essa virtude que é o fundamento de toda humildade e submissão cristãs sobre essa virtude que é um dos fundamentos de toda cristandade: humildade, submissão e vida oculta em Deus em preparação a um dever.

Nosso Senhor passou três horas redimindo, três anos ensinando, e trinta anos obedecendo, a fim de que um mundo rebelde, orgulhoso e diabolicamente independente pudesse aprender o valor da obediência. O lar é o centro de treinamento escolhido por Deus para o caráter humano, pois é do lar da criança que brota a maturidade do adulto, tanto para o bem como para o mal. Os únicos atos registrados da infância de Nosso Senhor são atos de obediência a Deus, seu Pai celeste, e também a Maria e a José. Assim, Ele demonstra o dever especial da infância e juventude: obedecer aos pais como vice-reis de Deus. Ele, o grande Deus a Quem Céus e terra não puderam conter, foi submisso a seus pais. Se lhe pediam para enviar um recado a um vizinho, era Aquele que enviou os Apóstolos que entregava o recado. Se José lhe pedia para procurar uma ferramenta perdida, era a Sabedoria de Deus e o Pastor em busca da ovelha perdida que procurava. Se José lhe ensinava carpintaria, o Aprendiz era aquele que havia construído o universo, Aquele que seria morto por membros da sua própria profissão. Se Ele fazia um jugo para os bois do vizinho, quem o fazia era Aquele que diria ser um jugo para os homens, mas com peso leve. Se O chamavam para trabalhar num jardim, para escorar as trepadeiras ou regar as plantas, era Ele, o Grande Jardineiro da vinha da sua Igreja, que tomava o regador e as ferramentas nas mãos. Todos os homens podem considerar muito bem perante o exemplo dessa Criança submissa aos pais que nenhuma vocação divina digna de confiança vai pedir-lhes para abandonar os preceitos mais imediatos.

Um ditado oriental diz que "os primeiros deuses que a criança deve reconhecer são seus pais". E outro diz que "crianças obedientes são como a ambrosia para os deuses". Os pais são os representantes de Deus para a criança; e a fim de que os pais não acabem com uma responsabilidade grande demais para eles, Deus dá uma alma a cada filho, como se se tratasse de um barro que pode ser moldado à maneira da verdade e do amor. Sempre que Deus concede um filho a um pai e uma mãe, prepara-lhe uma coroa nos céus; e ai dos pais se esse filho não for criado com um sentido de responsabilidade que os capacite a fazê-lo querer conquistar essa coroa!

Embora as palavras "era-lhes submisso" apliquem-se sobretudo ao período da vida de Nosso Senhor entre o encontro no Templo e as bodas de

Caná, ainda assim descrevem verdadeiramente o caminho Dele ao longo dos anos. Sua vinda inteira foi sujeição e submissão. Ele disse que tinha vindo para fazer a vontade de seu Pai, e foi isso que fez ao encarnar-se, pois foi vontade do Pai que ele tivesse Maria por mãe e José por pai nutrício. Mais tarde, Ele se submeteu a receber o Batismo de João, embora não precisasse. Ele também se submeteu a pagar o imposto para a manutenção do Templo, embora Ele, o Filho unigênito do Pai, estivesse licitamente isento desse imposto. Ele também exortou os judeus a submeterem-se aos conquistadores romanos e a dar a César o que é de César. Ele instruiu seus discípulos a observar e fazer tudo o que os escribas e fariseus ordenavam, porque estes sentavam-se na cátedra de Moisés e tinham cargos de autoridade. Por fim, Ele foi obediente perante a sentença de morte, bebendo até a última gota com a maior das mansidões o cálice de sofrimento que seu Pai lhe destinara.

O que torna a obediência de Nosso Senhor ainda mais digna de nota é o fato de Ele ser submisso a pais que lhe são inferiores como as criaturas são inferiores ao Criador. Um dia o sol deteve seu curso nos céus em obediência à voz de um homem. Da mesma forma, a Luz do Mundo submeteu-se por trinta anos à voz de Maria, e estou a ponto de dizer que se deteve em pleno meio-dia para iluminar, abranger e enriquecer sua Mãe por toda eternidade,

Os Apóstolos beneficiaram-se apenas de três anos de ensinamentos a fim de prepararem-se para o estabelecimento do reino Dele, mas a Mãe do Senhor se beneficiou de trinta anos. Se tentarmos imaginar quanta ciência e sabedoria obteríamos se pudéssemos vislumbrar por um só instante a Sabedoria Encarnada, ficaríamos atônitos só de pensar quanta ciência e sabedoria Maria não teria recebido dos anos de convívio íntimo com seu Divino Filho. Ele certamente instruiu sua Mãe sobre a paternidade de Deus, ensinando-lhe que a Pessoa do Pai não podia nem nascer nem proceder das outras, mas antes era a origem das demais. O Senhor também a fez compreender a geração eterna do Filho pelo Pai, em que o Filho não é inferior, mas igual ao Pai em divindade e eternidade. Explicou ainda como o Espírito Santo, a Terceira Pessoa, procedia do Pai e do Filho como de um princípio, por meio de um ato da Vontade, e que era igual às demais Pessoas em sua natureza divina.

Se nosso Santíssimo Senhor foi capaz de inspirar sobremaneira os discípulos de Emaús sobre a interpretação da escritura, o que não teriam sido os trinta anos de estudo da escritura com sua Mãe, em que lhe explicava como ela seria a nova Eva e como ela tomaria parte na obra da Redenção, desde Caná até o fim na Cruz? Que aqueles que acham que a Igreja dá atenção demais a Maria tomem consciência do fato de que Nosso Senhor dedicou a ela dez vezes mais tempo de sua vida do que o tempo dedicado aos Apóstolos.

Se um simples toque na barra da túnica de Cristo foi capaz de salvar a hemorroíssa, a mente humana é incapaz mesmo de imaginar o que trinta anos de convivência diária com o *Logos* eterno de Deus teriam feito com uma alma. Depois de anos de companhia, Nosso Senhor disse a Felipe durante a Última Ceia, talvez com uma nota de impaciência: "Há tanto tempo estou convosco e ainda não me conheceste?" Como era maior a compreensão de seus mistérios que Ele esperava da Mãe, daquela que padecera com ele durante todos os anos da vida oculta!

Voltemos ao tema da obediência de Nosso Senhor. O Evangelho enumera imediatamente três efeitos da submissão e obediência, a saber: crescimento em idade, graça e sabedoria. O primeiro efeito da obediência é a idade, ou perfeição corporal. O inverso dessa verdade é que a desobediência à natureza dana a saúde do corpo e que a desobediência à lei de Deus destrói a saúde da alma. Ao submeter-se às leis do desenvolvimento humano, Jesus consentiu com os desdobramentos que na infância produzem uma criança perfeita; na juventude, um jovem perfeito; na maturidade, um homem perfeito. Foi o desdobramento de um botão perfeito numa flor perfeita.

Não importa a idade que se considere como ápice da perfeição do corpo, a verdade é que ela dura pouco; depois, vem o declínio. Assim como a lua começa a minguar depois de atingir a sua plenitude, também o corpo chega ao seu pico de desenvolvimento logo antes de começar a envelhecer. Se considerarmos os 33 anos como a idade em que se dão o desenvolvimento e crescimento totais do corpo, poderíamos pensar que o amor ardente de Nosso Senhor pela humanidade quis esperar até essa idade, quis chegar à perfeição do crescimento e do vigor, a fim de oferecer na Cruz a sua vida em toda a plenitude. Assim como o ato da sua Vontade era total e completo, também a natureza humana que Ele sacrificaria na Cruz não careceria de nada para ser uma oblação perfeita.

A obediência à lei da natureza produz a maturidade física; a obediência às leis dos pais produz a maturidade mental; a obediência à vontade do Pai Celeste produz a maturidade espiritual. Nosso Senhor, portanto, como

Cordeiro de Deus, submeteu-se ao pastoreio de sua Mãe a fim de estar fisicamente perfeito e sem mancha para o grande dia do seu sacrifício, em que seria oferecido sem abrir a boca.

A flor plantada no lugar certo — onde pode absorver da terra e da atmosfera os nutrientes de que precisa — cresce. Não trabalham nem fiam, e, contudo, um mecanismo invisível captura os raios de sol e os converte em flores e frutos para benefício do homem. De maneira semelhante, as crianças situadas no ambiente certo também crescem em idade. Instalemos uma roda-d'água num riacho, e ela gira; instalemos na rocha, e ela não se move. O segredo do crescimento de Nosso Senhor é que Ele começou no lugar certo; banhou-se no calor, na luz e no repouso de um lar dedicado a Deus. Não é possível espetar uma bomba numa criança para fazer dela um adulto. Cada coisa respeita a lei de crescimento que lhe foi designada, desde que suas raízes estejam fixas em local adequado. Todo crescimento é silencioso, e nem uma só palavra escapa do lar de Nazaré ao longo dos 18 anos entre o Encontro no Templo e as Bodas de Caná. Da mesma maneira, a natureza prospera durante a plenitude da primavera quase sem emitir ruídos. O movimento todo se dá em segredo e em silêncio, pois o mundo novo se levanta como um som de trombeta. As mais grandiosas estruturas morais crescem um dia após outro sem barulho; os reinos de Deus chegam sem serem observados. Assim, Nosso Senhor permaneceu em seu lugar, exerceu a marcenaria, obedeceu a seus pais, aceitou as limitações da sua situação. Encarava seus afazeres com um desdém translúcido, sorvia os raios solares da fé de seu Pai, possuía a própria alma com paciência perfeita, embora ardesse com uma simpatia profunda e um desejo pulsante de salvar a humanidade. Não havia pressa, nem impaciência, nem amadurecimento precoce das suas forças ou afobações que lhe consumissem o vigor. Na mitologia grega, quando o herói Perseu disse à deusa Atena que estava pronto para enfrentar, embora fosse jovem, a famosa Medusa, a estranha senhora divina achou graça e disse-lhe: "Não, não estás pronto. És jovem e inábil demais; e eis que esta é Medusa, mãe de uma prole monstruosa. Volta a tua casa e faz o trabalho que te aguarda ali. Precisas ser homem nestas coisas antes de eu poder voltar a pensar em ti como alguém valoroso o bastante para caçar Medusa." Se a pressa nos enfraquece, a obediência silenciosa à lei de Deus serve para nos fortalecer.

Além do crescimento em idade, que é fruto da obediência, o Evangelho também fala de um crescimento em graça e sabedoria. Tanto uma como a outra são propriedades da alma. Assim como o corpo humano de Jesus crescia em estatura até atingir proporções belas e atraentes, também sua inteligência e seu conhecimento experimental desdobravam-se gradualmente até atingir a plena florescência. O crescimento na sabedoria e na graça ou fervor por Deus implica que a pessoa, ao crescer, adquire uma sabedoria maior do que a da juventude à medida que envelhece, ou seja, sabe e compreende coisas que não sabia nem compreendia antes. Mas como isso poderia aplicar-se a Nosso Senhor, que é o Filho de Deus? Ele por acaso não era Deus mesmo durante a sua infância? Como Deus pode ignorar algo ou ser incapaz de compreender alguma coisa? Como cresceria em sabedoria? Nosso Senhor, mesmo quando criança, era o Deus Eterno. Contudo, também é verdade que ele foi "manifestado na carne" (1Tm 3, 16). Assim, Ele tornou-se real e verdadeiramente, por nós, um bebê, uma criança e um homem. Ele não tinha apenas aparência humana; Ele era verdadeiramente humano. A fim de poder ser realmente homem, Nosso Senhor consentiu — numa concessão maravilhosa — não exercitar seus poderes divinos. Não nos chega a ser muito difícil compreender como uma pessoa, apesar de ter força, pode abster-se de a usar. Um pai, por exemplo, pode tomar delicadamente um bebê nos braços, ou um gigante pode virar as páginas de um livro. De maneira análoga, um homem pode ter força e boa visão sem precisar usá-las mais do que lhe aprouver. Pode mesmo fechar os olhos e decidir enxergar nada. Pode ainda semicerrar os olhos para enxergar de maneira turva e confusa. Ou pode também viver num calabouço, onde apenas uns poucos raios perdidos de luz penetram as trevas.

Assim, Nosso Senhor tinha em sua natureza divina toda sabedoria e poder. Contudo, quando Ele surgiu entre nós como homem, cresceu efetivamente nesse conhecimento experimental que o viver e fazer certas coisas nos proporciona. Ele adentrou a nossa natureza sombria da mesma maneira como um homem pode abandonar a luz do dia para adentrar um calabouço e deixar-se trancafiar. Assim como um prisioneiro, ainda que capaz de caminhar muitos quilômetros, estará limitado a poucos passos, Nosso Senhor tinha capacidade de enxergar quilômetros à frente, mas sua visão estava limitada às paredes da prisão. Ele assumiu a nossa natureza em tudo exceto no pecado e conformou-se às fraquezas dessa natureza; limitou-se, por assim dizer, às paredes dela. É esse o motivo de Nosso Senhor jamais ter realizado um milagre em benefício próprio. Ao assumir a natureza humana, Ele sujeitou-se às suas limitações. Mas o mais interessante é que a submissão à sua Bem-aventurada Mãe está associada ao crescimento na sabedoria e na graça de Deus. É na sua natureza humana que Nosso Senhor nos dá um exemplo perfeito de obediência.

Isso nos traz um aspecto esquecido da obediência à lei, que é o fato de a inteligência estar relacionada com a obediência. É apenas pela obediência que nós crescemos em sabedoria. Um cientista que deseja conhecer as leis da natureza deve deter-se passivamente diante da natureza; não pode ditar as leis da natureza nem impor sua inteligência a ela. Antes, quanto mais passivamente posicionar-se perante a natureza, mais esta lhe revelará seus segredos. E aquele que deseja jogar golfe bem deve saber como segurar o taco, porque também nesse caso sabedoria está relacionada com a obediência. Quanto mais obedecemos às leis intrínsecas a uma coisa, mais essa coisa se revelará a nós. Obedecer à lei de Deus porque ela constitui o ordenamento de um Deus onipotente e amoroso é a melhor maneira de descobrir a sabedoria e a beleza da vida. A Bíblia dedica um salmo inteiro (Sl 119) à ideia de que crescemos em inteligência quando obedecemos aos mandamentos de Deus. Nosso Senhor, ao defender essa mesma ideia durante a sua vida pública, disse: "Se alguém quiser cumprir a vontade de Deus, distinguirá se a minha doutrina é de Deus ou se falo de mim mesmo" (Jo 7, 16).

Visto que a obediência é o segredo da perfeição e da sabedoria (segredo que Nosso Senhor revelou ao ser submisso a seus pais), Jesus insistiu na sua grande inversão de valores que: "Se não vos transformardes e vos tornardes como criancinhas, não entrareis no Reino dos Céus" (Mt 18, 3). Os grandiosos portões do Reino, que se resistem às batidas e empurrões dos poderosos, hão de abrir-se ao simples toque de uma criança. Nenhum velho jamais entrará no Reino dos Céus, sobretudo aqueles que envelheceram na sua soberba. A infância, com a obediência que a acompanha, é uma qualidade indispensável para quem deseja ser membro da comunidade do Senhor. O cristianismo começou pela adoração de um Bebê, e apenas pelo reconhecimento constante da infância é que os homens serão reconhecidos como filhos de Deus. Mas infância não é infantilismo. O infantilismo retém até a maturidade aquilo que deveria ter sido deixado à porta da vida adulta. A infância, pelo contrário, supõe que a amplitude mental, a força prática e a sabedoria da maturidade venham unidas com a humildade, a confiança, a espontaneidade e a obediência da criança. São os orgulhosos, os arrogantes e os valentões que dificultam a vida social, os que amam os primeiros lugares, os que querem sempre ter razão, que se negam a servir quando não podem mandar, que querem tudo do seu jeito por bem ou por mal. Contra todas essas pessoas, Nosso Senhor dá o seu próprio exemplo: antes de mais nada, sendo obediente a seus pais e, depois, no fim da vida, tomando uma toalha e lavando os pés dos seus discípulos. "Assim como o Filho do Homem veio, não para ser servido, mas para servir e dar sua vida em resgate por uma multidão" (Mt 20, 28).

O que torna a obediência desse Menino ainda mais impressionante é o fato de Ele ser o Filho de Deus. Ele que é o General da humanidade se faz soldado raso; o Rei desce do trono e representa o papel de camponês. Se Ele que é o Filho de Deus se sujeita à sua Mãe e seu pai nutrício em reparação pelos pecados de orgulho, como poderão as crianças escapar à doce necessidade de obedecer aos seus superiores constituídos legalmente? O Quarto Mandamento — "Honrarás o teu pai e a tua mãe" — foi quebrado por todas as gerações desde a aurora da humanidade. Em Nazaré, as crianças aprendiam a obediência Dele, que é o verdadeiro Mandamento. Nesse caso específico, em que a Criança é Deus, poderíamos talvez pensar que Ele tivesse reservado para si ao menos um direito de "autoexpressar-se". Maria e José, ao que parece, poderiam ter aberto, com bastante propriedade, a primeira "escola progressiva" na história do cristianismo, onde a Criança poderia fazer só aquilo de que gostasse: porque o Menino jamais lhes causaria desgostos. E, contudo, diz Nosso Senhor: "E aquele que me enviou está comigo. Ele não me deixou só, porque faço sempre aquilo que lhe agrada" (Jo 8, 29).

Mas não há provas de que Jesus limitasse Maria e José a um direito de mandar puramente nominal. O Evangelho diz que Ele "lhes era submisso". Dois grandes milagres de humildade e exaltação aparecem associados ao fato de Deus obedecer a uma mulher e uma mulher dar ordens a seu Deus. A própria submissão Dele confere poder a ela. Graças a esse longo período de obediência voluntária, Ele revelou que o Quarto Mandamento é o alicerce da vida de uma família. Pois, ao considerarmos a situação a partir de uma perspectiva mais ampla, como o pecado primevo de desobediência contra Deus poderia ser desfeito se não pela obediência encarnada pelo próprio Deus que foi desafiado? A primeira revolta no universo de paz criado por Deus foi o relâmpago de Lúcifer: "Não obedecerei!" O eco desse grito chegou ao Éden e propagou esse crime pelas eras até que ele se imiscuísse nas frestas e gretas de cada família onde se juntavam um pai, uma mãe e um filho.

Ao sujeitar-se a Maria e José, o Menino-Deus proclama que a autoridade — seja no lar, seja na vida pública — se vale de um poder que lhe foi concedido pelo próprio Deus. Daí deriva o poder da obediência, por amor a Deus e à própria consciência. Assim como mais tarde Jesus viria a dizer a Pilatos que as autoridades civis não exercem qualquer poder que não lhe foram concedidos do alto, da mesma maneira Ele, na infância, dá testemunho da verdade solene de que os pais exercem sua autoridade em nome de Deus. Da mesma forma, os pais têm um direito sacratíssimo sobre os filhos, porque são os responsáveis por eles perante Deus. "Que todos se submetam às autoridades públicas, pois não existe autoridade que não venha de Deus, e as que existem foram estabelecidas por Deus" (Rm 13, 1).

Se os pais abrem mão da sua autoridade legítima e da sua responsabilidade primordial com relação aos filhos, o Estado preenche seu espaço. Quando a obediência por dever de consciência desaparece do lar, acaba suplantada pela obediência mediante a força do Estado. A glória do ego, que empesteia o século XX, é uma baboseira social sem tamanho. A glória divina do Estado, que agora vem tomando o lugar do ego, é uma agrura social. Aqueles que creem na consciência do ego e na consciência coletiva talvez considerem a humildade e a obediência vícios, mas é com elas que se constrói um lar. Na única família do mundo em que é possível perdoar legitimamente que os pais "tenham adoração pelo Filho" — pois o Filho é Deus —, encontramos, no entanto, um Filho que obedece, a fim de que ninguém pudesse negar que a obediência é a pedra angular do lar. A obediência em casa é o fundamento da obediência na comunidade, pois em cada um desses casos, a consciência se submete a uma autoridade investida por Deus. Se é verdade que o mundo perdeu seu respeito pela autoridade, foi porque o perdeu antes no lar. Num paradoxo bastante peculiar, à medida que o lar perde a sua autoridade, a autoridade do Estado se torna tirânica. Alguns modernos gostariam de inflar seus egos até o infinito, mas em Nazaré, o Infinito se rebaixa até a terra e se encolhe na obediência de uma criança.

9
As bodas de Caná

Todos ficam interessados num casamento. Se o coração humano não encontra amor suficiente dentro de si, procura aqueles que estão enamorados. O casamento mais famoso da história ocorreu em Caná, porque Nosso Senhor compareceu a ele.

No oriente, um casamento era sempre uma ocasião de grandes alegrias. O noivo ia até a casa da noiva, que naqueles tempos jamais o fazia esperar; pelo contrário, era ela quem esperava pelo noivo, como lemos na parábola das dez virgens. Tanto o noivo como a noiva jejuavam no dia do casamento e confessavam seus pecados em suas orações no Dia do Perdão. A cerimônia começava no entardecer, como era costume na Palestina, assim como na Grécia, "arrebatar a noiva do lar no corado fim do dia".

O casamento de Caná é a única ocasião na Sagrada Escritura em que Maria, a Mãe de Jesus, é mencionada antes Dele. É belo e consolador pensar que Nosso Senhor, que veio ensinar, sacrificar-se e exortar-nos a tomar a cruz de cada dia, tenha começado sua vida pública ajudando uma festa de casamento.

Às vezes esses casamentos orientais duravam sete dias, mas apenas dois quando se tratava de famílias mais pobres. Se esse era ou não o caso em Caná, o fato é que em algum momento dos festejos o vinho subitamente acabou. Tratava-se de uma situação bastante vergonhosa por causa do apreço dos orientais pela hospitalidade e, também, por causa do desgosto imposto aos recém-casados. Podemos especular sobre os motivos de o vinho ter faltado. A região era produtora de vinho, e é bem provável que o anfitrião tivesse uma provisão abundante da bebida. Provavelmente, a explicação para a falta é o fato de Nosso Senhor não ter comparecido sozinho à festa. Ele levou seus discípulos consigo, o que aparentemente pesou sobre as reservas de vinho.

Nosso Senhor e seus discípulos tinham enfrentado uma jornada de três dias e quase cento e cinquenta quilômetros, de maneira que todos estavam tão famintos e tão sedentos que é surpreendente a comida não ter acabado junto com o vinho. Como o vinho é um símbolo de alegria e saúde para o povo, era importante sanar aquela necessidade, pois como o velho ditado hebraico dizia "Onde falta vinho, os médicos pululam".

Um dos detalhes mais admiráveis dessas bodas é o fato de que não foi um dos criados, apesar de esse ser o seu trabalho, mas a Nossa Mãe que notou a falta de vinho. (Ela percebe as nossas carências antes de nós mesmos as sentirmos.) Ela fez uma oração muito simples para o seu Filho Divino sobre as ânforas de vinho vazias ao dizer: "Não tem vinho." Por trás dessas palavras havia não apenas a consciência do poder do seu Divino Filho, mas também uma expressão do seu desejo de remediar uma situação constrangedora. Talvez nossa Santíssima Mãe já tivesse visto Nosso Senhor realizar milagres em segredo, embora Ele ainda não tivesse realizado nenhum em público. Pois se ela desconhecesse a verdade de que Ele era Filho do Deus Onipotente, não teria pedido um milagre. Da mesma maneira, alguns dos maiores milagres do mundo tinham sido realizados a partir da influência de uma mãe: "A mão que balança o berço é a mão que governa o mundo", escreveu o poeta William Ross Wallace.

A resposta do Senhor ao pedido da Mãe foi: "Mulher, que tem isso a ver contigo e comigo? Ainda não chegou a minha hora."

Note-se que Nosso Senhor disse: "Ainda não chegou a minha hora." Sempre que Ele usava a expressão "hora", referia-se a sua Paixão e Morte. Por exemplo, na noite que Judas cruzou a torrente do Cédron para abrasar o rosto de Jesus com um beijo, Nosso Senhor disse: "Esta é a vossa hora e o domínio das trevas." Poucas horas antes, ao sentar-se para sua Última Ceia na terra e antecipar a própria morte, o Senhor dissera: "Pai, chegou a hora! Manifesta a glória do teu Filho, de modo que o Filho manifeste a tua glória" (Jo 17, 1). Antes ainda, quando uma multidão quis prendê-lo, o Evangelista nos diz que ninguém pôs a mão Nele, "pois sua hora ainda não havia chegado". É evidente que Nosso Senhor, em Caná, estava dizendo que a hora em que ele revelaria a Si mesmo ainda não havia chegado segundo os desígnios do seu pai. Contudo, havia na frase de Maria um pedido implícito para que Ele começasse a realizá-la. A Bíblia nos diz: "Assim, em Caná da Galileia,

Jesus realizou o primeiro dos seus sinais miraculosos, com o qual manifestou a sua glória, e os discípulos creram nele" (Jo 2, 11).

Ao transpor as palavras de Nosso Senhor a sua Mãe Santíssima, teríamos: "Minha querida Mãe, tens consciência de que me pedes para proclamar minha divindade, para aparecer aos olhos do mundo como Filho de Deus e provar a minha divindade por obras e milagres? No instante em que eu fizer isso, dou início ao meu caminho real até a Cruz. Assim que eu não for mais conhecido pelos homens como filho do carpinteiro, mas como Filho do Homem, darei meu primeiro passo até o Calvário. Minha hora ainda não chegou, mas queres que eu a antecipe? É tua vontade que eu vá para a Cruz? Se eu fizer isto, a tua relação comigo muda. És agora minha mãe. É conhecida por toda nossa aldeia como 'Mãe de Jesus'. Mas se eu agora mostrar-me como salvador dos homens e começar a obra da Redenção, o *teu* papel também mudará. Quando eu empreender a salvação da humanidade, tu já não serás apenas a minha mãe, mas a mãe de todos a quem eu redimir. Sou a Cabeça da humanidade; assim que eu salvar o corpo da humanidade, tu, que és mãe da cabeça, serás também mãe do corpo. Serás a mãe universal, a nova Eva, como eu sou o novo Adão."

"Para indicar o papel que terás na Redenção, concedo-te o título da maternidade universal. Chamo-te de *Mulher*. Foi a ti que me referi quando disse a Satanás que poria inimizade entre ela e a Mulher, entre sua descendência maligna e a tua semente, que sou Eu. É a dignidade desse grandioso título de Mulher que te dou agora. E hei de dá-la novamente quando for alçado na Cruz, como uma águia ferida. Estamos juntos na obra da Redenção. O que é teu é meu. Desta hora em diante, já não somos apenas Maria e Jesus; somos o novo Adão e a nova Eva que dão origem a uma nova humanidade, mudando a água do pecado no vinho da vida. Sabendo de tudo isso, minha querida Mãe, é tua vontade que eu antecipe a Cruz e vá para o Calvário?"

O que Nosso Senhor apresentava a Maria não era apenas a mera escolha entre pedir ou não um milagre. Ele perguntava se ela estava disposta a mandá-lo para a morte. Tinha deixado bem explícito que o mundo não toleraria sua divindade, que se Ele transformasse água em vinho, algum dia o vinho seria transformado em sangue. Com suas últimas palavras registradas na Escritura, Maria dá uma resposta de cooperação total com a Redenção de

Nosso Senhor: "Fazei o que Ele vos disser" (Jo 2, 5). Que magnífica despedida! Assim como Nosso Senhor dissera que tinha vindo à terra para cumprir a vontade do seu Pai, Maria nos exorta a cumprir a vontade de seu Divino Filho. "Fazei o que ele vos disser." Enchem as vasilhas, levam-nas a Nosso Senhor e, em seguida, acontece o descrito pelos maravilhosos versos do poeta Richard Crashaw: "As inconscientes águas viram seu Deus e coraram."

A primeira lição de Caná é a mesma que lemos numa das fábulas de La Fontaine: "Ajuda-te que o céu te ajudará." Nosso Senhor poderia ter criado o vinho do nada, como criara o mundo a partir do nada, mas quis que os criados trouxessem as vasilhas e as enchessem com água. Não podemos esperar que Deus nos transforme sem lhe entregar nada para transformar. Em vão dizemos "Meu Deus, ajude-me a superar os maus hábitos. Ajude-me a parar de beber, a ser puro e honesto". Para que servem essas orações se não forem acompanhadas pelos nossos esforços? Deus vai mesmo nos dar a paz e a felicidade, com a única condição de que lhe entreguemos a água dos nossos pobres esforços. Não devemos permanecer passivos à espera de uma manifestação do poder de Deus; é preciso um gesto indispensável da nossa própria liberdade, ainda que seja para dar a Deus a água rotineira da nossa vida insípida! É essencial que colaboremos com Deus se queremos nos tornar filhos de Deus.

A segunda lição de Caná é que Maria intercede para conquistar-nos aquilo de que precisamos, ainda que nem sempre saibamos do que precisamos. Nem o mestre-sala nem os convivas sabiam que o vinho tinha acabado, de modo que não podiam pedir ajuda. Da mesma maneira, se não sabemos do que a nossa alma precisa, como o incluímos nas nossas orações? Com frequência ignoramos o que é vital nas nossas vidas. São Tiago nos diz que não pedimos corretamente, mas buscamos satisfazer nossos desejos carnais e egoístas.

Com certeza, podíamos recorrer a Nosso Senhor, como o mestre-sala ou os convivas poderiam ter feito em Caná. Mas eles não recorreram, e a verdade é que alguns de nós jamais recorreriam. E mesmo que o fizéssemos, nem sempre pediríamos a coisa certa. Pouquíssimos de nós conhecemos as razões para a própria tristeza. Rezamos para obter riquezas, para "quebrar a banca", para ganhar na loteria. Pedimos paz para a nossa mente, e em seguida disparamos para o divã dos psicanalistas, quando na verdade deveríamos pôr-nos de joelhos, lamentar nossos pecados e pedir perdão. Poucos de nós sabemos que precisamos de Deus. Estamos no fim das nossas forças e mesmo no fim da nossa esperança, mas não sabemos que deveríamos pedir força e amor divinos para Deus.

É aí que entra a devoção a Maria. Os comensais não sabiam do que precisavam para preservar a alegria das bodas, apesar de estarem sentados à mesa com Nosso Senhor. Muitos de nós não acorreriam ao Senhor a não ser que tivéssemos alguém que conhecesse nossas necessidades melhor do que nós mesmos e que pedisse para Deus saná-las. Esse papel de Maria a torna aceitável para qualquer um. Os convidados na mesa do noivo não precisavam saber que ela era a Mãe do Filho de Deus a fim de receber os benefícios de seu Divino Filho. Mas se há uma coisa certa é que ninguém jamais recorrerá a ela sem ser ouvido e conduzido a seu Filho, Jesus Cristo, para Quem ela existe exclusivamente e por Quem ela nos foi dada.

As Bodas de Caná também revelam a maneira como Maria complementa a nossa vontade desgastada e fraca: ela troca de lugar conosco. É muito difícil recebermos um favor divino sem o desejar. Enquanto não amamos e servimos a Deus, estamos inertes e mortos. Para a maioria de nós é impossível pedir uma cura da alma, pois são poucos os que sabem que estão feridos. Maria adentra as nossas crises de vida para nos substituir, como uma mãe faz com um filho doente. A criança é incapaz de contar à mãe a sua necessidade. Pode ser que um alfinete esteja picando sua pele, ou que ela esteja com fome, ou ainda doente. A criança pode chorar, mas suas lamúrias são tão vagas quanto nossos choros de adultos tristes e temerosos, preocupados e frustrados. Nessas circunstâncias, a mãe leva a criança ao médico e se põe no lugar dela, que não sabe o que é melhor para si nem o que fazer para melhorar sua situação. Ela faz as vezes de "dublê", digamos, da liberdade da criança e, assim, a dispõe para receber o que é melhor para si. E assim como a mãe conhece as necessidades do seu bebê melhor do que ele mesmo, também nossa Mãe Santíssima compreende nossos choros e preocupações, conhecendo-os melhor do que nós mesmos. Nossa Mãe Santíssima sabe que precisamos de seu Divino Filho, como o bebê precisa do médico. Assim como Jesus é o Mediador entre nós e o Pai Celeste, nossa Mãe é a mediadora entre nós e seu Divino Filho. Ela enche nossas vasilhas vazias, dá-nos o elixir da vida, evita que as alegrias deste mundo se esvaiam. Maria não é a nossa salvação, não sejamos absurdos. A mãe não é o médico, nem Maria o Salvador. Mas Maria nos leva ao Salvador!

Três anos se passam e tudo o que Nosso Senhor disse à sua Mãe em Caná cumpre-se. A hora chega, o vinho é transformado em sangue. Ele realizou seus milagres, e os homens o crucificaram. Dependurados ao seu lado, como que para rebaixá-lo ao escalão deles, estão dois ladrões. O mundo só permite que os medíocres vivam. Odeia gente muito perversa, como os ladrões, porque ela perturba suas posses e sua segurança. Também odeia a bondade de Deus, odeia Nosso Senhor, porque Ele perturba sua consciência, seu coração e seus desejos malignos.

Do alto da Cruz, Nosso Senhor olha para as duas criaturas mais amadas que tem na terra: João e sua Mãe Santíssima. Ele retoma sua fala em Caná e dirige-se à Nossa Mãe com o mesmo título que lhe deu nas bodas. Chama-a de "Mulher". É a segunda Anunciação. Com um movimento dos seus olhos cheios de pó e da sua cabeça coroada de espinhos, Ele olha saudoso para aquela que o enviou voluntariamente para a Cruz e que agora está de pé diante dela como cooperadora da Redenção. Diz o Senhor: "Eis o teu filho." Então, volta-se para João, mas não o chama de João. Chamá-lo assim seria dirigir-se a ele como filho de Zebedeu e ninguém mais. Contudo, no seu anonimato, esse discípulo amado representa todos nós quando Nosso Senhor diz: "Eis a tua mãe."

Essa é a resposta, depois de tantos anos, às palavras misteriosas no Evangelho da Encarnação, quando lemos que Nossa Mãe depositou o seu "primogênito" na manjedoura. Acaso isso significava que ela teria outros filhos? Certamente, mas não segundo a carne. Nosso Senhor e Salvador Jesus Cristo é o único Filho da Nossa Mãe segundo a carne. Mas Nossa Senhora teria outros filhos, não segundo a carne, mas segundo o espírito!

10

AMOR E TRISTEZA

O prazer é a isca de que Deus se vale para fazer as criaturas reconhecerem seu destino, seja o de comer, para o bem da saúde do indivíduo, seja o de copular, para o bem da sociedade. Deus também põe limites ao prazer. Um deles é a um "fastio", que vem da natureza. Outro é a mulher, que é mais racional quando o homem é mais irracional. No âmbito da carne, o homem é a liberdade, e a mulher, a lei.

Há, pois, duas consequências quando uma mulher não aprende o prazer carnal por meio de um homem. Primeiro, sua capacidade de refrear-se cria a continência e a pureza. Já que o prazer aponta para fora, a mulher passará a ser mais reflexiva e senhora de si, como se guardasse um grandioso segredo no coração. Desejo é antecipação, prazer é participação, mas pureza é emancipação. A segunda consequência é justamente o contrário: a tristeza. A mulher que vive sem prazer não apenas abre mão de algo, mas recebe algo. Pode ser o ódio daqueles que veem nela uma inimiga da carne, ódio tanto de homens como de mulheres. Foi o que ocorreu com virgens como Ágata, Cecília, Susana e, nos nossos dias, Maria Goretti. Como o sol endurece a lama, assim a pureza leva o coração dos pecadores contumazes à dureza de coração, à perseguição e à violência.

No dia em que Maria disse "não conheço varão", não apenas afirmou ser ignorante desses prazeres, mas que havia voltado sua alma de tal maneira para dentro que se fez virgem tanto pela ausência de varão como pela presença de Deus. O segredo que ela guardava era nada menos que a Palavra! Desprovida dos prazeres do corpo, mas não de todas as alegrias, ela pôde cantar para sua prima Isabel: "Meu espírito exulta de alegria em Deus, meu salvador."

Por outro lado, Maria também era uma Mulher de Dores. Amar a Deus de maneira imediata e única atrai ódios. No dia em que ela levou seu

Bebê, seu Amor, ao templo, Simeão, um dos velhos sacerdotes, disse-lhe que uma espada transpassaria seu espírito. No instante em que o sargento romano enfiou a lança no Coração de Cristo, transpassou dois corações com um golpe: o coração do Deus-homem por quem Maria abriu mão de conhecer os prazeres; e o coração de Maria, que entregou sua beleza a Deus e não a um homem.

Ninguém no mundo pode portar Deus no coração sem alegria interior e tristeza exterior; sem cantar um *Magnificat* àqueles que sabem seu segredo, e sem sentir a estocada da espada daqueles que querem a liberdade de uma carne sem leis. Amor e dor quase sempre caminham juntos. No amor carnal, o corpo engole a alma; no amor espiritual, a alma envolve o corpo. A dor do primeiro jamais será aplacada: uma pessoa que quer beber o oceano de amor fica infeliz se estiver limitado a tomá-lo de um reles copo. A dor do segundo amor é nunca ser capaz de retribuir ao amado na mesma medida.

No amor conjugal humano, as alegrias do amor são como que um pagamento antecipado pelos deveres, responsabilidades e, às vezes, pelas dores. As cruzes que vêm adiante são preparadas pela Transfiguração, quando o rosto do amor parece brilhar como o sol e as vestes ficam brancas como a neve. Há quem seja como Pedro e queira capitalizar as alegrias, levantar uma tenda permanente nos picos do êxtase. Mas o Senhor sempre se faz presente, falando através da consciência que para captar o amor de maneira permanente é *necessário* passar pelo Calvário. Os arroubos iniciais do amor são um adiantamento, uma antecipação dos arroubos verdadeiros que vêm quando se ascende a um grau mais elevado de amor ao carregar a Cruz.

O amor humano costuma esquecer que amar implica responsabilidade; não podemos brincar com as alavancas do coração na esperança vã de escapar dos deveres, da fidelidade e do sacrifício pelo amado. O dito controle de natalidade — que não ajuda nem na natalidade, nem no controle — é baseado na filosofia de que o amor não traz quaisquer obrigações consigo. O verdadeiro problema é saber como fazer homens e mulheres se darem conta da sacralidade do amor, saber como levar as mães a enxergar um quê de messianismo na geração de filhos. Certamente, a melhor maneira de fazer isso seria suscitar o exemplo de *uma mulher que aceitasse as responsabilidades do amor sem a antecipação do prazer*, alguém que dissesse: "Farei tudo por nada! Aceitarei gerar um filho, ser responsável por sua educação, partilhar da sua missão no mundo", sem jamais pedir pelos êxtases da carne. Esse é o papel da Bem-aventurada Virgem e Mãe. Ela casou-se, gerou um Filho, partilhou da agonia Dele, tudo por amor de Deus, sem exigir alegrias iniciais que a preparassem para essas provações. A melhor maneira de convencer a humanidade a tomar o remédio que salva é tomá-lo sem a cobertura de açúcar e, ao mesmo tempo, sem fechar a cara por causa do seu amargor. As vicentinas que trabalham nas regiões mais pobres das nossas cidades, as missionárias que cuidam de doentes em leprosários, constituem uma inspiração para todos os assistentes sociais. Essas mulheres levam a cabo seu trabalho por nada além de amor por Deus e assim mantêm aceso perante o mundo o ideal de carinho desinteressado pelos famintos e enfermos.

Na Anunciação, Deus disse a Maria, por meio de um anjo, que ela conceberia sem o benefício do afeto humano e das suas alegrias, ou seja, que conceberia sem receber qualquer prazer como paga. Assim, ela separou as alegrias carnais das responsabilidades sociais. Seu sacrifício foi uma censura a quem deseja aprisionar a música quebrando a viola, a quem toma o violino e não produz qualquer melodia, a quem ergue o cinzel diante do mármore e nunca faz a estátua. Mas esse mesmo sacrifício de Maria também encoraja aquelas que têm fardos bem maiores que suas alegrias, que geram filhos que vão morrer sem ainda vencer as primeiras ondas do mar da vida, que tiveram seu amor traído e mesmo desprezado. Se Nosso Senhor permitiu que sua Mãe suportasse as provações comuns às mães mais sofridas — que seu filho fosse perseguido por soldados totalitários aos dois anos de idade, que vivesse refugiado em terra estrangeira, que aludisse a assuntos de seu Pai que acabariam em morte, que fosse preso injustamente, fosse condenado pelo próprio povo e morresse no auge da vida —, foi para convencer as outras mães com sofrimentos que as provações sem prazeres podem ser superadas, e que a última palavra a respeito das questões da nossa vida não é dada aqui embaixo. Se o Pai deu uma Cruz ao Filho e uma espada à Mãe, é porque de algum modo a dor entra no plano divino para a vida. Se a Inocência Divina e sua Mãe, uma criatura sem pecado, suportaram agonias, não é possível que a vida seja uma enganação ou zombaria; ocorre, porém, que amor e dor evidentemente caminham muitas vezes juntos nesta vida, e que somente na próxima é que a dor fica para trás.

Os cristãos são o único povo do mundo a saber que a história do universo tem final feliz. Os Apóstolos só descobriram isso depois da Ressurreição, e a partir disso percorreram o mundo antigo berrando entusiasmados a boa-nova. Maria já sabia havia muito e cantou sobre isso no *Magnificat*, mesmo antes do nascimento de Nosso Senhor.

Grande é a dor da mulher quando o marido abandona sua responsabilidade para com ela em busca do que chama de "liberdade" da sua própria carne e sangue. O sentimento da mulher perante tamanho abandono é semelhante ao que a Igreja experimenta perante a heresia. Ao longo da história, sempre que um dos membros do seu Corpo Místico se isola da sua carne e do seu sangue, o isolamento não faz sofrer somente a ele, mas sobretudo a Igreja. A irresponsabilidade com o amor é fonte das maiores tragédias da vida, e assim como a Igreja sofre mais do que o herege, a mulher sofre mais que o marido errante. Ela permanece "a outra metade daquele homem", um lembrete constante para ele e a sociedade de que aquilo que Deus uniu foi despedaçado por uma vontade perversa. O marido pode ter abandonado a esposa para dar prazer a outra mulher, mas a esposa permanece, como uma sinfonia inacabada que clama por compreensão espiritual. Uma civilização que não se põe diante de Deus com reverência e responsabilidade denuncia e renega a dignidade da mulher, e a mulher que toma parte, voluntariamente, nesse divórcio entre responsabilidade e amor está como uma miragem ou uma estátua de sal no meio dessa civilização.

O mundo não se choca ao ver o amor e a dor caminharem de braços dados quando o amor não é perfeito. Porém, está menos preparado para ver o amor imaculado e a dor fazerem o mesmo. O verdadeiro cristão não devia escandalizar-se com isso, já que Nosso Senhor é descrito como Homem de Dores. Era de se esperar que Ele, que veio a este mundo carregar a Cruz, a cravasse no coração da Mãe. A Sagrada Escritura sugere que Ele a educou e formou na dor. Há um termo muito usado hoje, e sempre no mau sentido, que poderia, se usado corretamente, ser aplicado às relações entre Nosso Senhor e sua Santíssima Mãe: "alienação de afetos". Jesus, desde o começo, afasta-se da Mãe, aparentemente alienando-a da sua afeição com uma indiferença crescente, apenas para no fim revelar que a estava introduzindo, por meio da dor, numa nova e mais profunda dimensão do amor.

Há dois grandes períodos nas relações entre Jesus e Maria, o primeiro vai da manjedoura a Caná; o segundo, de Caná à Cruz. No primeiro, ela é a Mãe de Jesus; no segundo, começa a ser a Mãe de todos aqueles a quem Jesus redimiria, ou seja, a Mãe de todos os homens.

De Belém até Caná, Maria está para Jesus como uma mãe está para seu filho; até o chama com familiaridade de "Filho", como se essa fosse a sua maneira habitual de O tratar, quando Ele tinha 12 anos. Jesus está com ela ao longo de trinta anos, fugindo para o Egito em seus braços, morando em Nazaré, e sendo-lhe obediente. Ele é dela, e ela é Dele, e até no próprio instante em que ambos chegam às bodas, o nome dela é mencionado primeiro: "Maria, Mãe de Jesus, estava presente."

Mas de Caná em diante, ocorre um distanciamento crescente, com o qual Maria colabora. Ela induziu o Filho a realizar seu primeiro milagre, quando Ele mudou seu nome de Mãe para Mulher, num gesto cujo significado só ficaria claro na Cruz. Quem leu o livro do Gênesis vai se lembrar de como Deus prometeu que Satanás seria esmagado pelo poder de uma mulher. Quando Nosso Senhor diz a Maria que ambos estão implicados na manifestação de sua divindade, ela praticamente O manda para a Cruz ao pedir-lhe o primeiro milagre e, por conseguinte, a morte. Mais ou menos um ano depois, ela O acompanha nas pregações como Mãe devota que é. Nosso Senhor, aparentando indiferença, volta-se para a multidão e pergunta "Quem é minha mãe?" (Mt 12, 48). Depois — revelando o enorme mistério cristão de que os relacionamentos não dependem da carne e do sangue, mas da união com a Natureza Divina mediante a graça —, Jesus acrescenta: "Aquele que faz a vontade de meu Pai que está nos céus, esse é meu irmão, minha irmã e minha mãe" (Mt 12, 50).

Os laços que nos unem uns aos outros não são tanto de raça, mas de obediência à vontade de Deus. Dessa passagem originou-se o uso dos termos "Padre", "Madre", "Irmão" e "Irmã" tal como se faz na Igreja, a fim de demonstrar que nossas relações são em Cristo e não na geração humana. Aquele que chamou sua Mãe de "Mulher" diz agora, a nós e a ela, que podemos entrar numa nova família com ela, pois Ele já nos ensinou a entrar nos laços que O unem a seu Pai Celeste. Se podemos chamar Deus de "Pai Nosso", então podemos chamar Maria de "Mãe Nossa" se cumprimos a vontade do Pai.

O mistério chega ao fim no Calvário, quando Nosso Senhor, do alto da Cruz, evoca Caná e mais uma vez usa a palavra "Mulher", título da maternidade universal. Referindo-se a todos nós que seremos remidos por seu preciosíssimo Sangue, Jesus diz: "Eis o teu filho." Por fim, diz a João, que não é nomeado e fazia as nossas vezes: "Eis a tua mãe." Ela se torna nossa Mãe no instante em que perde seu Filho divino. O mistério foi resolvido. O que parecia uma alienação afetiva era, na verdade, um aprofundamento do afeto. Nenhum amor jamais alcança um nível superior sem a morte de um nível inferior. Maria morre para o amor de Jesus em Caná, e recupera Jesus novamente no Calvário, juntamente com o Corpo Místico que Ele redimiu. Foi, no momento, uma troca infeliz, perder seu Filho divino para nos ganhar. Mas na verdade, ela não nos ganhou sem Ele. No dia em que ela o procurou durante uma pregação, Ele começou a fundir a Maternidade divina num novo tipo de maternidade que incluiria toda a humanidade. No Calvário, Ele fez com que ela amasse os homens como Ele os amava.

Era um novo amor, ou talvez o mesmo estendido a toda humanidade. Mas não vinha sem dor. Custou muito a Maria nos ter como filhos. Ela foi capaz de gerar Jesus na alegria, mesmo estando num estábulo; mas só pode gerar-nos no Calvário, por um trabalho de parto grande o bastante para fazer dela a Rainha dos Mártires. O *Fiat* que ela pronunciou ao tornar-se Mãe de Deus é agora outro *Fiat*, como o pronunciado na Criação, dada a imensidão daquilo que ela gerava. Foi também um *Fiat* que alargou tanto seu coração que lhe aumentou as dores. O amargor da maldição de Eva — gerar os filhos na dor — foi cumprido, e não por um ventre aberto, mas pelo coração trespassado que Simeão profetizara. Ser a Mãe de Cristo era a maior das honras; mas ser Mãe dos Cristãos também o era. Não havia lugar na estalagem para o primeiro parto, mas agora Maria tinha o mundo inteiro para o segundo.

Eis, finalmente, a resposta à pergunta: "Maria teve outros filhos além de Jesus?" Com certeza. Milhões e milhões! Mas não segundo a carne. Só Ele nasceu de sua carne; nós, os demais, nascemos do seu espírito. Assim como as palavras da Anunciação a ligaram à Divindade até a vinda do seu Primogênito ao mundo, as palavras da Cruz a ligaram a toda a humanidade até sua Segunda Vinda. Maria era filha dessa porção escolhida da humanidade chamada de "semente de Abraão", descendente dessa longa linhagem de nobres e reis que entregaram a seu Filho "o trono de seu pai Davi". Mas, como nova Eva, ela entrega a Jesus a herança da humanidade inteira, de Adão até hoje. E através do seu Filho, ela rompe as barreiras dessa bênção limitada à semente de Abraão e a derrama sobre todas as nações, raças e povos. O momento de Maria na história se deu "na plenitude dos tempos"; essa expressão quer dizer que a humanidade enfim havia produzido uma representante digna de ser o vaso escolhido para o Filho de Deus. "Enquanto o herdeiro é menor, em nada difere do escravo, ainda que seja senhor de tudo" (Gl 4, 1).

Nosso Senhor não está imerso na história, mas Maria está. Ele vem à terra saído de um mundo fora do tempo; ela está no tempo. Ele é supra-histórico; ela é histórica. Ele é Eterno no tempo; ela é a Casa do Eterno no tempo. Ela é o último ponto de encontro entre toda a humanidade e toda a história. Ou, como diz Coventry Patmore: *Nó do cordão que ata tudo e todos a seu Senhor.*

No fim dessa história de amor e dor, vemos que o amor precisa ser constantemente purificado, e isso só acontece por meio da dor. O amor que não é alimentado pelo sacrifício se torna trivial, banal e insosso. Dá o outro por pressuposto, não faz mais declarações de amor porque não descobre novas profundezas onde ela possa ressoar. Nosso Senhor não queria que o amor de sua Mãe seguisse por uma dimensão de êxtase neste mundo; Ele o tornaria universal, expandido, católico. Mas para fazer isso, precisou enviar sete espadas de dor para ela a fim de estender o amor que ela tinha pelo Filho do Homem a todos os filhos dos homens.

Sem esse aprofundamento, o amor pode cair em um de dois perigos: *desprezo* ou *pena*. *Desprezo* porque o outro deixa de agradar o ego; *pena* porque o outro merece alguma consideração, mas não amor. Se Nosso Senhor não tivesse chamado Maria a tomar parte no seu sofrimento, se ela tivesse sido dispensada do Calvário em nome da sua majestade enquanto mãe do Rei, ela teria *desprezado* aqueles que tiraram a vida do seu único Filho e *sentido pena* daqueles que não o fizeram. Mas como Ele identificou-se com a nossa natureza humana — primeiro em Belém, depois com nossos afazeres diários em Nazaré e com nossos mal-entendidos na Galileia e em Jerusalém, até por fim identificar-se com nossas lágrimas e sangue e agonia no Calvário —, Ele nos deu sua Mãe e a lição de que o amor deve abranger toda a humanidade ou sufocar-se na estreiteza do ego. Instado por Ele a partilhar de sua Cruz diária, o amor de Maria expandiu-se com o amor Dele e atingiu tal grau de identificação que a Ascensão do Senhor encontra um paralelo na Assunção de sua Mãe. Ele, que inspirou Maria a se manter de pé perante a Cruz como participante ativa na redenção, não deixaria de coroar tamanho amor, unindo-a a si no lugar onde o amor existe sem dor, ou onde a dor é engolida pela alegria.

O amor não pode chegar a ser um culto se não houver morte. Quantas vezes o amor humano só ganha consciência total da devoção do outro quando este morre? A morte transforma a história em lenda, e o amor em adoração. Depois da morte do amado, esquecemos de seus defeitos ou daquilo que deixou de fazer: tudo ganha uma aura de louvor. O tédio da vida se desfaz; as brigas que magoam evaporam ou se transformam em lembranças carinhosas. Os mortos são sempre mais belos do que os vivos.

No caso de Maria, não há lembranças de imperfeição que evaporar, pois ela é "bendita entre as mulheres". Mas há um amor profundo capaz de gerar um culto. Ele, que se sacrificou por nós, pensava tanto na própria morte que nos legou um Memorial dela e ordenou que ela fosse renovada no que hoje conhecemos por Missa. Seu amor, que morreu, tornou-se adoração na Eucaristia. Por que, pois, ela que nos deu o Corpo com que Ele morreu e o Sangue que ele derramou não seria lembrada, não em adoração, mas em veneração, enquanto o tempo durar? Mas se com o Deus-homem — que também é o Varão de Dores e que entrou em sua Glória — está uma criatura — uma Mulher de Dores que o acompanhou na Glória —, então todos temos a inspiração necessária para amar *através* da cruz e *com ela*, a fim de também chegarmos a reinar com Cristo.

11
A Assunção e o mundo moderno

A definição do dogma da Imaculada Conceição foi dada no nascimento do mundo moderno. Cinco anos depois da sua proclamação — e seis meses depois da aparição de Lourdes, quando Maria disse: "Eu sou a Imaculada Conceição" — Charles Darwin escreveu *A origem das espécies*, Karl Marx concluiu a introdução do seu volume *Crítica da Filosofia do Direito de Hegel* ("A religião é o ópio do povo") e John Stuart Mill publicou o seu *Ensaio sobre a liberdade*. No momento em que o espírito do mundo delineava uma filosofia que resultaria em duas guerras mundiais em 21 anos e na ameaça de uma terceira, a Igreja levantou-se para desafiar a falsidade da nova filosofia. Darwin arrancou a mente humana da sua origem divina e a amarrou a um futuro ilimitado em que o homem viria a ser uma espécie de deus. Marx impressionou-se tanto com essa ideia de progresso inevitável que perguntou a Darwin se poderia dedicar-lhe um dos seus livros. Mais tarde, Marx seguiria os passos de Feuerbach para afirmar um ateísmo que já não era o ateísmo burguês da mente, mas o da vontade, em que o homem odeia Deus porque o homem é Deus. Mill, por sua vez, reduziu a liberdade do homem novo à permissão e ao direito de fazer o que quiser, abrindo caminho assim a um caos de egoísmos conflitantes que o mundo solucionaria com o totalitarismo.

Se esses filósofos estivessem certos, se o homem fosse naturalmente bom e capaz de endeusar-se por meio do próprio esforço, logo, todos teriam sido concebidos sem pecado. A Igreja ergueu-se em protesto e afirmou que apenas uma pessoa humana no mundo inteiro foi concebida sem pecado; afirmou que o homem tende ao pecado, e que a melhor maneira para uma criatura preservar a própria liberdade é responder *fiat* à vontade divina.

O dogma da Imaculada Conceição secou e matou o falso otimismo do progresso inevitável e necessário do homem sem Deus. Humilhado em seu orgulho darwiniano-marxista-milliano, o homem moderno viu sua doutrina do progresso evaporar. O intervalo entre as Guerras Napoleônicas e a Guerra Franco-Prussiana foi de 55 anos; o intervalo entre a Guerra Franco-Prussiana e a Primeira Guerra Mundial foi de 43 anos; o intervalo entre as duas Guerras Mundiais foi de 21 anos. Cinquenta e cinco, 43, 21, e a Guerra da Coreia cinco anos depois da Segunda Guerra Mundial: esse retrospecto dificilmente pode ser considerado progresso. O homem enfim enxergou que não era naturalmente bom. Se antes ele se gabava de vir de um animal, agora via a si mesmo agir como um animal.

E logo veio a reação. O homem otimista que se gabava da própria imaculada conceição passou a ser o homem pessimista que não enxergava dentro de si nada além de um feixe de impulsos libidinosos, sombrios e cavernosos. Como o fez ao definir a Imaculada Conceição, a Igreja precisou lembrar ao mundo que a perfeição não é biologicamente inevitável, e definiu o dogma da Assunção para dar esperança à criatura do desespero. O desespero moderno é efeito de um hedonismo frustrado e gira em torno principalmente do Sexo e da Morte. É a essas duas ideias, que preocupam a mente moderna, que a Assunção relaciona-se de maneira indireta.

A primazia do sexo deve-se em grande medida a Sigmund Freud, cujo princípio básico, em suas próprias palavras, é: "As ações e os costumes humanos derivam dos impulsos sexuais, e os desejos humanos são, fundamentalmente, desejos sexuais não satisfeitos... Consciente ou inconscientemente, todos desejamos unir-nos à nossa mãe e matar nosso pai, como fez Édipo, a não ser que sejamos mulheres; nesse caso, quereremos unir-nos ao nosso pai e assassinar nossa mãe."

A outra preocupação principal do pensamento moderno é a morte. A bela filosofia do ser foi reduzida ao *Dasein* ["ser aí"], que não passa de *in-der-Welt-sein* ["ser no mundo"]. Não há liberdade, não há espírito nem personalidade. A liberdade é uma liberdade para morrer. A liberdade é a contingência sob a ameaça de destruição completa. O futuro não passa de uma projeção da morte. A meta da existência é olhar a morte nos olhos.

Jean-Paul Sartre passa de uma fenomenologia da sexualidade àquilo que chama de "náusea", ou o confronto franco com o nada ao qual a existência tende. Nada precede o homem; nada sucede o homem. Tudo que se lhe oponha é uma negação do seu ego. Deus criou o mundo a partir do nada; Sartre criou o nada a partir do mundo e do coração humano desesperado. "O homem é uma paixão inútil."

O agnosticismo e o orgulho foram os erros gêmeos que a Igreja precisou enfrentar com a doutrina da Imaculada Conceição. Agora, precisa enfrentar o desespero que resulta do sexo e da morte. Ao entrarem em contato com o mundo e suas três libidos, os agnósticos do século passado tornaram-se libertinos. Mas quando o prazer escasseou e deixou faminto aquilo que antes satisfazia, esses agnósticos — que se fizeram libertinos apegando-se ao mundo — passaram a afastar-se do mundo para tornarem-se filósofos do existencialismo. Filósofos como Sartre, Heidegger e outros nasceram de um distanciamento com relação ao mundo, mas não se afastam como o asceta cristão — por amor a Deus —, mas porque o mundo os enoja. Tornaram-se contemplativos, não para desfrutar de Deus, mas para afundarem-se no próprio desespero, para criar uma filosofia a partir dele, para encararem com franqueza o próprio tédio, e para tornar a morte o centro do seu destino. Os novos contemplativos estão nos mosteiros dos exaustos, que não foram construídos à beira das águas de Siloé, mas às margens sombrias do Estígio.

Estas duas ideias básicas do pensamento moderno, sexo e morte, não deixam de estar relacionadas. O próprio Freud sugeria a união entre Eros e Tanatos. O sexo traz a morte, em primeiro lugar porque no sexo a outra pessoa é possuída, ou aniquilada, ou ignorada em nome do prazer. Mas essa sujeição supõe a compressão e a destruição da vida em nome do Eros. Em segundo lugar, a morte é uma sombra que se projeta sobre o sexo. O sexo busca o prazer, mas como parte do princípio de que só há esta vida, cada prazer é acompanhado não apenas de uma gratificação cada vez menor, mas também da ideia de que a morte algum dia dará fim ao prazer para sempre. Eros é Tanatos. Sexo é Morte.

De um ponto de vista filosófico, a Doutrina da Assunção vai de encontro à filosofia do Eros-Tanatos ao elevar a humanidade da escuridão do sexo e da morte à luz do amor e da vida. São estes os dois pilares filosóficos em que a crença na Assunção repousa.

1. *Amor*. A Assunção não afirma o sexo, mas o amor. São Tomás, ao investigar os efeitos do amor, cita o êxtase entre eles. No êxtase, a pessoa

"eleva-se para fora do corpo", experiência que poetas, escritores e oradores já sentiram de maneira leve quando, na linguagem cotidiana, "deixaram-se levar pelo tema". Num nível superior, o fenômeno espiritual da levitação se dá por causa de um amor tão intenso por Deus que os santos literalmente elevam-se da terra. O amor, como o fogo, arde para cima, já que é basicamente desejo. Busca unir-se mais e mais ao objeto amado. Nossas experiências sensoriais estão habituadas à lei terrena que é a gravitação, segundo a qual os corpos materiais são atraídos pela terra. Mas além da gravitação terrena há uma lei de gravitação espiritual, que aumenta à medida que nos aproximamos de Deus. Esse "puxão" que o Espírito de Deus nos dá no coração está sempre presente, e somente a nossa vontade renitente e a fraqueza do nosso corpo, ambas consequências do pecado, é que nos mantêm presos à terra. Algumas almas impacientam-se com as restrições do corpo; São Paulo pede para ser liberto desse cativeiro.

Se Deus exerce uma força gravitacional em todas as almas, dado o intenso amor que Nosso Senhor fazia descer sobre sua Bem-aventurada Mãe, e dado ainda o intenso amor que Maria elevava ao seu Senhor, temos já a suspeita de que um amor nesse nível pode ser grande a ponto de "levar o corpo consigo". E como Nossa Senhora nasceu imune do pecado original, não haveria em seu corpo a dicotomia, a tensão e a oposição que existe em nós entre corpo e alma. Se a distante lua faz subir todas as marés da terra, o amor de Maria por Jesus e o amor de Jesus por Maria deveria mesmo resultar num êxtase tal que a "elevasse para fora deste mundo".

O amor, em sua natureza, consiste numa Ascensão em Cristo e numa Assunção em Maria. A relação entre amor e Assunção é tão estreita que, há poucos anos, este autor instruía na fé uma senhora chinesa que tinha mais facilidade para crer na Assunção do que em qualquer outra das verdades do cristianismo. Aquela senhora tinha conhecido em primeira mão uma alma santa que vivia numa barraca no meio da floresta a quem milhares de pessoas acorriam em busca de bênçãos. Um dia, segundo a crença de todos que conheciam essa santa, ela foi "assunta" aos céus. A explicação que a convertida do confucionismo deu foi: "Seu amor era tão grande que o corpo seguiu a alma." Uma coisa é certa: para quem ama o Senhor com intensidade, é fácil compreender a Assunção; para quem não ama, é difícil.

Platão, no *Banquete*, reflete sobre a visão que os gregos tinham da elevação amorosa e afirma que o amor carnal deve conduzir ao amor espiritual. O verdadeiro sentido do amor é conduzir a Deus. O amor terreno desaparece assim que cumpre essa tarefa, assim como símbolo dá lugar à realidade. A Assunção não é o assassinato do *eros*, mas a sua transfiguração por meio do *ágape*. A Assunção não significa que o amor no corpo é errado, mas afirma que pode estar tão correto, quando ordenado a Deus, a ponto de aperfeiçoar a beleza do corpo.

Nossa era de carnalidade que ama o corpo belo é elevada para fora do seu desespero, nascido do incesto de Electra e Édipo, até um Corpo que é belo por ser Templo de Deus, portão pelo qual o Verbo dos céus passou para a terra, uma Torre de Marfim que o Amor Divino escalou para beijar os lábios de sua Mãe, Rosa Mística. Com um golpe de sua infalível caneta dogmática, a Igreja elevou a sacralidade do amor para fora do sexo sem negar o papel do corpo no amor. Eis aqui um corpo que reflete em seus incontáveis matizes o amor criativo de Deus. A um mundo que idolatra o corpo, a Igreja diz hoje: "Há dois corpos nos céus. Um é a natureza humana glorificada de Jesus, e o outro é a natureza humana assunta de Maria. O amor é segredo da Ascensão do primeiro Corpo e da Assunção do segundo, pois o amor anseia por unir-se ao Amado. O Filho volta ao Pai na unidade da natureza divina; e Maria volta a Jesus na unidade da natureza humana. Seu voo nupcial é o acontecimento para o qual toda a nossa geração se move."

2. *Vida*. A vida é o segundo pilar filosófico em que a Assunção se apoia. A vida une; a morte separa. A bondade é o alimento da vida, assim como o mal é o alimento da morte. Impulsos sexuais errantes são o símbolo da separação do corpo com relação a Deus em consequência do pecado original. A morte é o último movimento dessa divisão. Onde existe pecado, há multiplicidade; o demônio diz: "Legião é o meu nome, porque somos muitos" (Mc 5, 9). Mas a vida é uma atividade imanente. Quanto mais elevada a vida, mais imanente é a atividade, diz São Tomás. A planta aparta seu fruto da árvore, o animal aparta-se dos semelhantes em favor de uma existência separada, mas a mente espiritual do homem gera o fruto de um pensamento que permanece unido à mente, embora distinto dela. É por isso que a inteligência e a vida estão intimamente relacionadas. *Da mihi intellectum et vivam* ["Dai-me o entendimento, para que eu viva" (cf. Sl 118, 144)]. Deus é a

vida perfeita porque sua atividade intelectual interior é perfeita. Em Deus, não há nada extrínseco, não há dependência, não há necessidade de buscar algo fora.

Uma vez que a imperfeição da vida vem da distância com relação à fonte da vida e por causa do pecado, a consequência é que a criatura preservada do pecado original é imune à divisão psicológica gerada pelo pecado. A Imaculada Conceição confere uma vida altamente integrada e unificada. A pureza dessa vida é tríplice: uma pureza física, que é a integridade do corpo; uma pureza mental sem desejar qualquer divisão do amor, que é o que causa o amor das criaturas quando apartado de Deus; por fim, uma pureza psicológica que é imune à rebeldia da concupiscência, sinal e símbolo da nossa fraqueza e diversidade. Essa pureza tripla é a essência da criatura mais altamente una que esse mundo já viu.

Além dessa vida intensa, que é livre da divisão causada pelo pecado, Maria possuiu um grau ainda mais elevado de vida por causa da Maternidade Divina. Através dela, a Eternidade fez-se jovem e apareceu como Criança; por ela, como que por outro Moisés, não foram dadas as tábuas da Lei, mas o Logos, escrito em seu próprio coração; através dela não é o maná que desce dos céus, não é um alimento que os homens comem e perecem, mas a Eucaristia, que dá vida eterna a quem a come. Mas se aqueles que comungam o Pão da Vida jamais morrem, o que dizer então daquela que foi o primeiro cibório da Eucaristia, que no dia de Natal o abriu na grade da comunhão em Belém para dizer aos magos e aos pastores: "Eis o cordeiro de Deus, que tira o pecado do mundo"?

Eis uma vida não apenas livre da divisão que traz a morte, mas uma vida unida à Vida Eterna. Como ela, jardim onde brotou o lírio da impecabilidade divina e a rosa vermelha da paixão redentora, seria entregue às ervas daninhas e esquecida pelo Jardineiro Celeste? Acaso uma comunhão preservada na graça ao longo da vida não garante uma imortalidade celestial? Assim, não seria ela, em cujo ventre celebram-se as núpcias entre a eternidade e o tempo, mais da eternidade do que do tempo? Quando ela O carregou por nove meses, cumpriu-se outra lei da vida: "E serão dois em uma só carne."

Nenhuma mulher ou homem adulto gostaria de ver a casa em que cresceu destruída violentamente por uma bomba, ainda que não vivessem mais nela. Tampouco a onipotência, que fez de Maria seu tabernáculo, consentiria em ver sua morada carnal sujeita à corrupção do túmulo. Se um adulto ama voltar ao lar quando atinge a plenitude da vida e se torna mais consciente da dívida que tem para com sua mãe, acaso a Vida Divina não tornaria a buscar seu berço vivo e levaria esse "paraíso cingido de carne" consigo para o Céu, para ser "cultivado pelo novo Adão"?

Na doutrina da Assunção, a Igreja sai ao encontro do desespero do mundo de uma segunda maneira. Ela afirma a beleza da vida como oposto da morte. Enquanto as guerras, o sexo e o pecado multiplicam as discórdias do homem, e a morte o ameaça de todos os lados, a Igreja exorta-nos a elevar o coração para a vida que tem a imortalidade da Vida que a nutriu. Feuerbach disse que o homem é aquilo que come. Ele tinha mais razão de que suspeitava. Quem come o alimento terreno morre; quem come a Eucaristia vive eternamente. Ela, que é a mãe da Eucaristia, escapa da decomposição da morte.

A Assunção desafia o nada dos filósofos coveiros de uma maneira nova. A principal tarefa dos líderes espirituais hoje é salvar a humanidade do desespero em que o sexo e o medo da morte a lançaram. O mundo que costumava dizer "Por que se preocupar com o mundo que há de vir se vivemos neste?" enfim aprendeu, do jeito difícil, que quem não pensa na vida que há de vir é incapaz mesmo de desfrutar desta vida. Quando o otimismo desmorona por completo e se torna pessimismo, a Igreja mantém de pé sua promessa de esperança. Somos ameaçados pela guerra por todos os lados, e a morte está prestes a precipitar-se do céu como fogos prometeicos, mas a Igreja define uma verdade em cujo centro está a Vida. Como uma mãe bondosa cujos filhos partem para a guerra, ela acaricia nossa cabeça e diz: "Você voltará vivo, como Maria voltou depois de atravessar o vale da morte." Enquanto o mundo teme ser derrotado pela morte, a Igreja canta a derrota da morte. Acaso não se trata do prenúncio de um mundo melhor o fato de o estribilho da vida ecoar em meio aos clamores dos filósofos da morte?

Enquanto o comunismo ensina que o homem possui apenas corpo, sem alma, a Igreja responde: "Então comecemos pelo corpo." Enquanto o corpo místico do anticristo se reúne em volta das portas do tabernáculo que é o cadáver de Lênin, periodicamente recoberto com cera para dar a ilusão de imortalidade para aqueles que negam a imortalidade, o Corpo Místico de Cristo exorta os desesperados a fitarem as duas feridas mais graves que a terra já recebeu: o túmulo vazio de Cristo e o túmulo vazio de Maria. Em 1854, a Igreja falou da Alma na Imaculada Conceição. Em 1950, sua linguagem dirigiu-se ao Corpo: o Corpo Místico, a Eucaristia e a Assunção. Com hábeis pinceladas dogmáticas, a Igreja repete a verdade de Paulo para uma nova era pagã: "Vossos corpos são do Senhor." Não há no corpo qualquer motivo para desespero. O homem está relacionado com o nada, como ensinam os filósofos da decadência, mas apenas em sua origem, não em seu destino. Eles colocam o nada no fim; a Igreja o coloca no começo, pois o homem foi criado *ex nihilo* ["do nada"]. O homem moderno volta ao nada pelo desespero; o cristão só conhece o nada pela negação de si, que é humildade. Quanto mais o pagão se faz nada, mais perto chega de Deus. Maria afundou-se tão profundamente no nada que foi exaltada. *Respexit humilitatem ancillae suae* ["Olhou para a humildade da sua serva" (Lc 1, 48)]. E sua exaltação foi também sua Assunção.

Voltemos ao começo, a Eros e Tanatos: sexo e morte, dizia Freud, estão relacionados. Eles estão relacionados no seguinte sentido: Eros, enquanto amor egoísta, leva à morte da alma. Mas o mundo não precisa viver sob essa maldição. A Assunção dá um novo significado ao Eros. O amor realmente leva à morte. Onde existe amor, há esquecimento de si, e o ápice do esquecimento de si é a entrega da própria vida. "Ninguém tem maior amor do que aquele que dá a sua vida por seus amigos" (Jo 15, 13). O amor de Nosso Senhor o levou à morte. O amor de Maria a levou a ser trespassada por sete espadas. Nenhuma mulher tem mais amor do que aquela que permaneceu sob a Cruz do Filho para participar, à sua maneira, da Redenção deste mundo.

Em três décadas, a definição da Assunção curará o pessimismo e o desespero do mundo moderno. Freud, que tanto fez para desenvolver esse pessimismo, adotou como lema pessoal: "Se sou incapaz de comover os deuses nas alturas, causarei alvoroço no inferno." O alvoroço criado por ele agora será silenciado por uma Senhora tão poderosa quanto "um exército em ordem de batalha". A era do "belo corpo" será transformada na era da Assunção.

Em Maria há uma transição tríplice. Na Anunciação, passamos da santidade do Velho Testamento para a santidade de Cristo. Em Pentecostes, passamos da santidade do Cristo histórico para a santidade do Cristo místico, ou do seu Corpo, que é a Igreja. Maria aqui recebe o Espírito Santo uma segunda vez. Na primeira vez, Ele a cobriu com sua sombra para que ela desse à luz a Cabeça da Igreja; nesta segunda vez, Ele a cobriu com a sua sombra para dar à luz seu Corpo enquanto ela estava em meio aos Apóstolos, em oração. A terceira transição é a Assunção, em que ela se torna a primeira pessoa humana a realizar o destino histórico dos membros fiéis do Corpo Místico de Cristo, além do tempo, além da morte e além do juízo.

Maria está sempre na vanguarda da humanidade. É comparada à Sabedoria que preside a Criação; ela é anunciada como a Mulher que vencerá Satanás, como a Virgem que conceberá. Ela se torna a primeira pessoa desde a Queda a ter um tipo único e irrepetível de união com Deus; dela nasce o Menino Jesus em Belém; dela nasce o Cristo Místico em Jerusalém; e agora, por sua Assunção, ela vai na frente, como seu Filho, para preparar um lugar para nós. Ela participa da glória do seu Filho, reina com Ele, preside ao seu lado o destino temporal da Igreja, e intercede por nós junto a Ele, assim como Ele, por sua vez, intercede por nós junto ao Pai Celeste.

Pela cronologia, Adão veio antes de Eva. O novo Adão, Cristo, vem depois da nova Eva, Maria, cronologicamente, embora em termos existenciais a precedesse como Criador à criatura. Se enfatizarmos por um momento o elemento temporal, Maria parecerá sempre o advento do que aguarda o homem. Ela antecipa Cristo por nove meses enquanto carrega o Céu dentro de si; ela antecipa sua Paixão em Caná, e sua Igreja em Pentecostes. Agora, na nova e grandiosa doutrina da Assunção, ela antecipa a glória celestial, e a definição vem no momento em que os homens menos pensam nela.

É possível perguntar-se se essa não seria a última grande verdade de Maria a ser definida pela Igreja. Qualquer outra coisa poderá parecer anticlimática depois da declaração de que ela está no Céu em corpo e alma. Mas na verdade há outra verdade ainda por definir, a de ela ser Medianeira, abaixo do Filho, de todas as graças. Assim como São Paulo fala da Ascensão de Nosso Senhor como prelúdio da sua intercessão em nosso favor, também seria adequado falarmos da Assunção de Nossa Senhora como prelúdio da intercessão dela por nós. Primeiro vem o lugar, o Céu; depois, a função, a intercessão. A natureza do papel de Maria não é chamar a atenção do filho para alguma necessidade, para alguma emergência que lhe passasse despercebida; tampouco seria "arrancar-lhe" algum consentimento difícil. Antes, a natureza de seu papel é unir-se à misericórdia compassiva Dele e dar voz humana ao Seu amor infinito. O principal ministério de Maria é inclinar os corações dos homens para a obediência à Vontade do seu Divino Filho. Suas últimas palavras registradas em Caná são também as suas palavras na Assunção: "Fazei o que ele vos disser." A elas, podemos acrescentar as palavras de Francis Thompson à filha da antiga Eva:

> *A traidora celeste alicia*
> *A humanidade à alegria;*
> *Com bajulação sacrossanta,*
> *Olhar estrelado de traição,*
> *Tenta-nos rumo à Redenção.*

Parte II

O mundo que a Mulher ama

12
Homem e mulher

Há dois polos no amor humano: homem e mulher. Há dois polos no amor divino: Deus e o homem. Dessa diferença — o finito no primeiro caso e o infinito no segundo — é que surgem as maiores tensões do Eu. A diferença entre o relacionamento Deus-homem nas religiões orientais e no cristianismo é que no Oriente o homem se move na direção de Deus; no cristianismo, é Deus quem se move primeiro na direção do homem. O método oriental fracassa porque o homem não é capaz de levantar-se a si mesmo. O mato não se torna uma banana por esforço próprio. Para que o carbono e os fosfatos estejam no homem, o homem deve descer até eles e os elevar a si. Assim, para que o homem partilhe da natureza divina, Deus precisa descer até o homem. Nisso consiste a Encarnação.

A primeira diferença no relacionamento homem-mulher pode ser compreendida nos termos de uma distinção filosófica entre *inteligência* e *razão* feita por São Tomás de Aquino, distinção que salva seus seguidores de caírem em erros como os de Henri Bergson. A inteligência é superior à razão. Os anjos têm inteligência, mas não têm razão. *Inteligência* é a imediatez da compreensão e, no campo do conhecimento, é melhor explicada em termos de "visão". Quando uma mente diz "Eu vejo", quer dizer que capta e compreende. A *razão*, contudo, é mais lenta. É mediada, não imediata. Não dá saltos, mas passos. Esses passos do processo de raciocínio são três: premissa maior, premissa menor e conclusão.

Quando essa distinção é aplicada ao homem e à mulher, costuma mostrar ser verdade que a natureza do homem é mais racional e que a da mulher é mais intelectual. No caso das mulheres, é isso que explica o que geralmente se chama de intuição. A mulher é mais lenta no amor, porque o amor, para ela, deve estar rodeado de uma totalidade de sentimentos, afetos e garantias.

O homem é mais impulsivo, quer prazeres e satisfações, às vezes fora do devido relacionamento com a mulher. Para a mulher, deve haver um laço vital de relacionamento entre ela e aquele a quem ela ama. O homem está mais na periferia, na borda, e não vê toda a personalidade da mulher implicada em seus prazeres. A mulher quer unidade, o homem, prazer.

Pelo lado mais racional, o homem com frequência encontra-se completamente perplexo perante os raciocínios da mulher. É difícil para ele os acompanhar, pois não é possível segmentá-los, analisá-los, fragmentá-los. Surgem como "peças inteiras"; as conclusões da mulher impõem-se sem qualquer base aparente. As argumentações parecem deixá-la indiferente. Isto não quer dizer que um dos lados esteja sempre certo, pois ambas as abordagens podem estar certas em circunstâncias diferentes. No julgamento de Nosso Senhor, a mulher intuitiva, Cláudia, estava certa, e seu marido pragmático, Pilatos, errado. Político, ele se concentrava na opinião pública, ao passo que ela se concentrava na justiça, pois o prisioneiro divino diante dela era "justo". A imediatez da conclusão com frequência pode fazer uma mulher errar muito, como no caso da esposa de Zebedeu, quando ela insistiu para Nosso Senhor deixar seus filhos sentarem-se à sua direita e à sua esquerda quando Ele entrasse em seu Reino. Não fazia ideia de que antes seria necessário tomar um cálice de sofrimento, pois a razão e a lei divinas ditavam que "ninguém seria coroado se não se esforçasse".

Existe uma segunda distinção entre reinar e governar. O homem governa o lar, mas a mulher reina. Governar é um ato relacionado com a justiça; reinar é um ato relacionado com o amor. Em vez de o homem e a mulher serem opostos, no sentido de contrários, ambos se complementam adequadamente, como quis seu Criador ao dizer: "Não é bom para o homem estar só." Na antiga lenda grega citada por Platão, afirmava-se que a criatura original era uma mistura de homem e mulher que, por algum grande crime cometido contra Deus, foi dividida, com cada parte tomando o próprio caminho sem que nenhuma estivesse destinada à felicidade enquanto não se reunissem novamente nos Elíseos.

O livro do Gênesis revela que o pecado original realmente criou uma tensão entre homem e mulher, tensão resolvida em princípio por um homem e uma mulher que, no Novo Testamento, tornaram-se "uma só carne" e um símbolo da união de Cristo com sua Igreja. Essa é, pois, a harmonia que deveria existir entre homem e mulher, em que cada um completa a medida de quietude e movimento faltante na despensa do outro.

O homem é normalmente mais sereno do que a mulher, absorve mais os choques diários da vida, perturba-se menos por ninharias. Mas, por outro lado, nas grandes crises da vida, é a mulher que, graças ao seu delicado poder de reinar, pode oferecer maior consolo a um homem durante os problemas. Quando ele se encontra cheio de remorsos, tristezas e inquietações, ela lhe traz conforto e segurança. Assim como a superfície do oceano é agitada e perturbada, enquanto as profundezas são calmas, nas catástrofes verdadeiramente grandes que afetam a alma, a mulher é a profundeza, e o homem, a superfície.

A terceira diferença é que a mulher encontra menos repouso na mediocridade do que o homem. Quanto mais a pessoa estiver apegada ao que é prático, concreto, monetário e material, mais sua alma torna-se indiferente aos grandes valores e, especialmente, ao Grande Amor. Nada embaça a alma mais do que contar, e só aquilo que é material pode ser contado. A mulher é mais idealista, contenta-se por menos tempo com o material e desengana-se mais rapidamente com o carnal. Ela é mais *anfíbia* do que o homem, no sentido de que se move com grande facilidade em duas regiões: a da matéria e a do espírito. O dito muitas vezes repetido de que a mulher é mais religiosa do que o homem possui alguma verdade, mas apenas no sentido de que a natureza dela está mais disposta para o ideal. A mulher possui uma medida maior de eternidade, ao passo que o homem tem uma medida maior de tempo. Contudo, ambos são essenciais para um universo encarnacional, em que a Eternidade assume o tempo no estábulo de Belém. Quando ambos se rebaixam a um grau idêntico de vício, a mulher sempre produz um escândalo maior do que o homem. Nada parece profanar mais o sagrado do que uma mulher bêbada. O chamado "dois pesos, duas medidas" — que não existe nem tem fundamento ético — se baseia na verdade no impulso inconsciente do homem de considerar a mulher guardiã dos ideais, ainda que ele fracasse em viver segundo esses ideais.

É impossível existir um Doador sem um Dom, o que sugere a quarta diferença. O homem geralmente é o doador, e a mulher, o dom. O homem possui; a mulher é. O homem tem um sentimento; a mulher é sentimento. O homem tem medo de morrer; a mulher tem medo de não viver. Ela é infeliz enquanto não realiza o dom duplo: o dom de si para o homem e, depois, o dom de si para a posteridade, na forma dos filhos. Essa imolação característica, por mobilizar a totalidade do ser, faz a mulher parecer menos heroica do que o homem. O homem concentra seu amor apaixonado em grandes pontos focais. Quando acontece uma explosão repentina de amor, como no campo de batalha, ele é imediatamente considerado um herói. A mulher, contudo, identifica amor e existência e derrama-se em auto-oblação ao longo da vida. Por multiplicar seu sacrifício, parece ser menos heroica. O fato de ela dispensar diariamente sua energia vital a serviço dos outros faz com que nenhum de seus atos se destaque isoladamente. É bem possível que a mulher seja capaz de maiores sacrifícios do que o homem, não apenas por doar-se, que é o mesmo que entregar-se, mas também por ver mais os fins do que os meios, e os destinos mais do que o presente, por enxergar a pérola de grande preço, pela qual outras coisas de menor valor podem ser sacrificadas.

Essas diferenças não são opostos irreconciliáveis. Antes, são qualidades complementares. Adão precisava de uma auxiliar, e Eva foi criada "carne da sua carne e osso dos seus ossos". As diferenças funcionais correspondiam a certas diferenças de psique e caráter, que tornavam a relação entre seus corpos semelhante à relação entre o violino e seu arco, e a relação entre seus espíritos como a relação entre o poema e sua métrica.

"Quem vale mais?" é um problema que não existe, pois na Escritura marido e mulher relacionam-se como Cristo e sua Igreja. A Encarnação significou que Cristo assumiu uma natureza humana como esposa pela qual padeceu e sacrificou-se a fim de torná-la santa e imaculada. Assim, marido e mulher estão ligados numa união que só pode ser quebrada pela morte. Mas existe um problema puramente relativo, a saber: "Quem suporta melhor uma crise, o homem ou a mulher?" O debate pode estender-se ao longo de uma série de crises históricas sem chegar a qualquer definição. A melhor maneira de chegar a alguma conclusão é recorrer à maior crise que o mundo já enfrentou: a Crucificação de Nosso Senhor. Ao abeirar-nos do grande drama do Calvário, um fato destaca-se muito nitidamente: o fracasso dos homens. Judas, que se sentara à mesa com Cristo, levantou o calcanhar contra Ele, vendeu-O por trinta moedas de prata e infectou-lhe os lábios com um beijo, dando a entender que todas as traições a Deus são tão terríveis que devem ser antecedidas por algum sinal de estima e afeto. Pilatos, o típico político oportunista, com medo de incorrer no ódio do seu governo se soltasse um homem que já reconhecera inocente, o condenou à morte. Anás e Caifás recorreram a julgamentos noturnos ilegais e a falsas testemunhas, e rasgaram as vestes como se Sua Divindade os escandalizasse. Os três apóstolos que Ele escolheu, que testemunharam a Transfiguração e, portanto, eram considerados suficientemente fortes para suportar o escândalo de verem seu Pastor golpeado, adormeceram num momento de extrema necessidade por não estarem nem preocupados. No caminho para o Calvário, um estranho, movido apenas pelo drama de um homem prestes a ser executado, foi forçado e pressionado a oferecer-lhe ajuda. No próprio Calvário, apenas um dos 12 apóstolos esteve presente, João, e é possível imaginar se ele estaria ali não fosse pela presença da Mãe de Jesus.

Por outro lado, não há um único caso de mulher que tenha falhado ao Mestre. Durante o julgamento, a única voz que se levantou em sua defesa foi a voz de uma mulher. Enfrentando a fúria dos magistrados, ela invade a corte e diz ao marido, Pilatos, para não condenar o "justo". No caminho para o Calvário, embora um homem tenha sido forçado a ajudar a carregar a cruz, as piedosas mulheres de Jerusalém, ignorando a zombaria dos soldados e espectadores, o consolam com palavras de simpatia. Uma delas limpa Seu Rosto com um véu e, desde então e para sempre, é conhecida por Verônica, o que quer dizer "imagem verdadeira", pois o Salvador deixou sua imagem naquele véu. No próprio Calvário, estão presentes três mulheres, e as três se chamam Maria: Maria Madalena, sempre aos pés Dele e estará aos pés Dele na manhã de Páscoa; Maria de Cléofas, a mãe de Tiago e João; e Maria, a Mãe de Jesus. São os três tipos de almas que sempre se encontram sob a Cruz de Cristo: penitência, maternidade e virgindade.

Eis a maior crise que já tomou lugar nesta terra, e as mulheres não fracassaram. Não seria essa a chave para a crise do nosso tempo? Os homens governam o mundo, e o mundo continua a desmoronar. As próprias qualidades que, aparentemente, brilhavam nos homens são as que hoje parecem evaporar. A primeira dessas capacidades peculiares a eles, a razão, é cada vez mais renegada à medida que a filosofia rejeita premissas fundamentais, que a lei ignora a razão eterna por trás de todo ordenamento e legislação, que a psicologia substitui a razão pelos instintos sombrios e cavernosos da libido subterrânea. A segunda capacidade, governo, desaparece cada vez mais à medida que a democracia se torna uma aritmocracia, que números e pesquisas de opinião determinam o certo e o errado, à medita que o povo degenera em massas que já não são personalidades autodeterminadas, mas grupos movidos pelas forças alheias e extrínsecas da propaganda. A terceira capacidade, dedicação ao material e temporal, perverteu-se tanto que a matéria, na forma do átomo, é usada para aniquilar a humanidade e mesmo levar o mundo a um ponto em que o próprio tempo pode deixar de existir ao ser dissolvido como "um desfile insubstancial, esvaído". Sua quarta capacidade, ser doador, esquecida de Deus, faz dele o tomador; presumindo que esse mundo é tudo, ele sente o dever de conseguir arrancar tudo o que pode dele antes de morrer feito um animal.

Isso não quer dizer que a mulher manteve as qualidades da sua alma imaculadas; ela seria a primeira a admitir que também falhou em viver à altura dos seus ideais. Quando o violino quebra, o arco é incapaz de fazer-lhe produzir acordes. A mulher tem insistido na "igualdade" com o homem, não no sentido espiritual, mas apenas como direito a competir com ele no campo econômico. Portanto, ao admitir apenas uma diferença — a procriação da espécie, com frequência sufocada por motivos econômicos —, ela já não é respeitada por seu "igual", o homem, nem em coisas grandes nem em pequenas. Ele já não lhe cede o assento no trem lotado; já que ela se torna sua igual ao fazer o trabalho de homem, não há motivo para ela não ser uma amazona e lutar com o homem na guerra e ser bombardeada com o homem em Nagasaki. A guerra totalitária, que não faz distinção entre combatentes e civis, entre soldados e mães, é uma consequência direta de uma filosofia em que a mulher abdicou da sua superioridade peculiar e mesmo do direito de protestar contra a desmoralização. Não se trata de condenar o lugar da mulher na vida econômica, mas apenas de condenar o seu fracasso de viver à altura das funções criativas e inspiradoras que são especificamente femininas.

Nesses tempos transtornados, é preciso voltar a escutar uma mulher. Na crise da queda do homem, foi a uma mulher e à descendência dela que Deus prometeu alívio da catástrofe. Na crise de um mundo em que muitos abençoados com a Revelação a esqueceram e em que os gentios abandonaram a razão, foi uma mulher que recebeu a visita de um anjo que oferecia o cumprimento da promessa de que a descendência seria o Verbo feito carne.

Nosso Senhor e Salvador Jesus Cristo. É um fato histórico que, sempre que o mundo esteve à beira do colapso, houve uma reafirmação da devoção à mulher que não é a salvação, mas a torna possível ao levar seus filhos de volta à Cristo.

Ainda mais importante: o mundo moderno precisa, acima de tudo, da restauração da imagem do homem. A política moderna, do capitalismo monopolista ao socialismo e o comunismo, é a destruição da imagem do homem. O capitalismo transformou o homem em "mão de obra" cuja ocupação é fazer dinheiro para o empregador; o comunismo fez do homem uma "ferramenta" sem alma, sem liberdade, sem direitos, cuja tarefa é fazer dinheiro para o Estado. O comunismo, do ponto de vista econômico, é um capitalismo apodrecido. O freudianismo reduziu a imagem divina do homem a um órgão sexual, que explicaria seus processos mentais, seus tabus, sua religião, seu Deus e seu superego. A educação moderna negou, primeiro, que o homem possuía alma e depois que tinha mente, e por fim que tinha consciência.

O principal problema do mundo é a restauração da imagem do homem. Cada vez que uma criança nasce no mundo, a imagem humana é restaurada, mas apenas do ponto de vista físico. O término da tragédia só pode vir da restauração da imagem *espiritual* do homem enquanto criatura feita à imagem e semelhança de Deus e destinada a um dia, por meio da vontade humana que coopera com a graça divina, tornar-se filho de Deus e herdeiro do Reino dos Céus. A imagem do homem, arruinada pela primeira vez na revolta contra Deus no Éden, foi restaurada quando a mulher deu à luz um homem, um homem perfeito e sem pecado, mas um homem unido pessoalmente a Deus. Ele é o modelo da nova raça de homens, que seriam chamados cristãos. Se a imagem do homem foi restaurada por meio de uma mulher no começo, acaso não será a mulher mais uma vez convocada pela misericórdia de Deus para nos relembrar desse modelo original?

Esse parece ser o motivo para as frequentes revelações da Bem-aventurada Mãe nos tempos modernos, em Salette, Lourdes e Fátima. A própria emergência da mulher na vida política, econômica e social do mundo sugere que o mundo precisa de uma continuidade que ela própria não pode fornecer; pois embora o homem tenha uma relação mais próxima com as coisas, a mulher é a protetora e defensora da vida. Ela é incapaz de ver um cão manco, uma flor caída num vaso, sem que seu coração e sua mente acorram a eles, como que para testemunhar que ela foi designada por Deus para ser a guardiã e defensora da vida. Embora a literatura contemporânea a associe à frivolidade e à sedução, seus instintos só encontram repouso na preservação da vitalidade. Seu próprio corpo a engaja no drama da existência e a vincula de alguma maneira ao ritmo do cosmo. Em seus braços, a vida toma seu primeiro fôlego, e em seus braços a vida quer morrer. A palavra usada com mais frequência por soldados que morrem nos campos de batalha é "mãe". A mulher "está em casa" com seus filhos, e o homem "está em casa" com ela.

A mulher restaura a sua imagem física, mas é a imagem espiritual que deve ser resgatada, tanto para homem como para mulher. O Eterno Feminino pode fazê-lo: a Mulher bendita acima de todas as outras. A mulher tem dito ao longo dos séculos: "Minha hora ainda não chegou", mas agora, "a hora chegou". A humanidade encontrará seu caminho de volta a Deus por meio da Mulher que recolherá e restaurará os fragmentos quebrados da imagem. Ela fará isso de três modos:

Restaurando a constância do amor. O amor de hoje é fugaz, embora devesse ser permanente. O amor só tem duas palavras em seu vocabulário: "você" e "sempre". "Você" porque o amor é único; "sempre" porque o amor é duradouro. O amor nunca diz "Vou amar você por dois anos e seis dias". O divórcio é inconstância, infidelidade, temporalidade, a própria fragmentação do coração. Mas como a constância retornará senão pela mulher? O amor de uma mulher é menos egoísta, menos efêmero que o do homem. O homem precisa esforçar-se para ser monogâmico; a mulher pressupõe a monogamia. Como toda mulher promete aquilo que só Deus é capaz de dar, o homem tende a buscar o Infinito numa multiplicidade de finitos. A mulher, pelo contrário, é mais dedicada e fiel do que aquele a quem ama em termos humanos. Mas com demasiada frequência a mulher moderna não consegue dar exemplo de constância; ou deixa seu amor degenerar numa possessividade ciumenta, ou aprende a infidelidade dos tribunais de justiça e dos psiquiatras. É necessária a Mulher, cujo amor foi tão constante que o *fiat* de união física com o amor na Anunciação tornou-se união celestial com a Assunção. A Mulher que conduz todas as almas para Cristo, e que as atrai apenas para "traí-las" para o seu Filho divino, ensinará aos amantes que "aquilo que Deus uniu o homem não separa" (Mt 19, 6).

Restaurando o respeito pela personalidade. O homem geralmente fala de coisas; a mulher geralmente fala de pessoas. Como o homem é feito para controlar a natureza e para sujeitá-la, sua principal preocupação reside em alguma coisa. A mulher é mais próxima da vida e da sua continuidade; sua vida centra-se mais na personalidade. Mesmo quando cai das alturas femininas, ela fofoca de pessoas. Como atualmente o mundo político e econômico inteiro mede-se pela destruição da personalidade, Deus, na sua misericórdia, convoca a Mulher uma vez mais a "fazer o homem", a refazer a personalidade. O renascimento da devoção a Maria no século XX é a forma como Deus puxa o mundo do primado da economia para o primado do humano, das coisas para a vida, das máquinas para os homens. Foi tipicamente feminino o elogio feito por aquela mulher da multidão que, depois de ouvir a pregação de Nosso Senhor, exclamou: "Bem-aventurado o ventre que te trouxe, e os peitos que te amamentaram" (Lc 11, 28). É isso, pois, que a devoção a Maria faz nesse tempo de confusão: restaura a personalidade ao inspirá-la a guardar a Palavra de Deus.

Infundindo a virtude da pureza nas almas. O homem ensina o prazer à mulher; a mulher ensina a continência ao homem. O homem é uma torrente furiosa de um rio acidentado; a mulher é a margem que o mantém em seus limites. O prazer é a isca de Deus para induzir as criaturas a levar à plenitude os instintos que lhes foram infusos do alto: comer é prazeroso, a fim de conservar o indivíduo; beber é prazeroso, a fim de conservar a espécie. Mas Deus põe limites a cada um desses prazeres para evitar que transbordem desordenadamente. Um desses limites é a saciedade, que vem da própria natureza e limita o prazer de comer; o outro é a mulher, que raramente confunde o prazer da cópula com a santidade do casamento. Durante a fraqueza da natureza humana, a liberdade do homem pode degenerar em licenciosidade, infidelidade e promiscuidade, assim como o amor de uma mulher pode decair para a tirania, a possessividade e os ciúmes insanos.

Desde o abandono do conceito cristão de casamento, tanto homem como mulher esqueceram-se de sua missão. A pureza passou a ser considerada repressão em vez de ser vista como o que é de verdade: a reverência pela preservação de um mistério de criatividade até o momento em que Deus sancione o uso dessa faculdade. Se de um lado o homem expressa seu prazer, de outro, a pureza feminina conserva o seu dentro de si, contido e mesmo controlado, como se a mulher acalantasse um grande segredo em seu coração. Não há conflito entre a pureza e o prazer carnal nas uniões abençoadas, porque há lugar para o desejo, o prazer e a pureza.

Como as mulheres de hoje são incapazes de restringir os homens, devemos olhar para a Mulher a fim de restaurar a pureza. A Igreja proclama dois dogmas da pureza sobre essa Mulher: um trata da pureza da alma, a Imaculada Conceição; o outro trata da pureza do corpo, a Assunção. A pureza não é glorificada por sua ignorância, pois quando o Parto Virginal foi anunciado a Maria, ela disse: "Não conheço homem." Isso significa não apenas que ela não teve contato com o prazer carnal; também supõe que ela direcionou sua alma tão para dentro que ela era virgem não só pela *ausência de homem*, mas pela *presença de Deus*. O mundo jamais conheceu inspiração maior para a pureza do que a *mulher* cuja vida era tão pura que Deus a escolheu para ser sua mãe. Mas ela também compreende a fragilidade humana, de modo que é capaz de elevar as almas da lama à paz, como fizera na Cruz ao escolher por companheira Madalena, uma pecadora convertida. Ao longo dos séculos, Maria ensina aqueles que se casaram para ser amados que deveriam casar-se para amar. Ela convida os solteiros a guardarem o segredo da pureza até uma anunciação, quando Deus lhes enviará um parceiro. Ela exorta os que deixam o corpo engolir a alma no amor carnal a deixarem a alma envolver o corpo. Ao século XX, com seu Freud e seu sexo, ela convida os homens a fazerem-se uma vez mais imagens de Deus através de si, a *Mulher*, ao passo que ela, com "veracidade traiçoeira e engodos leais", nos trai para Cristo, que por sua vez nos entrega ao Pai, para que Deus possa ser tudo em todos.

13

As sete leis do amor

A Escritura só registra sete falas da nossa Mãe Celeste. Usaremos essas sete palavras para ilustrar as sete leis do amor.

1. *Amor é escolha*. Cada ato de amor é uma afirmação, uma preferência, uma decisão. Mas também é uma negação. "Amo você" significa que eu não amo outra pessoa. Por ser uma escolha, o amor significa desapegar-se de um estilo de vida anterior, romper vínculos antigos. Daí a lei do Antigo Testamento: "Eis que o homem deixará seu pai e sua mãe para unir-se à sua mulher" (Gn 2, 24). Ao lado do desapego, existe também um sentido profundo de apego a quem se ama. O desejo de um encontra resposta da parte do outro. O amor cortês jamais pergunta por que ama. A única pergunta do amor é "Como?". O amor nunca está livre de dificuldades: "Como vamos viver? Como vamos nos sustentar?"

Deus ama o homem mesmo com os pecados. Mas não quer invadir a natureza humana com seu amor. Assim, ele induz uma das criaturas, a mulher, a desapegar-se do pecado, por um ato da vontade, e apegar-se a Ele de maneira tão íntima que ela é capaz de dar-lhe uma natureza humana para começar a nova humanidade. A primeira mulher fez uma escolha ruinosa; a Nova Mulher foi chamada a escolher a restauração do homem. Mas havia uma dificuldade no caminho: "Como se dará isso, se não conheço homem?" Mas como é o amor divino que faz a corte, o amor divino também supre os meios de encarnar-se: Aquele que nascerá pela vontade dela será concebido pelo Espírito do Amor de Deus.

2. *A escolha termina na identificação com o Amado*. Todo amor anseia pela unidade, quer completar-se o que falta em si com o que há no outro.

Feita a escolha pela vontade, segue-se a rendição, pois só temos liberdade quando a entregamos: "Minha vontade é minha para eu dá-la a ti" é a frase que sai dos lábios de todo amante. A liberdade existe por causa da doce servidão do amor. Todo amor é passagem da potência para o ato, da escolha para a posse, do desejo para a unidade, da corte para o casamento. Desde o primeiro instante, falou-se que o amor tornava o homem e a mulher "dois em uma só carne". Uma alma passa para outra, e o corpo segue a alma na unidade que lhe é possível. A diferença entre a prostituição e o amor é que na primeira se oferece o corpo sem a alma. O amor verdadeiro exige que vontade de amar preceda o ato de possuir.

Depois que Deus cortejar a alma de uma criatura e pedir-lhe que lhe fornecesse uma natureza humana, e depois de esclarecer todas as dificuldades sobre *como* a virgindade dela seria preservada, veio o grande ato de rendição. *Fiat*. "Faça-se em mim…". Rendição, resignação e celebração das bodas divinas. Em outro sentido, havia dois em uma só carne: a natureza divina e a humana da Pessoa de Cristo viviam no ventre de Maria, Deus e homem fizeram-se um. Em nenhuma outra pessoa deste mundo jamais houve tamanha unidade entre Deus e homem como a que Maria experimentou dentro de si durante os nove meses em que carregou Aquele que os Céus eram incapazes de conter. Maria, que já era uma com Ele na mente, era agora uma com Ele em corpo, e o Amor atingiu seu ápice na maternidade do Verbo Encarnado.

3. *O amor requer uma constante desegotização*. É fácil que o amor tome o amado como certo e presuma que aquilo que foi oferecido gratuitamente não precisa ser merecido. Mas o amor não pode ser tratado ou como uma antiguidade que não requer cuidado ou como uma flor que precisa de poda. O amor pode tornar-se tão possessivo que mal se apercebe dos direitos dos outros: para que o amor não degenere numa troca mútua de egoísmo, deve haver um constante sair de si mesmo rumo aos outros, uma exteriorização, uma busca mais intensa pela formação de um "nós". O amor de Deus é inseparável do amor ao próximo. As palavras de amor devem traduzir-se em ação e ir além dos meros limites do lar. As necessidades do próximo podem tornar-se tão imperativas que talvez seja necessário sacrificar-se para confortar o outro. O amor que não se estende ao próximo morre só pelo excesso de si.

Maria obedece a terceira lei do amor, mesmo durante a gravidez, ao visitar uma gestante próxima, uma idosa que já está no sexto mês de gestação. Desde esse dia até hoje, ninguém que se gaba de amar a Deus pode alegar-se isento da lei do amor ao próximo. Maria apressa-se — *Maria festinans* — através das montanhas para visitar sua prima Isabel. Maria está presente durante um nascimento nessa visitação, assim como vai estar num casamento em Caná e numa morte no Calvário: os três momentos mais importantes da vida do próximo. Agora, logo após receber a visita de um anjo, ela visita uma mulher necessitada. Uma mulher ajuda melhor a outra, e a mulher que traz o Amor Divino dentro de si exerce tamanho fascínio sobre a outra que João Batista salta de alegria em seu ventre. Portar Cristo é inseparável do serviço de Cristo. Deus Filho não veio a Maria apenas para o bem dela, mas para o bem do mundo. O amor é social, ou não é amor.

4. *O amor é inseparável da alegria.* A maior alegria de uma mulher é dar um filho ao mundo. A alegria do pai é transformar uma mulher em mãe. O amor não perdura sem alegrias, embora essas sejam como que pré-pagamentos por responsabilidades posteriores. A alegria do amor externa-se em duas direções: a horizontal, por meio da extensão do amor dentro da família; e a vertical, uma ascensão agradecida a Deus, fonte de todo amor. O avaro é devorado pelo próprio ouro; o santo, por Deus.

Nos momentos de êxtase, os amantes perguntam-se onde terminará seu amor. Acaso secará como frágeis gotas de chuva sobre a areia seca do deserto sem alegria? Ou correrá como rios rumo ao mar e de volta a Deus? O amor deve buscar uma explicação para seus êxtases e alegrias; pergunta-se: "Se uma centelha de amor é tão grande, o que será a chama?"

Onde o êxtase do amor vem de Deus, é natural que sua alegria irrompa em canção, como no caso do *Magnificat* de Maria. De alguma maneira, Maria sabe que seu amor terá final feliz, ainda que aconteçam revoluções que destronem os poderosos e derrubem os orgulhosos. Essa Rainha do Canto entoa agora uma canção diferente daquela de todas as outras mães. Toda mãe canta para seu bebê, mas eis uma mãe que canta antes de o bebê nascer. Ela diz apenas *fiat* para o anjo, não diz nada José, mas canta um verso atrás do outro numa canção para Deus, que olhou para a humildade da sua serva. Assim como a criança saltou no ventre de Isabel, também uma canção saltou aos lábios de Maria; pois se o coração humano pode comover-se em êxtase, qual não será a alegria daquela que estava enamorada do Grande Coração de Deus!

5. *O amor é inseparável da dor*. O amor, por exigir o eterno para satisfazer-se ao mesmo tempo que é envolto pelo tempo, sempre conhece alguma inadequação e descontentamento. Provações, privações e até as mudanças e ritmos do próprio amor são fardos mesmo para o amante mais devotado. Mesmo o mais intenso amor faz com que o amante caia em si com frequência, o que lhe dá a consciência de que, apesar de seu desejo de ser um com o amado, ele ainda é distinto e separado. Há um limite para a posse total do outro nesta vida. Todo casamento promete aquilo que só Deus pode dar. Os santos passam pela noite escura da alma, mas todos os amantes passam pela noite escura do corpo.

Maria sente a dor de amor, sente a separação do seu amado que se dá quando o perde por três dias. Apesar do desejo de ser uma só com Cristo-amor, ocorre um estranhamento, uma separação, uma mudança de ânimo, e ela pergunta: "Meu filho, que nos fizeste? Eis que teu pai e eu andávamos à tua procura, cheios de aflição." O percurso do verdadeiro amor nunca é suave. Nem mesmo o amor mais espiritual está isento da aridez, da secura espiritual e de uma sensação de perda da presença divina. Em humanos, a superabundância do amor às vezes destrói o amor, de modo que depois de um tempo o amor se torna um dever. No amor divino, a riqueza de Deus e a sua superabundância criam uma necessidade, de modo que a ausência de Deus, mesmo por três dias, provoca na alma a maior agonia por que ela pode passar neste vale de lágrimas.

6. *Todo amor, antes de alcançar um patamar superior, deve morrer para o patamar inferior*. Não há planícies no reino do amor. Ou se vai montanha acima, ou se vai montanha abaixo. Não há certeza de êxtase cada vez maior. Se não há purificação, fogo da paixão torna-se a fagulha do sentimento e, por fim, apenas as cinzas do hábito. Ninguém fica com sede diante de um poço. Não existe excesso de amor; ou se ama com loucura, ou se ama pouco demais. Alguns, em sua segurança, perguntam-se se o amor não é em si uma armadilha ou um delírio. A verdade é que a lei do amor deve sempre agir: o amor

que não cresce, perece. As alegrias e êxtases, a não ser que renovados pelo sacrifício, tornam-se meras amizades. A mediocridade é a pena para todos os que se recusam a acrescentar o sacrifício ao seu amor, e assim o preparar para um horizonte mais amplo e um cume mais alto.

Nas Bodas de Caná, Maria teve a oportunidade de conservar o amor de seu Filho para si somente. Teve a escolha de permanecer a única Mãe de Jesus. Mas sabia que não deveria guardar esse amor só para si, sob pena de jamais o desfrutar por completo. Se quisesse poupar Jesus, ela O perderia. Assim, pediu-Lhe que realizasse Seu primeiro milagre, que começasse Sua vida pública e que antecipasse a *hora*, o que significava antecipar Sua Paixão e Morte. Naquele momento, quando pediu a Ele que mudasse a água no vinho, ela morreu para o amor de Jesus enquanto seu filho e ascendeu ao patamar superior do amor por todos aqueles a quem Jesus viria a redimir na Cruz. Caná foi a morte da relação entre mãe e filho, e o começo do amor desse amor superior que envolve Mãe/humanidade e Cristo/redimida. Ao abrir mão do Filho em favor do mundo, ela acabou por recuperá-Lo na Assunção e Coroação.

7. *A finalidade de todo amor humano é fazer a vontade de Deus.* Mesmo a pessoa mais frívola fala de amor em termos de eternidade. O amor é atemporal. À medida que o amor de verdade se desenvolve, os dois amores, em vez de buscarem um ao outro, buscam um objetivo fora de ambos. Ambos desenvolvem uma paixão pela unidade fora de si: Deus. É por isso que, conforme um amor puro e cristão amadurece, marido e mulher tornam-se mais religiosos com a passagem do tempo. No começo, a felicidade consistia em fazer a vontade do outro; depois, a felicidade consistia em fazer a vontade de Deus. O amor verdadeiro é um ato religioso. Amar uma pessoa como Deus quer que ela seja amada é a maior expressão do amor.

As últimas palavras de Maria registradas pela Sagrada Escritura foram as palavras de total abandono à vontade de Deus: "Fazei o que ele vos disser." Como disse Dante: "Na vontade dele está a nossa paz." O amor não tem outro destino senão obedecer a Cristo. Nossas vontades só nos pertencem quando a entregamos. O coração humano está divido entre uma sensação de vazio e a necessidade de completude, como as talhas de Caná. O vazio vem do fato de sermos humanos. A capacidade de completar-nos é somente d'Aquele que ordenou que as talhas fossem enchidas. Para que nenhum coração não se deixasse completar, as palavras de despedida de Maria são: "Fazei o que ele vos disser." O coração tem necessidade de esvaziar-se e necessidade de completar-se. A capacidade de esvaziar-se é um esvaziar-se humano no amor dos outros; a capacidade de completar pertence apenas a Deus. Por isso todo amor perfeito deve terminar com este registro: "Não se faça a minha vontade, Senhor, mas a tua!"

14
VIRGINDADE E AMOR

Aqueles que vivem segundo o que Nosso Senhor chama de "espírito do mundo" são radicalmente incapazes de compreender qualquer coisa feita pelos outros segundo o espírito de Cristo, que disse: "Como, porém, não sois do mundo, mas do mundo vos escolhi, por isso o mundo vos odeia" (Jo 15, 19). Quando o mundo fica sabendo que uma jovem entrou para o convento, pergunta: "Ela se decepcionou com o amor?" A melhor resposta para essa insensatez é: "Sim! Mas não foi o amor de um homem que a decepcionou, mas o amor do mundo." Na verdade, uma jovem entra no convento por ter se apaixonado: apaixonou-se pelo Amor em Pessoa, que é Deus. O mundo consegue compreender por que alguém ama as centelhas de amor, mas não consegue compreender por que alguém amaria a Chama. É compreensível que alguém ame a carne que esvanece e morre, mas é incompreensível que alguém ame com "paixão desapaixonada e serenidade selvagem" o Amor Eterno.

Quem quer que conheça a verdadeira filosofia do amor não deve confundir-se perante um amor tão nobre. Existem três estágios do amor, e poucas pessoas atingem o terceiro. O primeiro amor é o amor *digestivo*, o segundo é o democrático, e o terceiro é o sacrificial. O amor digestivo concentra-se na pessoa amada. Assimila a pessoa, como o estômago assimila o alimento, usando-o como um meio para o prazer ou a utilidade. O simples amor físico ou sexo é digestivo; cobre o outro de favores para poder possuí-lo, como o fazendeiro engorda o gado para o mercado. Seus dons são meras "iscas", como que cavalos de Troia para ganhar a outra pessoa no momento de devorá-la. Esses casamentos que duram poucos anos apenas e acabam em divórcio e novos casamentos baseiam-se num amor puramente orgânico e glandular. Esse tipo de amor é um Moloch que devora as próprias vítimas.

Quando os parceiros às vezes sobrevivem à digestão, não passam de carcaças dispensadas com palavras melancólicas: "O amor acabou, mas ainda somos bons amigos."

Acima do amor digestivo está o amor *democrático*, em que há uma devoção recíproca fundamentada na honra natural, na justiça, nos gostos afins e no senso de decência. Nesse caso, a outra pessoa é tratada com o respeito e a dignidade devidos. Esse estágio merece o nome de amor, que não vale para o primeiro.

Bem acima dele está o que poderíamos chamar de amor *sacral* ou *sacrificial*, em que o amante se sacrifica pelo amado, em que se considera mais livre quando se torna "escravo" do objeto do seu amor e chega mesmo a desejar imolar-se para que o outro seja glorificado. Gustave Thibon descreve com beleza esses três amores. Chama-os, respectivamente, de indiferença, apego e desapego.

Indiferença. No que me diz respeito, você não existe.

Apego. Você existe, mas essa existência se baseia nas nossas relações mútuas. Você existe na medida em que eu o possuo, e não existe mais no momento em que deixo de o possuir.

Desapego. Você existe para mim de maneira absoluta, independente das minhas relações pessoais com você e além de qualquer coisa que possa fazer por mim. Adoro-o enquanto reflexão da Divindade que jamais pode ser tirada de mim. E não tenho necessidade de possuí-lo para que você exista para mim.

A virgindade consagrada é a forma mais alta do amor *sacral* ou *sacrificial*; não busca nada para si, mas apenas a vontade do amado. Os pagãos reverenciavam a virgindade, mas a consideravam uma capacidade quase exclusiva das mulheres, pois a pureza era vista apenas em termos mecânicos e físicos. O cristianismo, pelo contrário, enxerga na virgindade uma rendição do sexo e do amor humano por Deus.

O mundo comete o erro de presumir que a virgindade é o oposto do amor, assim como a pobreza é o oposto da riqueza. Antes, a virgindade está relacionada com o amor, assim como o ensino superior está relacionado ao fundamental. A virgindade é o cume do amor, como o casamento é a sua montanha. Como a virgindade é com frequência associada apenas ao ascetismo e à penitência, pensa-se que significa apenas abrir mão de algo.

A verdade é que a ascese é apenas a cerca ao redor do jardim da virgindade. Deve sempre haver um guarda postado ao pé das joias da coroa da Inglaterra, não porque a Inglaterra ama os soldados, mas porque precisa deles para proteger as joias. Assim, quanto mais precioso é o amor, mais precauções são necessárias para guardá-lo. Como amor algum é mais precioso do que aquele da alma que ama Deus, a alma deve estar sempre atenta a leões que poderiam pisotear seus prados verdejantes. As grades de um mosteiro carmelita não servem para manter as irmãs dentro dele, mas para manter o mundo fora dele.

O amor matrimonial também tem seus momentos de renúncia, sejam eles ditados pela natureza, seja pela ausência do amado. Se a natureza impõe à força sacrifícios e ascese ao amor matrimonial, por que a graça não poderia sugerir livremente um amor virginal? O que uma pessoa casada faz pelas exigências do tempo, a virgem faz pelas exigências da eternidade. Todo ato de amor é um compromisso para o futuro, mas o voto da virgem almeja mais a eternidade do que o tempo.

Assim como a virgindade não é o oposto do amor, também não é o oposto da procriação. O fato de o cristianismo abençoar a virgindade não revoga a ordem do Gênesis de "crescer e multiplicar", pois a virgindade também gera vida. A virgindade consagrada de Maria foi única por ter resultado numa geração física: o Verbo fez-se carne. Mas também estabeleceu o padrão de geração espiritual, pois ela gerou a vida de Cristo. Da mesma maneira, o amor virginal não deve ser estéril, mas como Paulo, deve poder dizer: "Gerei-vos como filhos diletíssimos em Cristo." Quando a mulher da multidão louvou a Mãe de Nosso Senhor, Ele dirigiu o louvor à maternidade espiritual e disse que aquela que fizesse a vontade do seu Pai Celeste era sua mãe. A relação aqui é elevada do nível da carne ao nível do espírito. Gerar no corpo é uma bênção; salvar uma alma é uma bênção ainda maior, pois essa é a vontade do Pai. Uma ideia pode, assim, transformar uma função vital, não por condená-la à esterilidade, mas por elevá-la a uma nova fecundidade do espírito. Portanto, em toda a virgindade está implícita a necessidade do apostolado e a geração de almas para Cristo. Deus, que odiou o homem que enterrou seu talento, certamente desprezará aqueles que juram-lhe amor e, contudo, não lhe mostram conversos à nova vida nem almas salvas por meio da contemplação. O controle de natalidade — levado a cabo por marido e mulher ou por uma virgem dedicada a Cristo — é condenável. No Dia do Juízo, Deus fará a mesma pergunta a todos os casados e a todas as virgens: "Onde estão teus filhos? Onde estão os frutos do teu amor, as tochas que deveriam ter sido acesas pelo fogo da tua paixão?" Virgindade implica geração tanto quanto o amor matrimonial; do contrário, a Virgem-modelo não teria sido Mãe de Cristo, dando a todos o exemplo para serem mães e pais de cristãos. Só o amor pode vencer o amor; só a alma enamorada de Deus pode superar o corpo-alma enamorado de outro corpo-alma.

Há uma relação intrínseca entre a virgindade e a inteligência. Não há dúvida de que, como diz São Paulo, "a carne milita contra o espírito". O indivíduo obcecado por sexo vê-se sempre sob a necessidade de "racionalizar" seu comportamento, contrário à sua consciência de maneira tão manifesta. Mas sua tendência psíquica de "justificar-se" criando uma crença adequada à sua conduta imoral necessariamente destrói sua razão. Além do mais, a paixão prejudica a razão, mesmo quando não cita Freud para justificar o adultério. Por sua própria natureza, a concentração das energias vitais na centralidade da carne supõe uma diminuição dessas energias nos campos superiores do espírito. De um ponto de vista mais positivo, podemos dizer que quanto mais puro é o amor, menos perturbações há na mente. Mas como não pode haver amor maior do que aquele da alma em união com o Infinito, a conclusão é que a mente livre de ansiedades e medos terá a maior clareza de intuições intelectuais. A concentração na *fecundidade espiritual* tende, por sua própria natureza, a produzir um alto grau de fecundidade intelectual. Não estamos falando aqui de um conhecimento sobre *coisas*, pois este depende do esforço, mas de juízo, conselho e decisão, marcas de uma inteligência aguda. Pode-se ver um indício disso em Maria, cuja virgindade está associada ao mais alto grau de sabedoria, não apenas por ela a possuir por um direito adquirido, mas porque ela gerou a própria Inteligência em sua carne.

Se Deus, na sua sabedoria, escolheu unir em uma Mulher a virgindade e a maternidade, deve ser porque uma está destinada a iluminar a outra. A virgindade ilumina o lar dos casados, e o casamento paga sua dívida para com ele por meio da oblação de virgens. Mais uma vez, se o casamento quiser realizar seus sonhos, deve afastar-se do impulso do instinto rumo dos altivos ideais do amor que a virgindade preserva. O amor matrimonial, que começa com a carne conduzindo o espírito, é elevado a um ponto em que o espírito guia o corpo. O amor carnal, que por sua natureza não supõe purificação interior, jamais se ergueria além da exaustão e da repulsa se não fosse pela oblação sacrifical que a virgindade mantém viva no mundo. E mesmo quando as pessoas não vivem à altura desses ideais, adoram saber que algumas pessoas, sim, vivem. Embora muitos casados rasguem o retrato do que deveria ser o amor matrimonial, é um consolo saber que as virgens sacrificais conservam seus filmes.

Se o amor sexual centra-se no ego, há esperança de felicidade enquanto as virgens ainda centrarem seu amor em Deus. Enquanto os tolos amam apenas a imagem do próprio desejo, os redentores da humanidade amam a Ele, de Quem todo amor deve ser imagem. Quando o saciado chega ao fim da linha e crê não existir mais nada no mundo que mereça seu amor, é animador saber que o amor da nossa Mãe pode apontar para ele e dizer: "Você só chegou ao fim da linha do seu egoísmo, mas não ao fim do amor de verdade."

O amor virginal do cristianismo ensina os amantes desiludidos que, em vez de tentar criar um infinito a partir da sucessão de amores finitos, eles deveriam tomar o próprio amor finito e, pelo esquecimento de si e a caridade, captar o Infinito que já se esconde nele. A promiscuidade poderia ser considerada uma busca errática pelo Infinito, que é Deus. Assim como a alma avarenta quer "mais e mais" na esperança de poder criar um infinito pela adição de zeros, também o homem carnal quer outra esposa ou outro marido, na crença vã de que o novo suprirá o que faltava no primeiro. É inútil trocar de violino para testar a melodia; é inútil pensar que o desejo de infinito no início de cada amor é outra coisa senão Deus, cujo Amor foi o começo e o fim da virgem.

Nenhum ser humano vivo pode viver sem sonhos. Aquele que sonha apenas com o humano e o carnal deve um dia preparar-se para ver a morte do próprio sonho ou a própria morte pelo sonho. Nada é mais digno de pena do que ver aquelas pessoas três vezes divorciadas lendo romances na esperança de encontrar numa página impressa aquilo que sabem jamais ter encontrado na vida real. A virgem morre para todos os sonhos exceto um, e seu sonho torna-se mais realidade com o passar do tempo, até ela finalmente acordar e ver-se nos braços do amado. Dizem que Maria sonhava com Cristo antes de concebê-lo em seu corpo. Quando o cristianismo O chamou de "Verbo Encarnado", quis dizer que ele era um Sonho realizado, o Amor que se transforma em Amado. No amor matrimonial nobre, cada cônjuge ama o outro enquanto mensageiro de um amor transcendente, isto é, enquanto sonho e ideal. A criança que nasce desse amor é vista como mensageira de outro mundo. Mas tudo isso é um reflexo daquele amor virginal, cujo modelo é Maria, que abre mão de todos os amores terrenos, até que o Mensageiro é Aquele enviado pelo Pai, cujo nome é Cristo. Não se trata de esterilidade, mas de fecundidade; não se trata de ausência de amor, mas do seu próprio êxtase; não se trata de uma frustração amorosa, mas de doce êxtase. E desde aquele instante, quando uma Virgem teve o Amor em pessoa em seus braços, todos os enamorados, por instinto, espiaram pelas portas do estábulo para vislumbrar aquilo que as virgens mais invejam: apaixonar-se de um Primeiro Amor que é o alfa e o ômega, Cristo, o Filho do Deus Vivo.

Assim como a respiração requer a atmosfera, também o amor requer uma "Cristofera" e uma "Mariosfera". O amor ideal que enxergamos além de todo amor de criaturas, o amor ao qual instintivamente nos voltamos quando o amor carnal malogra, é o mesmo ideal que Deus tinha no coração desde toda eternidade pela Senhora que chamaria de nossa "Mãe". É ela que, consciente ou inconscientemente, todo homem ama ao amar uma mulher. É ela que toda mulher quer ser ao olhar para si. Ela é a mulher com quem todos os homens se casam em seus ideais; está oculta enquanto ideal no descontentamento de toda mulher com a agressividade carnal do homem; é ela o desejo secreto de toda mulher por ser honrada e cuidada. Para conhecer uma mulher no momento em que a tem, o homem antes deve tê-la amado no sublime momento do sonho. Para ser amada por um homem no momento em que ela o tem, a mulher antes precisa ter desejado ser amada, cuidada e honrada nos seus ideais. Acima de todo amor humano há outro amor; esse "outro" é uma imagem do possível. Esse "possível" torna-se real no plano de amor d'Aquele que Deus amou antes da criação do mundo, e naquele outro amor que todos amamos porque ela nos traz Cristo e nos leva a Cristo: Maria, a Virgem Imaculada, a Mãe de Deus.

15

EQUIDADE E IGUALDADE

Dois erros básicos a respeito das mulheres cometidos tanto pelo comunismo como pelo liberalismo histórico são: (1) julgar que as mulheres só se emanciparam nos tempos modernos, pois a religião as teria mantido em servidão; (2) julgar que a igualdade significa o direito de uma mulher fazer o trabalho de um homem.

Não é verdade que as mulheres se emanciparam apenas nos tempos modernos e à medida que a religiosidade decrescia. A sujeição da mulher começou no século XVII, com a fragmentação da cristandade, e assumiu uma forma positiva à época da revolução industrial. Sob a civilização cristã, as mulheres desfrutavam de direitos, privilégios, honras e dignidades que depois viriam a ser engolidas pela era das máquinas. Ninguém desfez a ideia falsa de maneira melhor do que Mary Beard em sua obra acadêmica *A mulher como força na História*. Ela demonstra que, das 85 guildas existentes na Inglaterra medieval, 72 possuíam membros mulheres em pé de igualdade com os homens, mesmo em profissões como barbeiros e marinheiros. Deviam ser tão ativas quanto os homens, pois uma das regras das guildas era de que "tanto irmãs como irmãos" não podem dar-se a discussões desordenadas ou obstinadas. Em Paris, havia 15 guildas reservadas exclusivamente às mulheres, ao passo que 80 guildas parisienses eram mistas. Nada é mais errôneo em história do que a crença de que foi o nosso tempo que reconheceu o trabalho profissional das mulheres. Os registros desses tempos cristãos revelam os nomes de milhares e milhares de mulheres que influenciaram a sociedade e cujos nomes agora figuram no catálogo dos santos: só Santa Catarina de Sena deixou-nos 11 grossos volumes de escritos. Na Inglaterra, até o século XVII, as mulheres dedicavam-se aos negócios, talvez mais até do que hoje. Com efeito, eram tantas mulheres de negócios que havia uma lei dizendo que os maridos não seriam responsáveis pelas dívidas delas. Entre 1553 e 1640, dez por cento da publicação de livros na Inglaterra era feita por mulheres. Como todo lar dispunha de um tear, cozinha e lavanderia próprios, estima-se que nos tempos pré-industriais as mulheres produziam metade dos bens demandados pela sociedade. Na Idade Média, as mulheres recebiam uma educação tão boa quanto a dos homens, e apenas no século XVII é que elas foram proibidas de estudar. Foi então, na época da revolução industrial, que todas as atividades e a liberdade das mulheres foram interrompidas, quando a máquina começou a produzir e os homens passaram para a fábrica. Em seguida as mulheres começaram a perder seus direitos legais, sendo o ápice dessa perda representado pelo jurista William Blackstone, que declarou a "morte civil" da mulher ao casar-se.

Conforme essas deficiências perduraram, as mulheres sentiram a perda da própria liberdade, e com razão, pois sentiram-se feridas e roubadas dos seus direitos legais. E quando elas caíram no erro de crer que deveriam proclamar-se iguais aos homens, esqueceram-se da certa superioridade que já possuíam por conta da sua diferença funcional com relação aos homens. A igualdade, pois, passou a significar, negativamente, a destruição de todos os privilégios desfrutados por pessoas ou classes específicas e, positivamente, uma igualdade absoluta e incondicionada entre homem e mulher. Essas ideias foram incorporadas na primeira resolução relativa à igualdade dos sexos aprovada em Seneca Falls, Nova York, em 1848: "A mulher é igual ao homem, como foi a intenção do Criador, e o bem maior da raça exige que ela seja reconhecida como tal."

Isto nos leva ao segundo erro da teoria burguesa-capitalista da mulher, a saber: a incapacidade de distinguir entre igualdade *matemática* e igualdade *proporcional*. A igualdade matemática supõe exatidão nos vencimentos, que dois homens que trabalham no mesmo emprego na mesma fábrica devem receber o pagamento igual. A igualdade proporcional significa que cada um deve receber o pagamento correspondente à sua função. Numa família, por exemplo, todas as crianças devem receber o cuidado dos pais, mas isso não quer dizer que quando Mary ganha de presente um vestido de festa com franja de organdi ao completar 16 anos, John deve ganhar a mesma coisa ao completar 17 anos. As mulheres, no intuito de recuperar alguns dos direitos e privilégios de que gozavam na civilização cristã, pensaram a igualdade em termos matemáticos ou sexuais. Sentindo-se esmagadas por um monstro chamado "homem", identificaram sua liberdade e sua igualdade com o direito de fazer o trabalho dos homens. Todas as vantagens psicológicas, sociais e outras particularidades da mulher foram ignoradas até os disparates do mundo moderno atingirem o clímax com o comunismo, sob o qual a mulher emancipa-se ao começar a trabalhar numa mina. O resultado é que essa imitação do homem e a fuga da maternidade geraram neuroses e psicoses que atingiram proporções alarmantes entre as mulheres. A civilização cristã jamais pôs a ênfase na igualdade no sentido matemático, mas apenas no sentido proporcional, pois é errada uma igualdade que reduza a mulher a uma pobre imitação de homem. No instante em que a mulher se torna matematicamente igual ao homem, este deixa de ceder-lhe seu lugar no ônibus nem tira o chapéu para ela no elevador. (Recentemente, no metrô nova-iorquino, um homem cedeu seu assento a uma mulher e ela desmaiou. Quando ela voltou a si, agradeceu e foi ele quem desmaiou.)

A mulher moderna tornou-se igual ao homem, mas não se tornou feliz. Foi "emancipada", como o pêndulo arrancado de um relógio que já não tem mais liberdade para balançar-se, ou como uma flor emancipada de suas raízes. Ela foi barateada de duas formas na sua busca por uma igualdade matemática: tornou-se vítima do homem e vítima da máquina. Tornou-se vítima do homem ao tornar-se unicamente um instrumento para o prazer dele e para cuidar das necessidades dele numa troca estéril de egoísmos. Tornou-se vítima da máquina ao subordinar o princípio criativo da vida à produção de coisas sem vida, o que é a essência do comunismo.

Não condenamos aqui a trabalhadora, porque o importante não é saber se a mulher encontra favor aos olhos do homem, mas se consegue satisfazer os instintos básicos da sua feminilidade. O problema da mulher é conseguir expressar de maneira adequada e completa certas qualidades que lhe foram dadas por Deus e são específicas dela. Essas qualidades são, principalmente, a devoção, o sacrifício e o amor. Não precisam ser necessariamente expressas na família, nem mesmo no convento. Podem encontrar vazão no mundo social, no cuidado dos doentes, dos pobres, dos ignorantes das obras de misericórdia. Diz-se às vezes que as profissionais mulheres são rígidas. Pode ser verdade em alguns casos, mas não porque a mulher trabalha, mas porque alienou sua profissão do contato com seres humanos de maneira a satisfazer os anseios mais profundos do seu coração. Pode muito bem ser que a revolta contra a moral e a exaltação do prazer sensual como finalidade da vida devam-se à perda do sentido de realização da existência. Frustradas e desiludidas, essas almas passam do tédio ao cinismo até o suicídio.

A solução consiste num retorno ao conceito cristão, em que a ênfase é posta não na *igualdade*, mas na *equidade*. A *igualdade* é uma lei. É matemática, abstrata, universal e indiferente às condições, circunstâncias e diferenças. *Equidade* é amor, misericórdia, compreensão e simpatia; permite considerar detalhes, apelos e mesmo distanciar-se da lei para o caso de um indivíduo. A equidade fundamenta-se em princípios morais e guia-se por um entendimento dos motivos das famílias individuais que estão fora do escopo dos rigores da lei. Na antiga lei inglesa dos tempos cristãos, os súditos, ao solicitarem privilégios extraordinários dos tribunais, pediam "por amor de Deus e por caridade". Por esse motivo, os superiores dos tribunais de equidade eram membros do clero, que baseavam suas decisões no direito canônico, e era em vão que os juristas civis, com suas prescrições exatas, argumentavam contra as opiniões deles. O batedor de ferro à porta de uma catedral podia ser tocado por um criminoso e lhe conferia o que é conhecido por "direito de santuário", que lhe garantia imunidade das prescrições do direito civil ao mesmo tempo em que o fazia sujeito à lei mais amena da Igreja.

Ao aplicarmos essa distinção às mulheres, fica claro que a equidade, mais do que qualquer igualdade, deveria ser a base de todas as reivindicações femininas. A equidade vai além da igualdade ao afirmar a superioridade de certos aspectos da vida. A equidade é a perfeição da igualdade, não sua substituta. Tem a vantagem de reconhecer a diferença específica entre homem e mulher, vantagem que falta à igualdade. Com efeito, homens e mulheres não são iguais quanto ao sexo; são bastante desiguais e só por serem desiguais é que são complementares. Cada um é superior numa função. Homem e mulher são iguais enquanto possuem os mesmos direitos e liberdades, a mesma meta final de vida e a mesma redenção pelo Sangue do Nosso Divino Salvador. Mas são diferentes em função, como a chave e a fechadura.

Um dos melhores relatos do Antigo Testamento revela a diferença. Quando os judeus viviam no cativeiro persa, Hamã, o primeiro-ministro do rei Assuero, pediu que seu mestre matasse os judeus, porque eles obedeciam à lei de Deus em vez da lei persa. Quando veio a ordem de que os judeus seriam massacrados, Ester foi enviada ao rei para suplicar por seu povo. Mas havia uma lei que dizia que ninguém podia entrar na presença do rei sem correr o risco de pena de morte a não ser que o rei estendesse seu cetro para sinalizar que permitia que a pessoa se aproximasse do trono. Essa era a lei. Mas Ester dizia: "Apesar da lei, irei ter com o rei. Se for preciso morrer, morrerei" (Est 4, 16). Ester jejuou, orou e depois aproximou-se do trono. Acaso o cetro baixaria? O rei estendeu seu cetro de ouro, e Ester se aproximou para beijá-lo. E o rei disse a ela: "Que queres, rainha Ester? Qual é o teu pedido?" (Est 5, 3).

Desde o começo da era cristã, essa história tem sido interpretada com o seguinte significado: Deus reservará para si o reino da justiça e da lei, mas para Maria, sua Mãe, concederá o reino da misericórdia. Em tempos mais cristãos, Nossa Senhora portava um título que depois veio a cair no esquecimento: *Nossa Senhora da Equidade*. Henry Adams descreve a Senhora da Equidade na Catedral de Chartres. Estendem-se pela nave da Igreja dois conjuntos inestimáveis de vitrais, um doado por Branca de Castela, o outro doado pelo inimigo dela, Pedro de Dreux. Ambos parecem "guerrear através do próprio coração da catedral". No altar-mor, porém, está a Virgem Maria, a Senhora da Equidade, com o Santo Menino no colo, presidindo às partes, ouvindo serenamente súplicas de misericórdia em favor dos pecadores. Como Mary Beard escreve com beleza: "A Virgem significava a moral do povo, o poder humano e benevolente, como que em oposição aos mandatos severos da lei de Deus." E, poderíamos acrescentar, essa é a glória especial da mulher: a misericórdia, a piedade, a compreensão e a intuição das necessidades humanas. Quando as mulheres rejeitam o papel da Senhora da Equidade e da sua precursora, Ester, e insistem apenas na igualdade, perdem uma das maiores oportunidades de mudar o mundo. A lei está em ruínas hoje em dia. Os juristas já não creem que exista um Juiz Divino por trás da lei. As obrigações já são sagradas. Mesmo a paz baseia-se no poderio das grandes nações em vez de basear-se na justiça de Deus. A escolha diante das mulheres, neste tempo de colapso da justiça, é: igualarem-se à exatidão rígida dos homens ou apoiarem a equidade, a misericórdia e o amor, dando a um mundo cruel e sem lei algo que a igualdade jamais poderá dar.

Se as mulheres, com plena consciência da sua criatividade, dissessem ao mundo: "Levamos vinte anos para fazer um homem e por isso nos rebelamos contra toda geração que os extermina na guerra", fariam mais pela paz mundial do que todas as alianças e pactos. Onde há igualdade, há justiça, mas não há amor. Se o homem é igual à mulher, a mulher tem direitos, mas coração algum jamais viveu apenas com direitos. Todo amor exige desigualdade ou superioridade. O amante está sempre de joelhos; o amado está sempre num pedestal. Seja homem ou mulher, o amado deve considerar-se indigno do outro. Mesmo Deus humilhou-se no seu amor para conquistar o homem, dizendo que "não veio para ser servido, mas para servir". E o homem, por sua vez, aproxima-se desse Salvador amoroso na comunhão com as palavras: "Senhor, eu não sou digno."

Como dissemos, o trabalho profissional em si não tira a feminidade da mulher; do contrário, a Igreja não teria elevado aos altares mulheres da política, como nos casos de Santa Isabel da Hungria e Santa Clotilde. O fato inalterável é que mulher alguma é feliz a não ser que possa sacrificar-se de maneira servil, mas no caminho do amor. Junto da sua devoção está seu amor pela criatividade. O homem tem medo de morrer, mas a mulher não tem medo de viver. A vida para o homem é pessoal; a vida para a mulher é alteridade. Ela pensa menos em perpetuar-se a si mesma e mais em perpetuar os outros, tanto que, na sua devoção, está disposta a sacrificar-se pelos outros. À medida que sua carreira não lhe dá oportunidade para nenhuma dessas coisas é que ela perde a feminilidade. Se essas qualidades não encontram vazão numa casa ou numa família, devem, porém, encontrar substitutos nas obras de caridade, na defesa da vida virtuosa e na defesa do correto, como novas Cláudias esclareçam seus maridos políticos. Assim, o trabalho de uma mulher para conseguir dinheiro torna-se um mero prelúdio e condição para a expressão da sua equidade, que é a sua maior glória.

O nível de qualquer civilização é o nível das suas mulheres. Isso é assim porque há uma diferença básica entre conhecer e amar. Ao conhecer algo, nós o rebaixamos ao nosso nível de entendimento. Um princípio abstrato da física pode ser compreendido por uma mente comum apenas por meio de exemplos. Mas ao amar, sempre nos elevamos para atender às exigências do amado. Se amamos a música, submetemo-nos às suas leis e disciplinas. Quando um homem ama uma mulher, o resultado é que o amor será mais nobre quanto mais nobre for a mulher. É por isso que a mulher é a medida do nosso nível de civilização. Cabe à nossa época decidir se as mulheres podem exigir igualdade entre os sexos e o direito de trabalhar no mesmo torno que os homens, ou se elas exigiram equidade para dar ao mundo aquilo que homem algum pode dar. Em tempos cristãos, quando os homens eram mais fortes, as mulheres eram mais respeitadas. Como Henry Adams escreveu em *Mont St. Michel e Chartres*: "Os séculos XII e XIII foram o período do auge da força do homem; nunca antes nem desde então eles demonstraram igual energia em direções tão variadas, ou semelhante inteligência na direção da sua energia. Contudo, essas maravilhas da história; esses Plantagenet, esses filósofos escolásticos, esses arquitetos de Rheims e Amiens; esses Inocêncios, e Robin Hoods, e Marco Polos; esses cruzados que fincaram suas enormes fortalezas por todo o Levante; esses monges que fizeram os charcos e os campos estéreis produzir, todos sem exceção aparente, curvavam-se diante da mulher." Explique-o quem quiser! Sem Maria, o homem não tem esperança senão no ateísmo, e o mundo não estava pronto para o ateísmo. Firmes por esse lado, os homens corriam como ovelhas fugindo do açougueiro e eram levados a Maria, felizes de encontrar enfim proteção e esperança em um ser capaz de entender a língua que falavam e as desculpas que davam. Assim, a sociedade investia nela praticamente todo o seu capital espiritual, artístico, intelectual e econômico, chegando mesmo a entregar-lhe a maior parte das suas propriedades pessoais. Como Abelardo disse de Maria: "Depois da Trindade, és a nossa única esperança [...]. Fostes designada nossa advogada; todos que tememos a ira do Juiz acorremos à Mãe do Juiz, que logicamente é impelida a interceder por nós e que assume o lugar de mãe para os culpados."

O cristianismo não pede à mulher moderna que seja exclusivamente Marta ou Maria; não se trata de uma escolha entre carreira profissional e contemplação, pois a Igreja lê a passagem de Marta e Maria para Nossa Senhora a fim de simbolizar que ela combina tanto o especulativo quanto o prático, o serviço ao Senhor e a permanência aos pés Dele. Se a mulher quer ser revolucionária, a *Mulher* é sua guia, pois ela escreveu o cântico mais revolucionário jamais composto no *Magnificat*, em cujo cerne está a abolição dos principados e das potências e a exaltação dos humildes. Ela rompe a casca do isolamento feminino com relação ao mundo e devolve a mulher ao vasto oceano da humanidade. Ela, que é a mulher cosmopolita, dá-nos o Homem Cosmopolita, e por esse dom todas as gerações a chamarão bem-aventurada.

Ela foi a inspiração para a feminilidade, não por afirmar que existia igualdade entre os sexos (curiosamente, essa foi a única igualdade que ela ignorou), mas por causa de uma transcendência de função que a fazia superior ao homem, tanto que ela era capaz de abarcar o homem, como profetizara Isaías. Precisamos de grandes homens, como Paulo, com uma espada de dois gumes para cortar os laços que aprisionam as energias do mundo e do homem; grandes homens como Pedro, que farão o golpe do seu desafio ressoar contra o escudo da hipocrisia do mundo; grandes homens como João, que com sua voz alta acordem o mundo do sonho burguês do repouso sem heroísmo. Mas precisamos ainda mais de mulheres; mulheres como Maria de Cléofas, que criem filhos para erguer hóstias brancas ao Pai Celeste; mulheres como Madalena, que tomem nas mãos as tramas emaranhadas de uma vida aparentemente naufragada e arruinada e teçam com elas a bela tapeçaria da santidade; e mulheres, sobretudo, como Maria, a Senhora da Equidade, que deixem as luzes e o glamour do mundo pelas sombras e escuridão da Cruz, onde se fazem os santos. Quando mulheres assim reaparecerem para salvar o mundo com equidade, devemos brindar a elas, saudá-las, não como "mulheres modernas, antes superiores a nós e agora nossas iguais", mas como as mulheres cristãs mais próximas da Cruz na Sexta-feira Santa e as primeiras no sepulcro na manhã de Páscoa.

16

A SENHORA DO MUNDO

A história a seguir vem dos povos Bantu, no Congo. Uma mãe bantu acreditava que espíritos maus atormentavam seu filho, embora o filho tivesse na verdade coqueluche. Em momento algum passou pela cabeça da mãe invocar o nome de Deus, embora os bantus tivessem um nome para Deus, Nzakomiba. Deus era um completo estranho para aquele povo, que acreditava que Ele não se interessava nem um pouco pelo sofrimento humano. O grande problema, para os bantu, era evitar os espíritos maus. Essa é a característica básica das terras de missão: os pagãos preocupam-se mais em pacificar demônios do que em amar a Deus.

A irmã missionária, que é médica e tratou com sucesso a criança, tentou em vão convencer a mulher de que Deus é amor. A resposta dela foi uma palavra completamente diferente: *Eefee*. A irmã missionária então disse: "Mas o amor de Deus é assim: *Nzakomb Acok-Eefee*. Deus tem por nós o mesmo amor que uma mãe tem pelos filhos." Noutras palavras, o amor materno é a chave para o amor de Deus. Santo Agostinho, que tanto afeto tinha pela mãe, Santa Mônica, devia ter algo parecido em mente quando disse: "Deem-me um homem que amou e eu lhe direi o que é Deus."

Isso levanta a pergunta: a religião pode dispensar a maternidade? Com certeza, não o pode fazer com a paternidade, pois uma das mais precisas descrições de Deus é a de Doador e Provedor das coisas boas. Mas como a maternidade é tão necessária quanto a paternidade na ordem natural, talvez até mais, acaso pode o coração piedoso ficar sem uma mulher a quem amar? No reino animal, são as mães que lutam pela prole, a quem os pais geralmente abandonam. Entre os humanos, a vida seria certamente difícil se não fosse possível, a cada instante da existência, olhar para trás e agradecer a mãe que abriu as portas da vida para dar vida, vida que depois cultivou por meio do grandioso e insubstituível amor do universo do filho.

A esposa é essencialmente uma criatura do tempo, pois ainda viva pode tornar-se viúva; mas a mãe está fora do tempo. Morre, mas permanece mãe. É a imagem do eterno no tempo, a sombra do infinito sobre o finito. Os séculos e as civilizações podem dissolver-se, mas a mãe é quem dá a vida. O homem trabalha para a própria geração; a mãe, para a próxima. O homem usa sua vida; a mãe a renova.

A mãe também é quem preserva a equidade no mundo, assim como o homem é o guardião da justiça. Mas a justiça degeneraria em crueldade se não fosse moderada pelo apelo misericordioso às circunstâncias atenuantes que só a mãe pode fazer. Como o homem preserva a lei, assim a mulher preserva a equidade ou esse espírito de bondade, de gentileza e simpatia que tempera os rigores da justiça. Virgílio abriu seu grande poema cantando "as armas e o varão", não as mulheres. Quando a mulher é rebaixada a portar armas, perdem a sua feminilidade característica, e a misericórdia e a equidade desaparecem da terra.

A cultura origina-se da mulher, pois se ela não ensinasse os filhos a falar, os grandes valores espirituais do mundo não seriam passados de geração em geração. Depois de nutrir a substância do corpo que ela gerou, ela nutre a criança com a substância da sua mente. Como guardiã dos valores do espírito, protetora da moral dos jovens, ela preserva a cultura, que trata dos propósitos e das finalidades, enquanto o homem conserva a civilização, que só trata dos meios.

É inconcebível que semelhante amor fique sem um modelo de Mãe. Quando vemos as dezenas de milhares de reproduções da "Imaculada Conceição" de Murillo, sabemos que certamente houve uma pintura-modelo a partir da qual se imprimiram as cópias. Se a paternidade tem um modelo no Pai Celeste, Aquele que dá todos os dons, então certamente algo belo como a maternidade não poderia ficar sem uma Mãe original, cujas características amorosas toda mãe copia em diversos graus. O respeito demonstrado à mulher parece um ideal além de toda mulher. Como diz uma antiga lenda chinesa: "Se falas a uma mulher, fala com pureza de coração. Diz a ti mesmo: 'Ainda que posto neste mundo pecador, que eu seja puro como o lírio sem mancha, que não se suja com a lama em que cresce.' É anciã? Trata-a como a tua mãe. É honrada? Trata-a como a tua irmã. É humilde? Trata-a como a tua irmã menor. É criança? Trata-a com reverência e polidez."

Por que todos os povos pré-cristãos pintariam, esculpiriam, versejariam e sonhariam um ideal de mulher se não acreditassem que ele existia? Ao tornar a mulher parte dos mitos e lendas, rodearam-na de um mistério que a tirou do domínio do tempo e a fez mais parte do céu do que da terra. No coração de todas as pessoas há o desejo por algo materno e divino, um ideal do qual toda maternidade procede como os raios procedem do sol.

A esperança de Israel cumpriu-se por completo com a vinda do Messias, mas a esperança dos gentios não se cumprira por completo ainda. A profecia de Daniel que diz que Cristo seria a *expectatio gentium* cumprira-se apenas parcialmente. Assim como Jerusalém teve a hora de sua visita e não a conheceu, também todos os povos, raças e nações tiveram a própria hora de encontro com a graça. Assim como Deus, na sua providência, escondera a América do Velho Mundo por quase mil e quinhentos anos depois do nascimento do Filho antes de permitir que seu véu fosse penetrado pelos navios de Colombo, Ele também estendeu um véu diante de muitas nações do Oriente, para que nesta hora tardia os navios da sua graça enfim o penetrassem a fim de revelar a força imperecível da Encarnação do Filho de Deus. A crise atual do mundo é a abertura do Oriente à força do Evangelho de Jesus Cristo. O Ocidente, prático, perdeu a fé na Encarnação a ponto de acreditar que o homem faz tudo e Deus, nada. O Oriente, contemplativo e pouco prático, que acredita que Deus faz tudo e o homem, nada, está próximo do dia da descoberta de que o homem pode fazer todas as coisas Naquele que o fortalece.

Mas é impossível conceber que o Oriente terá seu próprio advento ou a própria vinda de Cristo sem a mesma preparação que Israel teve em Maria. Como sem Maria não haveria Encarnação de Cristo na sua primeira vinda, assim Cristo não poderá chegar aos gentios em espírito sem que Maria prepare o caminho. Assim como ela foi o instrumento para que se cumprisse a esperança de Israel, ela também é o instrumento para que se cumpra a esperança dos pagãos. Seu papel é preparar a chegada de Jesus. Foi o que ela fez fisicamente ao dar-lhe um corpo com que vencer a morte, por dar-lhe mãos com que abençoar as crianças e pés com que buscar a ovelha desgarrada. Mas assim como ela preparou um corpo para Ele, agora ela prepara as almas para a chegada Dele. O que ela fez em Israel antes do nascimento de

Cristo é que faz hoje na China, no Japão e na Oceania antes do nascimento de Cristo. Ela precede Jesus, não ontologicamente, mas fisicamente, em Israel, enquanto sua mãe, e espiritualmente entre os gentios, enquanto aquela que prepara o tabernáculo Dele entre os homens. Não há muitas pessoas capazes de dizer "Pai nosso" no sentido estrito do termo, pois isso implica que participamos da natureza de Deus e somos irmãos em Cristo. Deus não é nosso Pai pelo fato de sermos criaturas suas; Ele é apenas nosso Criador nessa perspectiva. A paternidade vem apenas por meio da participação na sua natureza mediante a graça santificante. Uma manifestação litúrgica dessa grande verdade encontra-se na maneira como o Pai-nosso é recitado na maior parte das cerimônias da Igreja. Ele é recitado em voz alta durante a Missa, porque se parte do princípio de que todos os presentes já se fizeram filhos de Deus pelo Batismo. Mas quando se trata de uma cerimônia em que não se pode supor que os assistentes estejam em graça santificante, a Igreja recita o Pai-nosso em silêncio.

Assim, os pagãos que ainda não se batizaram, nem por água nem por desejo, não podem rezar o Pai-nosso, mas podem recitar a Ave-maria. Assim como existe uma graça que prepara a graça, em todas as terras pagãs do mundo existe a influência de Maria, apropriando-as para Cristo. Ela é o "cavalo de Troia" espiritual que organiza o ataque de amor do seu Filho divino; é a "quinta coluna" que trabalha entre os gentios, tomando-lhes as cidades por dentro, enquanto seus sábios não sabem, e ensinando línguas mudas a cantarem o seu *Magnificat* antes de conhecerem seu Filho.

O Davi dos tempos antigos falou dela como que preparando a primeira vinda de Cristo:

> *Filhas de reis formam vosso cortejo;*
> *posta-se à vossa direita a rainha, ornada de ouro de Ofir.*
> *Ouve, filha, vê e presta atenção:*
> *esquece o teu povo e a casa de teu pai.*
> *De tua beleza se encantará o rei;*
> *ele é teu senhor, rende-lhe homenagens.*
> *Habitantes de Tiro virão com seus presentes,*
> *próceres do povo implorarão teu favor.*
> *Toda formosa, entra a filha do rei,*
> *com vestes bordadas de ouro.*

> *Em roupagens multicores apresenta-se ao rei,*
> *após ela vos são apresentadas as virgens, suas companheiras.*
> *Levadas entre alegrias e júbilos, ingressam no palácio real.*

De onde menos se espera vem um tributo igualmente poético à "Glória velada deste universo sem luz", nas palavras de Percy Bysshe Shelley:

> *Seráfica celeste! Demasiado doce para ser humana,*
> *Velado sob forma radiante de mulher,*
> *Tudo que é insuportável em ti,*
> *Luz, e amor, e imortalidade!*
> *Doce bênção sobre a maldição eterna!*
> *Glória velada deste universo sem lâmpada!*
> *És a lua além das nuvens! És a forma viva*
> *Entre os mortos! És a estrela sobre a tormenta!*
> *És maravilha, e beleza, e terror!*
> *Harmonia da arte da natureza! Espelho*
> *Em quem, como no esplendor do sol,*
> *Glorificas as formas que olha!*
> *Ah, mesmo as palavras sombrias que ora te obscurecem*
> *Lampejam, como raio, com brilho raro;*
> *Rogo-te que risque deste triste canto*
> *Toda mortalidade e erro,*
> *Com as lágrimas límpidas, caindo como orvalho*
> *Das luzes gêmeas que tua alma doce escurece,*
> *Chorando, até a dor virar êxtase:*
> *Então sorris, para que ele não acabe.*

Há uma bela lenda de Kwan-yin, a deusa chinesa da misericórdia, a quem tantas súplicas lábios chineses dirigiram. Segundo a lenda, essa princesa vivia na China séculos antes do nascimento de Cristo. Seu pai, o rei, queria casá-la. Porém, decidida a levar uma vida de virgindade, ela fugiu para um mosteiro. O pai, irado, incendiou o mosteiro e a forçou a voltar ao palácio. Diante da escolha entre morte e casamento, ela ficou com seu voto de virgindade e acabou estrangulada pelo pai. Seu corpo foi levado ao inferno por um tigre. Foi lá que ela ganhou o título de "deusa da misericórdia". Sua intercessão misericordiosa era tanta que os próprios demônios a expulsaram de lá. Temiam que ela esvaziasse o inferno. Ela então foi para a ilha de Putuo, na costa de Chekiang, onde, até hoje, peregrinos visitam seu santuário. Os chineses por vezes a retrataram usando na cabeça a imagem de Deus, Senhor do Céu a que ela conduz os fiéis, embora ela própria se recuse a entrar no céu enquanto houver uma única alma de fora.

A civilização ocidental também tem seus ideais. Homero, milhares de anos antes de Cristo, injetou na corrente da história o mistério de uma mulher fiel que vivia triste e solitária. Enquanto o marido, Ulisses, estava longe, Penélope foi cortejada por muitos pretendentes. Ela disse a eles que escolheria um deles para casar-se quando terminasse de tecer um manto. Mas toda noite ela desfazia os pontos que fizera durante o dia, e assim permaneceu fiel ao marido até o seu retorno. Nenhum dos bardos da canção de Homero era capaz de compreender o porquê de ele ter exaltado essa mãe sofredora, assim como não compreendiam o porquê de, em outro poema, ele ter exaltado um herói derrotado. Foram precisos mil anos para que chegasse o dia do herói derrotado na cruz e da sua mãe sofredora sob ela, e então o mundo compreendeu os mistérios de Homero.

Pode-se notar o instinto de todos os homens de procurarem uma mãe na própria religião mesmo nos dias de hoje, entre os povos não cristãos. Nossos missionários relatam a reação extraordinária desses povos quando a imagem peregrina de Nossa Senhora de Fátima foi levada por todo o Oriente. Na fronteira do Nepal, trezentos católicos foram acompanhados por três milhares de hindus e muçulmanos enquanto quatro elefantes carregavam a estátua até a igrejinha para que os fiéis rezassem o rosário e recebessem uma bênção. Em Rajkot, onde praticamente não havia fiéis, ministros de estado e altos oficiais do governo foram venerar a Virgem. O prefeito de Nadiad leu um discurso de boas-vindas e enfatizou a própria felicidade por estar recebendo aquela estátua. Por 12 horas as multidões, compostas quase exclusivamente por não cristãos, passaram pela igreja enquanto as Missas sucediam-se desde as duas da manhã até as nove e meia. Nas palavras de um velho indiano: "Ela nos mostrou que a sua religião é sincera; não é como a nossa. Sua religião é uma religião de amor; a nossa é de medo."

Em Patna, o governador da província, um brâmane hindu, visitou a Igreja e rezou diante da estátua de Nossa Senhora. Num vilarejo de Kesra Mec, mais de 24 mil pessoas foram ver a estátua. O rajá doou 250 rúpias e sua esposa enviou um pedido de orações. Os cumprimentos foram lidos em seis idiomas em Hy Derabid Sind. Em Karachi, os muçulmanos abriram uma exceção para ela; sempre que os cristãos fazem uma procissão pela cidade, são obrigados a interromper as orações ao passarem por uma mesquita. Mas nessa ocasião receberam permissão dos muçulmanos para rezar diante de qualquer mesquita que estivesse em seu caminho.

Na África, a mãe desempenha um papel importante na justiça tribal. No noroeste de Uganda — onde os padres brancos trabalham com um zelo e um êxito impressionantes — toda decisão importante, mesmo a celebração da coroação do rei, deve ser submetida à rainha-mãe. Aquilo que ela não aprova é posto de lado; seu juízo é final. O costume se baseia na ideia de que ela conhece o próprio filho: sabe o que vai ou não o agradar. Quando a rainha-mãe vai ao palácio do filho, o rei governa em seu lugar. Um dos motivos para não haver mais dois mártires entre os famosos mártires de Uganda foi a intercessão da rainha-mãe. Quando o filho se torna rei, deve sentar-se no colo dela antes de ir para a cerimônia, como que para mostrar a todos que é o filho dela. A rainha-mãe do povo batusti, de Ruanda, tem tamanha influência sobre o povo que o governo colonial tenta mantê-la longe do filho, o rei Mutari II; ambos se converteram à fé.

A Índia também tem histórias de mulheres que desempenharam seu papel. Seus povos descendem dos dravidianos, populações primitivas que se miscigenaram com os invasores arianos cerca de mil e quinhentos anos antes de Cristo. Nos hinos dravídicos, virgens como as durgas e kalis eram veneradas. O hinduísmo tornou-se uma religião politeísta, em que se adorava uma multiplicidade de deuses; entre os hindus, as virgens eram quase sempre símbolos de doçura e terror, uma combinação que não é difícil de compreender. Há doçura onde há amor; há também medo e terror, pois esse amor destina-se somente ao que há de mais alto e não tolera nada que se entregue ao que for menos do que divino.

Por causa da necessidade de autoridade e também por causa do panteísmo tolerante da religião indiana, o princípio feminino degenerou em algo que parecia tolo aos olhos ocidentais: a veneração da vaca sagrada. Mesmo nessa decadência do princípio feminino é possível detectar um grão de verdade. A vaca do hindu cumpre várias funções. Religiosamente, é o símbolo do melhor presente que alguém pode dar aos brâmanes; matar uma vaca é um dos piores pecados no hinduísmo e raras vezes pode ser expiado por penitência e purificação. Tanto para o príncipe como para o camponês, a vaca é uma mãe santa. Uma pessoa deveria mesmo morrer na presença de uma vaca para poder segurar-lhe o rabo antes de dar o último suspiro. Ao repassar a própria vida, a pessoa enxergaria a sua dívida para com ela: o leite e a manteiga; o calor, pois o estrume da vaca serve de combustível para o fogo e como reforço para as paredes da casa; o sustento, pois mais uma vez era a vaca quem puxava sua carroça e seu arado.

Como disse um grupo de hinduístas cultos na assembleia legislativa: "Chamem de preconceito, chamem de paixão, chamem de cúmulo da religião, mas é um fato indubitável que nada está mais arraigado na mente hindu do que a santidade da vaca." Embora o ocidente faça troça desse símbolo religioso, ele não deixa de ser uma espécie de glorificação da maternidade e da feminilidade na religião. Quando os hindus descobrirem como o princípio feminino da religião preparou o caminho para o cristianismo, reivindicarão a vaca como símbolo do feminino, assim como os judeus usam o lírio, a pomba e o raio de luz. Numa das belas pinturas da Natividade feitas por Alfred Thomas, de Madras (Índia), a Mãe de Deus aparece com um sari cor de açafrão sentada de pernas cruzadas sobre a terra. Acima de sua cabeça, um teto de palha sustentado pelo tronco de uma árvore em crescimento ao qual está atada a vaca sagrada. Outras nações da terra usam o leão e a águia como símbolos dos seus ideais; o povo hindu tomou a vaca como símbolo da própria religião e só compreendeu o seu significado completo quando o cristianismo lhe deu o verdadeiro princípio feminino: a Mãe de Deus. Se um cordeiro pode ser usado pelo Espírito Santo como símbolo de Cristo, que se imolou pelo mundo, é errado torcer o nariz para o indiano que toma como símbolo de sua fé um animal que lhe deu todo o necessário para viver.

Também o Japão tem o seu princípio feminino da religião. Há séculos que essa nação venera a deusa da misericórdia, sob o nome de Kannon. É interessante que os budistas, que já conhecem essa deusa da misericórdia e que chegaram a conhecer a mãe de Deus, enxergaram na primeira uma preparação para a segunda. Ao fazerem-se cristãos, os budistas não precisam dar as costas a Kannon e considerá-la má; antes, aceitam-na como uma prefiguração distante da mulher que não era deusa, mas era a Mãe da Misericórdia em Pessoa. De maneira bastante apropriada, o artista japonês Takahiro Toda, que veio de uma família de sacerdotes budistas, tornou-se membro do Corpo Místico de Cristo depois de ver a semelhança entre Kannon e a Virgem Maria. Sua pintura "A Visitação de Maria" revela a típica virgem japonesa, recatada e solitária, que acabava de sentir dentro de si o significado completo das palavras que dissera ao anjo: "Faça-se em mim segundo a tua palavra." Uma pintura da Natividade feita pela artista japonesa Teresa Kimiko Koseki retrata o Menino Jesus; essa madona japonesa se distingue das incontáveis mães do Japão por apenas um detalhe: uma auréola de luz em torno da cabeça. Numa pintura extraordinária de Luke Hasegawa, a Bem-aventurada Virgem Maria aparece de pé rodeada por uma cerca de arame que pode significar tanto um complexo missionário cerrado como, talvez, um lar, onde se compreende melhor a maternidade. Desse cercado, a Mãe de Deus, alteando-se até as montanhas do fundo, contempla com afeto a cidade e a baía e o mundo do comércio, todos movendo-se, talvez, ainda sem a consciência de que ela é a verdadeira Kannon a quem os japoneses desejavam há séculos.

Onde quer que o povo seja primitivo, no sentido correto do termo, há devoção à maternidade. O chamado "continente negro da África" é próximo da natureza e, portanto, do nascimento. Quando o cristianismo começou a revelar a grandeza do mistério do nascimento e da vida, a África interpretou as imagens da Mãe com o Filho nos termos da sua própria cultura nativa. Maria, que predissera que todas as gerações a chamariam bem-aventurada, devia ter em mente naquele momento as palavras um dia dirigidas a ela na liturgia: *Nigra sum sed formosa*, "Sou negra, mas bela!". Nesse sentido, há uma lenda de que um dos reis-magos era negro. Se assim é, então ele, que adorou a Virgem e seu Menino sob a estrela flamejante do oriente, agora recupera a glória da sua raça ao ver a Mãe e o Menino retratado como um dos seus. Bem, de fato, as mães da África (que nos dias da expansão colonial tiveram os jovens filhos arrancados da sua mão para tornarem-se escravos em outras terras) esperam ansiosas por uma Mãe que as possa salvá-los como ela salvaria o próprio Filho. Uma poeta pôs nos lábios de uma Madona negra essa oração vespertina:

> *Não houve resposta, mas houve escuta*
> *Oh, Deus, quando lhe fiz minha prece*
> *Ele é só um negrinho, tinham falado,*
> *Comum, vulgar, iletrado.*

Que diferença faz se não voltar?
Mas, Deus, ele é meu único filho.

Conheceu uma Belém, como teu Filho, Deus!
Não uma casa como a dos outros meninos,
Com um brinquedo de valor de vez em quando.
Era singular, como teu Filho único,
E muitos Herodes queriam a vida do meu pretinho.

Fugiu como teu Filho, Deus!
Fugiu da fome e da escassez,
Às vezes da doença e da peste.
Sofreu, padeceu, careceu e temeu.
Também teve o amor de uma Mãe,
Igual ao teu Filhinho.

Será que precisa ter um Getsêmani sombrio?
Um Gólgota, um Calvário também?
Se sim, eu, como a Mãe Maria,
Preciso ajudá-lo a carregar a cruz.
Ajuda-me a rezar: "Não a minha; a tua."
Como o teu Filho único.

Mas ninguém melhor que Gilbert K. Chesterton glorifica a Virgem Negra, que é tanto Mãe dos africanos como de todos os outros povos debaixo do sol, e muito mais mãe deles do que daqueles que julgam os povos da África inferiores a si.

Em todas as tuas mil imagens, saudamos-te,
Suplicamos-te, aclamamos-te nos teus mil tronos
Talhados em pedras coloridas e altos
Tingidos com todo tom do poente.
Se em todos os tons e sombras sinto esta sombra
Vinda das catedrais negras de Castela
Nas ladeiras de pedras negras da Catalunha,
Ajoelho-me perante tua face de misericórdia.[3]

---

3 | G.K. Chesterton, "The Black Virgin" [A virgem negra]. In: *I Sing of a Maiden*, 1949.

Assim, quer estudemos história universal antes ou depois de Cristo, sempre vemos revelar-se um anseio em todo peito humano pelo ideal da maternidade. Estendendo-se desde o passado até Maria, através de dez mil Judites e Rutes vagamente proféticas, através das névoas dos séculos, todos os corações acorrem para repousar nela. Essa é a mulher ideal! Ela é A MÃE. Não surpreende que uma anciã, ao ver sua beleza adentrar a porta, exclamou: "Bendita és entre todas as mulheres." E essa jovem Mãe gestante, longe de repudiar essa estima alta por seu privilégio, vai além disso, antecipando-se ao juízo de todos os tempos: "Todas as gerações me chamarão bem-aventurada." Analisando o futuro, essa Mãe ideal não hesita em proclamar que eras distantes ecoaram seu louvor. As mulheres vivem apenas por um punhado de anos, e a ampla maioria dos mortos não é sequer lembrada. Mas Maria tem certeza de ser a verdadeira exceção a essa regra. Ousando prever que a lei do esquecimento será sustada em seu favor, ela proclama sua memória eterna, ainda antes do Menino por Quem ela seria lembrada nascer. Nosso Senhor ainda não tinha feito milagre algum; não impôs a mão sobre nenhum membro paralisado; a glória celeste lhe era coberta por um véu tênue, e fazia poucos meses que estava no tabernáculo daquela mulher que, mesmo assim, estendia o olhar através dos longos corredores do tempo. Nele, avistou as gentes desconhecidas de África, Ásia, China, Japão, e proclamou com absoluta segurança: "Doravante todas as gerações me chamarão bem-aventurada." Julia — a manipulada filha de Augusto e esposa de Tibério — e Otávia — irmã de Augusto de quem Marco Antônio se divorciou para casar-se com Cleópatra — eram antes nomes familiares para um povo, mas o mundo de hoje não paga qualquer tributo à sua memória. Mas essa donzela adorável, que vivia numa cidadezinha nos confins do Império Romano, uma cidadezinha de má fama, é hoje mais honrada e mais frequentemente lembrada pelo homem civilizado do que qualquer outra mulher que já existiu. E ela sabia o motivo: "Porque o Todo-poderoso fez em mim maravilhas, e santo é seu nome."

Quando procuramos pelos motivos desse amor universal por Maria entre os povos que nem mesmo conhecem seu Filho, descobrimos que estão ligados a quatro instintos profundamente arraigados no coração humano: a afeição à beleza, a admiração pela pureza, a reverência pela rainha e o amor pela mãe. Esses quatro instintos convergem em Maria.

Beleza: quem perdeu o amor pelo belo já perdeu a alma. *Pureza*: mesmo aqueles que não a conservam continuam a admirar quem preserva esse ideal ao qual eles próprios aspiram na sua fraqueza. *Rainha*: o coração quer um amor acima de si mesmo, que lhe permita sentir-se indigno na sua presença e ajoelhar-se em reverência. "Não mereço" é a linguagem de todo amor. *Mãe*: a origem do eu só reencontra a paz ao recuperar o abraço de uma mãe. Bela, pura, rainha, mãe! Outras mulheres podem ter correspondido a um ou mais desses instintos, mas nunca a todos juntos. Quando o coração humano vê Maria, enxerga a realização e a concretização de todos os seus desejos e exclama no êxtase do amor: "Esta é a Mulher!"

Maria, Mãe do Mundo, desempenhará um papel especial hoje aliviando as dores tanto do oriente como do ocidente. No oriente, há medo; no ocidente, angústia. Os povos não cristãos do mundo oriental têm uma religião baseada no medo do demônio e dos espíritos maus. Há pouco reconhecimento do bom espírito nessa região. No Tibete, por exemplo, os fazendeiros aram os campos em zigue-zague para afastar o demônio. Até há poucos anos, sacrificavam uma criança para aplacar o espírito mau das montanhas. Quando atravessam uma passagem montanhosa, ainda julgam que devem dar um presente ao demônio, mas como creem que ele é cego, apenas atiram uma pedra. Toda árvore que tomba, toda flor que morre, toda doença que prejudica são resultado da ação de um espírito mau. Também a China tem seus demônios que precisam ser agradados. Em Xangai há uma estátua de uma deusa com cem braços. Diante dela, queima-se mais incenso do que diante de qualquer outra. O sacerdote budista do templo explica que seus braços representam a vingança, e que se deve garantir que ela seja propícia para evitar seus golpes.

Mas o Ocidente, nos anos recentes, demonstra menos medo e mais angústia. Essa angústia interior é devida, em parte, à perda da fé do homem moderno, mas sobretudo ao seu sentido oculto de culpa. Embora ele negue o pecado, é incapaz de escapar dos efeitos do pecado, que se manifestam externamente nas guerras mundiais, e internamente no tédio. O homem ocidental livrou-se de Deus para fazer-se Deus, e logo se entediou com a própria divindade. O oriente ainda é incapaz de compreender o Amor Encarnado de Jesus Cristo por causa da sua ênfase excessiva nos espíritos maus. O Ocidente não está preparado para aceitá-lo porque a penitência o angustia, embora seja a condição ética para a sua restauração. Aqueles que jamais conheceram Cristo temem, mas aqueles que O conheceram e perderam, angustiam-se.

Como os homens não estão prontos para uma revelação da imagem do Amor Celeste que é Cristo Jesus Nosso Senhor, Deus, na sua misericórdia, preparou na terra uma imagem do amor que não é divino, mas que pode levar ao divino. Esse é o papel da sua Mãe. Ela pode dissipar o medo, porque seu pé esmagou a serpente do mal; ela pode repelir a angústia, porque esteve ao pé da Cruz quando a culpa humana foi lavada e renascemos em Cristo.

Assim como Cristo é o mediador entre Deus e o homem, ela é a medianeira entre Cristo e nós. Ela é o princípio terreno do amor que conduz ao princípio celestial do Amor. A relação entre ela e Deus é similar à relação entre a chuva e a terra. A chuva cai do céu, mas a terra produz. A divindade vem do Céu; a natureza humana do Filho de Deus vem dela. Falamos de "mãe-terra", já que ela dá vida através do dom dos céus que é o sol. Então, por que não reconhecer também a Mãe do Mundo, já que ela nos dá a vida eterna de Deus?

Quem carece de fé é quem mais precisa encomendar-se especialmente a Maria a fim de encontrar Cristo, filho de Deus. Maria, a Mãe do Mundo, existe onde Cristo ainda não existe, e onde o Corpo Místico não se fez visível ainda. Para os povos orientais que padecem do medo dos maus espíritos, e para o homem ocidental que vive angustiado, a resposta deve ser sempre *cherchez la femme* ["procure a mulher"]. Procure a mulher que conduz a Deus. O mundo inteiro talvez tenha de passar pela experiência da mulher bantu. Ela só conheceu o amor de Deus quando ele se traduziu em amor de mãe.

Talvez Jesus ainda não encontre pousada nestas terras, mas Maria está no meio do seu povo, preparando os corações para a graça. Ela é graça onde não há graça; ele é o advento onde não há Natal. Todas as terras onde há uma mulher ideal, onde há reverência pelas virgens, são terreno fértil para aceitar a Mulher como que num prelúdio para aceitar Cristo. Onde Jesus está presente, também está a sua Mãe. Mas onde Jesus está ausente, seja pela ignorância, seja pela maldade dos homens, Maria ainda está presente. Assim como ela preencheu a lacuna entre a Ascensão e Pentecostes, ela preenche a lacuna entre os sistemas éticos do Oriente e a sua incorporação ao Corpo

Místico do seu Filho divino. Ela é o terreno fértil do qual, no tempo determinado por Deus, a fé brotará e florescerá no Oriente. Há poucas lâmpadas de tabernáculo na Índia, no Japão e na África em comparação com a população total, mas ainda assim vejo inscritas nos portais para todas essas nações as palavras do Evangelho no início da vida pública do Salvador: "E Maria, a mãe de Jesus, estava lá."

17

Maria e os muçulmanos

O Islã é a única grande religião pós-cristã do mundo. Por ter se originado com Maomé no século VII, foi-lhe possível reunir em si elementos de cristianismo e judaísmo, além de alguns costumes próprios da Arábia. O Islã toma a doutrina da unidade de Deus, da sua majestade e do seu poder criador, no intuito de usá-la, parcialmente, como base para sua rejeição de Cristo, o Filho de Deus. Com uma compreensão equivocada do conceito de Trindade, Maomé fez de Cristo um profeta, anunciando-O da mesma maneira que Isaías e João Batista são profetas que anunciam Cristo.

O ocidente europeu cristão escapou por pouco de ser destruído pelas mãos dos muçulmanos. Em determinado ponto, eles foram detidos próximo de Tours e, noutro, dos portões de Viena. A Igreja ao longo de todo o norte da África foi praticamente destruída pelo poder muçulmano e, no momento, os muçulmanos começam a erguer-se de novo.

Se o Islã é uma heresia, como crê Hilaire Belloc, é a única heresia que jamais entrou em declínio. Outras tiveram um momento de vigor e depois entraram em decadência doutrinal com a morte de seu líder para, no fim, evaporarem num movimento social vago. O Islã, pelo contrário, só teve a primeira fase. Nunca entrou em declínio, nem em números, nem na devoção dos seus seguidores.

O esforço missionário da Igreja com relação a esse grupo tem sido, pelo menos na superfície, um fracasso, pois os muçulmanos até agora se mostraram quase impossíveis de converter. O motivo é que, para um seguidor de Maomé, se fazer cristão é o mesmo que um cristão se fazer judeu. Os muçulmanos creem que possuem a revelação final e definitiva de Deus ao mundo, e que Cristo foi apenas um profeta que anunciava Maomé, o último dos verdadeiros profetas de Deus.

O Corão, que é o livro sagrado dos muçulmanos, tem muitas passagens sobre a Virgem Santa. Para começar, o Corão crê na sua Imaculada Conceição e, também, no Parto Virginal. O terceiro capítulo do Corão põe a história da família de Maria numa genealogia que remonta a Abrão, Noé e Adão. Quando comparamos o relato corânico do nascimento de Maria com o evangelho apócrifo sobre o nascimento de Maria, é difícil não ser levado a crer que Maomé se apoiou muito neste último. Ambos os livros descrevem a idade avançada e a esterilidade da mãe de Maria. Contudo, o Corão põe as seguintes palavras nos lábios da mãe de Maria ao descobrir que concebeu: "Oh, Senhor, juro-te consagrar a ti o que já está dentro de mim. Aceita-o de mim."

Quando Maria nasce, a mãe diz: "E eu a consagro com toda sua posteridade sob a tua proteção, Senhor, contra Satanás!"

O Corão omite a presença de José na vida de Maria, mas a tradição muçulmana sabe seu nome e tem algum conhecimento dele. Nessa tradição, José fala com Maria, que é virgem. Ele lhe pergunta como ela concebeu Jesus sem um pai, e Maria responde: "Não sabes que Deus, ao criar o trigo, não precisou de semente, e que Deus, por seu poder, fez as árvores crescerem sem o auxílio da chuva? A Deus só basto falar: 'Assim seja', e assim foi."

O Corão também tem versículos sobre a Anunciação, a Visitação e a Natividade. Retratam-se anjos que acompanham a Mãe do Senhor, dizendo: "Oh, Maria, Deus escolheu-te e purificou-te, e escolheu-te acima de todas as mulheres da terra." No capítulo 19 do Corão, há 41 versículos sobre Jesus e Maria. Há uma defesa forte da virgindade de Maria nesta passagem que, no seu quarto livro, o Corão atribui à condenação dos judeus por causa da sua monstruosa calúnia contra a Virgem Maria.

Maria, pois, é para os muçulmanos uma verdadeira *sayyida*, ou senhora. A única que rivaliza seriamente com ela seria Fátima, filha do próprio Maomé. Mas depois da morte de Fátima, Maomé escreveu: "Serás a mais bendita entre as mulheres do Paraíso, depois de Maria." Numa variante do texto, Fátima diz: "Superarei todas as mulheres, exceto Maria."

Isso nos leva ao segundo ponto, a saber: por que a Mãe do Senhor quis, no século XX, revelar-se na aldeia insignificante de Fátima, de modo que todas as futuras gerações viessem a conhecê-la como "Nossa Senhora de Fátima"? Como os céus não fazem nada acontecer sem esmero em todos os detalhes, creio que Nossa Senhora escolheu ser conhecida como "Nossa Senhora de Fátima" para estabelecer uma aliança com o povo muçulmano e dar-lhe um sinal de esperança, e também para assegurar que eles, que demonstram tanto respeito por ela, um dia aceitarão também o seu Filho divino.

As provas para reforçar essa opinião residem no fato histórico de os muçulmanos terem ocupado Portugal por séculos. Quando finalmente foram repelidos, o último chefe muçulmano tinha uma bela filha chamada Fátima. Um jovem católico apaixonou-se por ela, e por causa dele, a moça não apenas permaneceu no país como abraçou a fé. O jovem marido amava-a tanto que mudou o nome da cidade onde vivia para Fátima. Assim, o próprio lugar onde Nossa Senhora apareceu em 1917 possui um vínculo histórico com Fátima, a filha de Maomé.

O prova final da relação entre Fátima e os muçulmanos é a recepção entusiasmada que os muçulmanos da África e da Índia e em toda parte deram à estátua peregrina de Nossa Senhora de Fátima, como já mencionado. Os muçulmanos assistiram às cerimônias da Igreja em honra à Nossa Senhora; permitiram procissões religiosas e mesmo orações diante de suas mesquitas. Em Moçambique, os muçulmanos, ainda não conversos, começaram a fazer-se cristãos assim que a estátua de Nossa Senhora de Fátima foi erigida.

No futuro, os missionários terão um êxito cada vez maior no seu apostolado entre os muçulmanos na medida em que pregarem sobre Nossa Senhora de Fátima. Maria é o advento de Cristo e leva as pessoas a Cristo antes mesmo de Ele nascer. Numa obra de apologética, é sempre melhor começar com aquilo que as pessoas já aceitam. Como os muçulmanos já têm devoção à Maria, nossos missionários poderiam contentar-se com ampliar e aprofundar essa devoção, com a percepção plena de que Nossa Senhora conduzirá os muçulmanos pelo resto do caminho até o seu Filho divino. Ela sempre será uma "traidora" no sentido de que não aceitará qualquer devoção a si, mas sempre levará seus devotos até seu Filho divino. Assim como quem perde a devoção a ela perde a crença na divindade de Cristo, quem intensifica sua devoção à Virgem chega gradualmente a essa crença.

Muitos dos nossos grandes missionários na África já derrubaram o ódio acerbo e os preconceitos dos muçulmanos contra os cristãos por meio de seus atos de caridade, de suas escolas e seus hospitais. Resta-lhes agora adotar outra abordagem, a saber, tomar o capítulo 41 do Corão e mostrar que foi tirado do Evangelho de Lucas, que Maria não poderia ser, nem mesmo a olhos muçulmanos, a mais bendita entre as mulheres do céu se não tivesse gerado Aquele que é o Salvador do mundo. Se Judite e Ester do Velho Testamento prefiguravam Maria, é bem possível que a própria Fátima seja uma pós-figura de Maria! Os muçulmanos estariam dispostos a reconhecer que, se Fátima deve honrar a Mãe de Deus, é por essa Mãe ser diferente de todas as outras do mundo e que, sem Cristo, não seria nada.

18
Rosas e orações

Humano algum que já enviou rosas a um amigo como mostra de afeto, ou que já as recebeu com alegria, ficará alheio à história da oração. E há na humanidade um instinto profundo que associa as rosas com a alegria. Os povos pagãos coroavam suas estátuas com rosas que simbolizavam seus próprios corações. Os fiéis da Igreja primitiva substituíam orações por rosas. Nos tempos dos primeiros mártires — "primeiros" porque a Igreja tem mais mártires hoje do que teve nos seus primeiros quatro séculos —, quando as virgens marchavam sobre as areias do Coliseu rumo às fauces da morte, elas vestiam-se com trajes festivos e usavam uma coroa de rosas na cabeça, vestidas de maneira apropriada para encontrar-se com o Rei dos Reis por quem morreriam. Os fiéis, à noite, recolhiam essas coroas de rosa e as usavam para rezar: uma prece para cada rosa. Longe dali, no deserto do Egito, os anacoretas e ermitões também contavam suas preces, mas com pequenos grãos ou pedrinhas perpassados por uma linha para formar uma coroa, prática que Maomé adotaria para os seus muçulmanos. Desse costume de oferecer buquês espirituais surgiu uma série de orações conhecidas como rosário, pois rosário significa "coroa de rosas".

Nem sempre se recitaram as mesmas preces no rosário. Na Igreja Oriental, havia um rosário chamado acatisto (*akhatistos*), que é um hino litúrgico que os fiéis podem recitar em qualquer posição, exceto sentados. Combinava uma longa série de invocações à Mãe de Nosso Senhor entremeadas por uma cena da vida de Cristo que alguém narrava enquanto pronunciava as orações. Na Igreja do Ocidente, Santa Brígida da Irlanda usava um rosário composto de Ave-marias e Pai-nossos. Por fim, o rosário como o conhecemos começou a tomar forma.

Desde os seus primeiros dias, a Igreja pedia aos fiéis para recitarem os cento e cinquenta salmos de Davi. Esse costume ainda prevalece entre os sacerdotes, que recitam alguns desses salmos todos os dias. Mas não era fácil para ninguém memorizar os cento e cinquenta salmos. Além disso, antes da invenção da imprensa, era difícil obter livros. Era por isso que certos livros importantes, como a Bíblia, precisavam ser presos por correntes como as listas telefônicas nos telefones públicos; do contrário, alguém poderia sumir com eles. Isso acabou dando origem à mentira imbecil de que a Igreja não permitia a ninguém ler a Bíblia e por isso a prendia com correntes. A verdade é que as correntes existiam para permitir que as pessoas a lessem. A lista telefônica também é presa por correntes, mas as pessoas a consultam mais do que qualquer outro livro da civilização moderna!

As pessoas que não podiam ler os cento e cinquenta salmos queriam fazer alguma coisa para compensar a omissão. Assim, substituíram-nos por cento e cinquenta Ave-marias. Separaram essas cento e cinquenta Ave-marias à maneira do acatisto, em 15 dezenas. Cada parte deveria ser recitada enquanto se meditava um aspecto diferente da vida de Nosso Senhor. Para separar as dezenas, cada uma delas começava com o Pai-nosso e terminava com o Glória, em louvor à Trindade. São Domingos, que morreu em 1221, recebeu da Mãe Celeste a ordem de pregar e popularizar essa devoção pelo bem das almas, para a derrota do mal, e pela prosperidade da Santa Madre Igreja. Foi então que o rosário ganhou sua clássica forma atual.

Praticamente todas as orações do rosário, bem como os detalhes da vida de Nosso Senhor meditados quando o recitamos, encontram-se na Escritura. A primeira parte da Ave-maria nada mais é do que as palavras do anjo a Maria; a parte seguinte, as palavras de Isabel para Maria na visitação. A única exceção é a parte final da oração: "Santa Maria, Mãe de Deus, rogai por nós pecadores, agora e na hora de nossa morte. Amém." Esse trecho só foi introduzido em fins da Idade Média. Como ele trata de dois momentos decisivos da via — "agora" e a "hora de nossa morte" —, sugere o clamor espontâneo das pessoas em face de uma grande calamidade. A Peste Bubônica, que assolou toda a Europa e exterminou um terço da sua população, estimulou os fiéis a clamarem a proteção da nossa Mãe, num tempo em que o presente e a hora da morte eram quase o mesmo momento.

A Peste Bubônica acabou, mas agora a peste vermelha do comunismo assola a terra. Em conformidade com o espírito de acrescentar algo a essa oração quando o mal é mais intenso, noto como é interessante que, quando a nossa Mãe apareceu em Fátima em 1917 por causa da grande decadência moral e o advento do ateísmo, pediu que acrescentássemos depois do Glória a oração: "Ó meu Jesus, perdoai-nos, livrai-nos do fogo do Inferno, levai as almas todas para o Céu e socorrei principalmente as que mais precisarem."

Alega-se que há repetição demais no rosário porque nele recitamos muito o Pai-nosso e a Ave-maria. Logo, seria uma oração monótona. Isso me lembra de uma mulher que veio me visitar uma tarde depois das instruções. Ela disse: "Jamais seria católica. Vocês repetem as mesmas palavras no rosário o tempo todo, e quem repete a mesma coisa nunca é sincero. Eu nunca acreditaria em qualquer pessoa que repetisse as mesmas palavras, e Deus também não." Eu lhe perguntei quem era o homem que a acompanhava. Ela disse que era seu noivo. Eu perguntei: "Ele ama você?" "Com certeza", ela respondeu. "E como você sabe?" "Ele me disse." "O que ele disse?" "Eu te amo." "Quando foi a última vez que ele disse isso?" "Faz mais ou menos uma hora." "Ele disse isso antes também?" "Disse. Ontem à noite." "O que ele disse?" "Eu te amo." "E antes disso nada?" "Ele me diz toda noite." Então eu disse: "Não acredite nele. Ele só repete. Não está sendo sincero."

A bela verdade é que não há repetição quando dizemos "eu te amo". Por existirem novos instantes no tempo, outros pontos no espaço, as palavras não têm o mesmo significado que tinham em outro tempo ou espaço. Uma mãe diz ao filho: "Você é um bom menino." Ela pode ter dito dez mil vezes a mesma coisa antes, mas o significado é outro a cada vez. A personalidade inteira dá-se de uma maneira nova ao pronunciar as palavras à medida que uma nova circunstância histórica aglutina um novo rompante de afeto. A mente conta com um número finito de variações na sua linguagem, mas o coração não. O amor nunca é monótono na uniformidade da sua expressão. O coração do homem, diante da mulher amada, é pobre demais para traduzir a infinidade do seu afeto numa palavra diferente. Assim, o coração toma uma expressão, "Eu te amo", e, ao dizê-la uma e outra vez, jamais a repete. Trata-se da única verdadeira novidade do universo. É isso que fazemos ao recitar o rosário; dizemos a Deus, à Trindade, ao Salvador Encarnado, à Mãe de Deus: "Eu te amo, eu te amo, eu te amo." O significado muda a cada vez, porque em cada dezena, nossa mente se move para uma nova demonstração do amor do Salvador: por exemplo, do mistério do seu Amor que quis tornar-se um de nós na Encarnação para outro mistério de amor quando Ele padeceu por nós, até o mistério do seu Amor em que Ele intercede por nós junto ao Pai Celeste. E quem poderá esquecer que Nosso Senhor, no auge da sua agonia, repetiu três vezes em uma hora a mesma oração?

A beleza do rosário é que ele não é apenas oração vocal. É também oração mental. De vez em quando ouvimos uma apresentação dramática em que a fala das pessoas é acompanhada por uma bela música de fundo que confere força e dignidade às palavras. O rosário é assim. Enquanto recitamos a oração, o coração não ouve música, mas medita na vida de Cristo desde o começo mais uma vez, aplicando-a à própria vida e às próprias necessidades. Como o cordão que une as contas, a meditação une as preces. É costume conversarmos com uma pessoa enquanto nossa mente pensa noutra coisa. Mas no rosário, não apenas pronunciamos a oração, mas a pensamos. Belém, Galileia, Nazaré, Jerusalém, Gólgota, Calvário, Monte das Oliveiras, Céu: todos passam diante dos olhos da nossa mente enquanto nossos lábios rezam. Os vitrais das igrejas convidam o olho a deter-se em pensamentos sobre Deus. O rosário convida nossos dedos, nossos lábios e nosso coração a unirem-se numa grande sinfonia de oração, e por esse motivo ele é a maior oração jamais composta pelo homem. O rosário tem um valor especial para muitos grupos: (1) os aflitos, (2) os intelectuais e ignorantes, e (3) os enfermos.

1. *Os aflitos.* A aflição é a falta de harmonia entre a mente e o corpo. Pessoas aflitas invariavelmente têm as mentes ocupadas demais e as mãos ociosas demais. É vontade de Deus que as verdades que trazemos na mente realizem-se na ação. "O Verbo se fez carne": eis o segredo de uma vida feliz. Mas na confusão mental, mil e um pensamentos não encontram ordem ou descanso internamente nem escape externo. A fim de superar essa indigestão mental, os psiquiatras ensinaram soldados que sofrem de traumas pós-guerra a fazerem tricô e artesanato, para que a energia acumulada em sua mente pudesse fluir pelas pontas ocupadas dos seus dedos.

De fato, é uma medida que ajuda, mas constitui apenas parte da cura. Aflições e conflitos internos não podem ser superados apenas pelo trabalho manual. Deve haver contato com uma nova fonte de energia divina e o cultivo de uma relação de confiança numa Pessoa cuja essência é Amor. Se as almas aflitas pudessem ser apresentadas ao amor do Bom Pastor que cuida da ovelha desgarrada, de modo a inserirem-se numa nova região de amor, todos os seus medos e ansiedades seriam desfeitos. Mas isso é difícil. É impossível concentrar-se com a mente perturbada. Os pensamentos correm loucamente; mil e uma imagens inundam a mente. Para a mente distraída e desgarrada, o mundo espiritual parece estar distante demais. O rosário é a melhor terapia para essas almas perturbadas, infelizes, temerosas e frustradas, precisamente porque supõe o uso de três capacidades: a física, a vocal e a espiritual, e nessa ordem. Os dedos, ao tocarem as contas, são lembrados de que elas servem para a oração. É a sugestão física da oração. Os lábios movem-se em sincronia com os dedos. É uma segunda sugestão de oração, vocal. A Igreja, sábia psicóloga, insiste que os lábios se movam enquanto rezam o rosário, porque sabe que um ritmo externo do corpo pode criar um ritmo para a alma. Se os dedos e os lábios se mantêm em harmonia, o espírito logo os acompanhará, e a oração acabará penetrando o coração.

As contas ajudam a mente a concentrar-se. São quase como o motor de arranque de um veículo; depois de alguns giros e trancos, a alma começa a mover-se. Todo avião precisa de uma pista de decolagem antes de voar. A pista está para o avião, assim como estão as contas do rosário para a oração: elas são o arranque físico para que possamos ganhar altitude espiritual. O próprio ritmo e a doce monotonia propiciam uma paz e quietude físicas e criam uma fixação afetuosa em Deus. O físico e o mental trabalham juntos quando lhes damos chance. As mentes mais fortes podem funcionar de dentro para fora; mas as mentes aflitas precisam funcionar de fora para dentro. Nas pessoas com treinamento espiritual, a alma conduz o corpo; na maioria das pessoas, é o corpo que tem de conduzir a alma. Aos poucos, os aflitos que recitam o rosário veem que todas as suas aflições brotam do seu egoísmo. Nenhuma pessoa fiel ao rosário jamais teve a mente tomada por aflições e temores. Vocês ficariam surpresos ao descobrir como podem sair das aflições e subir, conta a conta, até o próprio trono do Coração do Amor em Pessoa.

2. *Intelectuais e ignorantes.* Os benefícios espirituais tirados do rosário dependem de dois fatores: primeiro, da compreensão das alegrias, dores e glórias da vida de Cristo; segundo, o fervor e o amor com que ele é rezado. Como o rosário é tanto oração mental como vocal, ele é uma fonte de águas em que os elefantes intelectuais podem banhar-se, e de que os pássaros simples também podem bebericar.

Acontece de muitas vezes os simples rezarem melhor que os cultos, não porque o intelecto prejudica a oração, mas porque ele gera o orgulho, que destrói o espírito de oração.

Sempre devemos amar segundo o nosso conhecimento, porque a sabedoria e o amor da Trindade são iguais. Mas assim como os maridos que têm boas esposas nem sempre as amam segundo esse conhecimento, também o filósofo nem sempre reza como deveria, e seu conhecimento se torna estéril.

O rosário é uma grande prova de fé. O que a Eucaristia é na ordem dos sacramentos, o rosário é na ordem dos sacramentais: é a prova de fé, a pedra de toque pela qual a alma é julgada quanto a sua humildade. A marca do cristão é a disposição de procurar Deus em um bebê numa manjedoura, o Cristo latente sob a aparência de pão no altar, bem como a meditação e a oração num fio de contas.

Quanto mais aprofundamos na humildade, mais profunda é a fé. A Mãe de Deus agradeceu seu Filho divino por ter olhado para sua pequenez. O mundo começa com o grandioso, o espírito começa com o pequeno, sim, com o trivial até! A fé dos simples é capaz de superar a dos cultos, porque os intelectuais com frequência ignoram essas formas de devoção humildes, como medalhas, peregrinações, estátuas e rosários. Assim como os ricos, na sua empáfia, torcem o nariz para os pobres, a intelligentsia, na sua sofisticação, caçoa dos humildes. Um dos últimos atos de Nosso Senhor foi lavar os pés dos seus discípulos, para depois dizer-lhes que é de humilhações assim que nasce a verdadeira grandeza.

Quando se trata de amor, não há diferença entre o intelectual e o simples. Eles recorrem ao mesmo sinal de afeto e os mesmos meios delicados, como conservar uma flor, guardar zelosamente um guardanapo ou papel com uma mensagem. O amor é a única força equalizadora do mundo; todas as diferenças dissolvem-se na grande democracia do afeto. Só quando os homens deixam de amar é que eles começam a agir diferente.

Só então eles passam a rejeitar essas minúsculas manifestações de afeto que fazem o amor crescer.

Mas se os simples e intelectuais amam, na esfera humana, deveriam igualmente amar a Deus na esfera divina. O culto pode explicar o amor melhor que o simples, mas sua experiência com o amor não é mais rica que a dele. O teólogo pode saber mais sobre a divindade de Cristo, mas pode não vivenciá-la na sua vida tão bem quanto o simples. Assim como o gesto simples de amor permite ao sábio compreender o que é o amor, é pelos atos simples de piedade que o culto também compreende Deus.

O rosário é o ponto de encontro dos ignorantes e dos cultos; é onde o amor simples evolui para conhecimento, e onde a mente cultivada cresce em amor. Como disse Maeterlinck: "O pensador continua a pensar corretamente apenas se não perder o contato com aqueles que não pensam nunca!"

3. *Os doentes*. O terceiro grande benefício do rosário dirige-se aos doentes. Quando a febre sobe e o corpo dói, a mente é incapaz de ler; mal quer que lhe dirijam a palavra, mas tem muito no coração que anseia dizer. Como o número de orações que uma pessoa sabe de cor é muito limitado, e o simples ato de repeti-la pode ser cansativo durante a enfermidade, é bom que os doentes tenham uma forma de oração em que as palavras convergem para a meditação e abrem caminho para ela. Assim como a lupa capta e une os raios dispersos do sol, o rosário também junta pensamentos que do contrário estariam espalhados pelo quarto do doente no calor branco do Amor Divino.

Quando uma pessoa está saudável, seus olhos passam a maior parte do tempo fixados na terra; quando está de cama, seus olhos olham para o Céu. Talvez seja mais verdadeiro dizer que é o Céu que olha para ele. Nesses momentos em que a febre, a agonia e a dor dificultam a oração, a intenção de orar demonstrada pelo simples fato de segurar o rosário é tremenda, e é ainda melhor quando se acaricia o crucifixo na sua extremidade. Como as nossas orações são decoradas, o coração pode então desaguá-las e assim cumprir o mandato da Escritura de "orar sempre". Prisioneiros de guerra durante a última Guerra Mundial me contaram como o rosário tornava os homens capazes de rezar, quase que continuamente, por dias antes de morrer. Os mistérios favoritos costumavam ser os dolorosos, pois meditar no sofrimento do Nosso Salvador na cruz inspirava esses homens a unir sua dor a Ele, de modo que, ao partilhar da sua cruz, também pudessem partilhar da sua ressurreição.

O rosário é o livro dos cegos, em que as almas enxergam e encenam o maior drama de amor jamais visto no mundo; é o livro dos simples, que os introduz a mistérios e conhecimentos mais satisfatórios do que a educação dos outros homens; é o livro dos idosos, cujos olhos fecham-se para a sombra deste mundo e abrem para a sustância do que há de vir. O poder do rosário está além de qualquer descrição. E aqui falo de exemplos concretos, que conheço, como jovens, em perigo de morte depois de um acidente, que tiveram recuperações milagrosas; uma mãe, desesperada na hora do parto, que se salva com o filho; alcoólatras que alcançaram a temperança; vidas dissolutas que se espiritualizaram; lapsos que retornaram à fé; soldados que foram preservados na batalha; perturbações mentais que foram superadas; pagãos que se converteram. Sei de um judeu que, na Primeira Guerra Mundial, estava no buraco aberto por uma explosão no front ocidental com quatro soldados austríacos. Bombas explodiam por todos os lados. De repente, uma carga matou seus quatro companheiros. Ele pegou o rosário da mão de um deles e começou a recitá-lo. Sabia de cor, pois já tinha ouvido outros rezá-lo muitas vezes. Ao final da primeira dezena, sentiu dentro de si um aviso para sair de onde estava. Rastejou por um monte de lama e sujeira e jogou-se em outro buraco. Nesse momento, uma bomba atingiu o buraco onde estivera. Teve a mesma experiência mais quatro vezes: quatro outros avisos e quatro outras vezes em que sua vida fora salva! Prometeu, então, entregar a vida a Nosso Senhor e a sua Santa Mãe se se salvasse. Depois da guerra, mais sofrimentos abateram-se sobre ele; sua família foi incinerada por Hitler, mas sua promessa permaneceu. Recentemente, batizei-o, e o soldado agradecido agora se prepara para entrar no seminário.

Todos os momentos ociosos da vida podem ser santificados, graças ao rosário. Ao caminhar pelas ruas, rezamos o rosário, oculto na mão ou no bolso. Ao dirigir um automóvel, as ranhuras da maioria dos volantes podem servir para contar as dezenas. Enquanto esperamos a nossa vez no refeitório, ou esperamos o trem, ou quando estamos numa loja; ou quando ficamos fora de uma rodada no baralho; ou quando uma conversa ou uma aula param.

Todos esses momentos podem ser santificados e postos a serviço da paz interior, graças à oração que nos permite rezar o tempo todo em todas as circunstâncias. Se você quer converter alguém à plenitude do conhecimento de Nosso Senhor e do seu Corpo Místico, ensine essa pessoa a rezar o rosário. O resultado só pode ser um destes dois: ou a pessoa deixará de rezar o rosário, ou receberá o dom da fé.

19
Os 15 mistérios do rosário

O rosário relaciona a vida cristã com Maria. Os três grandes mistérios do rosário — os gozosos, os dolorosos e os gloriosos — são a breve descrição da vida terrena contida no Credo: nascimento, paixão e vitória. Gozosos: "Nascido da Virgem Maria." Dolorosos: "Padeceu sob Pôncio Pilatos; foi crucificado, morto e sepultado." Gloriosos: "ressuscitou ao terceiro dia; subiu aos Céus; está sentado à direita de Deus Pai todo-poderoso." A vida cristã é inseparável das alegrias do nascimento e da juventude, os padecimentos da maturidade contra as paixões e o mal, e por fim, a esperança da glória no Céu.

Mistérios Gozosos

Primeiro mistério gozoso: A Anunciação
No amor humano, o homem deseja, a mulher doa. No amor divino, Deus busca, a alma responde. Deus pede a Maria que lhe conceda uma natureza humana com que Ele possa dar começo a uma nova humanidade. Maria concorda. O papel da mulher é ser o meio pelo qual Deus chega ao homem. A mulher frustra-se quando não dá à luz um novo homem, seja fisicamente, pelo parto, seja espiritualmente, pela conversão. E todo homem frustra-se quando não conhece sua mãe terrena e sua mãe celeste, Maria.

Segundo mistério gozoso: A Visitação
O amor que se recusa a compartilhar mata a si próprio. Maria não apenas quer que os outros partilhem do seu amor, mas também do seu Amado. Ela leva Cristo às almas antes de Cristo nascer. O Evangelho nos conta que, ao ver Maria, Isabel "encheu-se do Espírito Santo". Quando portamos

Cristo dentro de nós, não conseguimos ser felizes enquanto não transmitimos nossa alegria. A alma, incapaz de ampliar a si mesma, pode ampliar o Senhor aos olhos dos outros. Da humildade de Maria brotou o cântico do *Magnificat*, em que ela se considerou nada e considerou Deus tudo. Reduzindo-nos a zero, encontramos o Infinito mais rápido.

Terceiro mistério gozoso: A Natividade

Assim como a Virgem concebeu Nosso Senhor sem a vontade da carne, ela agora O dá à luz sem os trabalhos da carne. Como a abelha extrai o mel da flor sem a machucar, como Eva foi tirada do lado de Adão sem que ele sofresse, na recriação da raça humana, o Novo Adão é tomado da Nova Eva sem que ela sofra. Apenas seus outros filhos, espirituais, aqueles que ela gerará no Calvário, é que vão causar-lhe dor. E o sinal por que os homens souberam que Ele é Deus foi o fato de Ele estar envolto em panos. O sol estaria eclipsado, a Eternidade estava no tempo, a Onipotência estava amarrada, Deus estava na mortalha da carne humana. Apenas apequenando-nos assim é que chegaremos a ser grandes.

Quarto mistério gozoso: A Apresentação

Maria submete-se à lei geral da Purificação, da qual estava verdadeiramente isenta, para não causar escândalo pela descoberta prematura do segredo que lhe fora confiado. Simeão diz-lhe que seu Filho será contradição — o sinal de contradição é a Cruz — e que uma espada trespassará a alma dela. E, todavia, tudo isto é considerado um mistério alegre: pois, como o Pai mandou seu Filho para ser vítima pelos pecados do mundo, também Maria O guardaria alegremente até a hora do sacrifício. O uso mais elevado que qualquer um de nós pode fazer dos dons de Deus é devolvê-los a Deus.

Quinto mistério gozoso: O Menino-Deus encontrado no Templo

É tão fácil perder Cristo; podemos perdê-Lo pela menor desatenção. Um descuido na vigilância e a Presença Divina escapa. Mas às vezes a reconciliação é mais doce do que a amizade contínua. Há duas maneiras de conhecer a bondade de Deus: uma é jamais perdê-Lo; a outra é perdê-Lo e reencontrá-Lo. O pecado é a perda de Jesus, e como Maria sentiu a pontada da ausência Dele, tornou-se capaz de compreender o tormento no coração de cada pecador e ser, no sentido mais verdadeiro da expressão, "Refúgio dos Pecadores".

Mistérios dolorosos

Primeiro mistério doloroso: A agonia no horto

Nossas companheiras, as criaturas, só podem ajudar-nos quando nossas necessidades são humanas. Mas numa hora de grande necessidade, algumas delas traem e outras dormem. Na agonia profunda de verdade, devemos clamar a Deus. "Estando em agonia, ele orou." O que até aquele ponto parecia uma tragédia passa a ser abandono à vontade do Pai.

Segundo mistério doloroso: A flagelação do Senhor

Mais de setecentos anos antes, Isaías profetizou a laceração do corpo sagrado de Nosso Senhor. "Era desprezado, era a escória da humanidade, homem das dores, experimentado nos sofrimentos; como aqueles, diante dos quais se cobre o rosto, era amaldiçoado e não fazíamos caso dele." As grandes almas são como grandes montanhas; sempre atraem as tempestades. Contra seus corpos batem os trovões e tempestades dos maus, para quem a pureza e a bondade é uma censura. Em reparação para todos os pecados da carne, e num encorajamento antecipado para os mártires que seriam esmagados pelo comunismo e seus progenitores, Ele entrega seu corpo santo ao flagelo até "seus ossos poderem ser contados", e suas carnes penderem como trapos púrpuras.

Terceiro mistério doloroso: A coroação de espinhos

O Salvador do mundo é feito de fantoche por aqueles que se fingem de desentendidos: o Rei dos Reis é escarnecido por aqueles que não têm rei, senão César. Os espinhos eram parte da maldição original sobre a terra. Até a natureza, por meio dos pecadores, rebela-se contra Deus. Se Cristo usa uma coroa de espinhos, acaso devemos desejar uma coroa de louros?

Vi o Filho de Deus, rei
Com a coroa de espinho.
"Não basta, Senhor?", falei.
"E toda angústia do caminho?"

> *Ele virou-se com olhar terrível:*
> *"Ainda te falta luz?*
> *Eis que toda alma é calvário.*
> *E todo pecado, cruz."*[4]

Quarto mistério doloroso: A cruz às costas

Quantas cruzes não carregamos que são feitas por nós mesmos, com os nossos pecados! Mas a Cruz que o Salvador carregou não era Dele, mas nossa. Uma trave em contradição com a outra era o símbolo da nossa vontade em contradição com a Dele. Para as mulheres piedosas que encontrou pelo caminho, Ele disse: "Não chorai por mim." Verter lágrimas pela morte do Salvador é lamentar o remédio; seria mais sábio lamentar o pecado que o causou. Se a própria Inocência tomou uma cruz, como nós, que somos culpados, podemos queixar-nos?

Quinto mistério doloroso: Jesus morre na cruz

Uma vez pregado à Cruz e "elevado da terra para atrair todos a si", Ele é provocado: "Salvou a outros, mas não pode salvar a si mesmo." Claro que não! Não se trata de fraqueza, mas de obediência à lei do sacrifício. Uma mãe não pode salvar a si mesma se quer criar o filho; a chuva não pode salvar a si mesma se quiser irrigar o verde; um soldado não pode salvar a si mesmo se quiser salvar seu país. Assim, Cristo também não salvará a Si mesmo, já que veio para salvar-nos. Que coração é capaz de imaginar qual seria a miséria da humanidade se Deus tivesse salvado a Si mesmo do sofrimento e relegado o mundo caído à ira de Deus?

Mistérios gloriosos

Primeiro mistério glorioso: A Ressurreição

O Domingo de Páscoa não caiu três dias depois da Transfiguração, mas três dias depois da Sexta-Feira Santa. Não se mede o amor pelas alegrias e prazeres que proporciona, mas pela capacidade de extrair alegria do

---

[4] Rachel Annard Taylor, "The Question" [A pergunta]. Sir James Marchant (org.), *Anthology of Jesus*, 1926.

sofrimento, ressurreição da crucificação e vida da morte. Sem cruz na nossa vida, jamais haverá um túmulo vazio; a não ser que haja uma coroa de espinhos, jamais haverá a auréola de luz: "Oh, morte, onde está a tua vitória? Onde está o teu aguilhão?"

Segundo mistério glorioso: A Ascensão

Há agora no Céu uma natureza humana como a nossa, a promessa do que a nossa natureza será um dia se seguirmos o caminho do Senhor. Graças a essa natureza humana, Ele sempre terá profunda simpatia por nós, a ponto de "interceder por nós". Podemos ascender a Ele, agora, apenas com a mente e o coração; nosso corpo fará o mesmo depois do Juízo Final. Até lá, aproximamo-nos do seu trono com confiança, sabendo que "as mãos trespassadas são pródigas em bênçãos".

Terceiro mistério glorioso: A vinda do Espírito Santo

Assim como o Filho de Deus, na Encarnação, tomou para si um corpo humano no ventre da Virgem Maria coberta pela sombra do Espírito Santo, agora em Pentecostes Ele toma, no ventre da humanidade, um Corpo Místico, quando o Espírito Santo cobriu com sua sombra os 12 apóstolos, "todos eles perseveravam unanimemente na oração, juntamente com as mulheres, entre elas Maria". O Corpo Místico é a Igreja; Ele é sua Cabeça Invisível; Pedro e seus sucessores, a cabeça visível; nós somos seus membros, e o Espírito Santo, a sua alma. Assim como Ele ensinou, governou e santificou através de sua natureza humana, agora Ele ensina, governa e santifica por meio de outras naturezas humanas reunidas no seu Corpo Místico, a Igreja. Jamais poderemos agradecer suficientemente a Deus por nos fazer membros do seu único rebanho sob um único pastor.

Quarto mistério glorioso: A Assunção de Nossa Senhora

Maria não foi uma rosa em que Deus repousou por um tempo; foi o canal por que Deus chegou a nós. Maria não podia mais viver sem o Sonho que deu à luz, nem o Sonho podia viver sem ela, em corpo e alma. Seu amor de Deus a levou para o alto; o amor Dele pela Mãe a alçou para o alto. Nosso Senhor não podia mais deixar esquecido o berço em que se deitara. Na Anunciação, o anjo disse: "O Senhor é contigo." Na

Assunção: "Maria está com o Senhor." Sua Assunção é a garantia de que nossas preces serão atendidas. O Filho está à direita do Pai; ela está à direita do Filho.

Quinto mistério glorioso: A Coroação da Virgem

Como Maria é Rainha do Céu, Nosso Senhor volta a nós através de Maria, passando sua vida e sua bênção pelas mãos dela, medianeira de todas as graças. Ele veio através dela em Belém; através dela, voltamos a Ele, e através dela, Ele volta a nós.

> *Nossa Senhora foi a terras estranhas*
> *E a coroam rainha*
> *Ela não precisa ficar nem ser questionada*
> *Só vista.*
> *E foram esmagados por beleza insuportável*
> *Como nós*
>
> *Nossa Senhora usa a coroa em terras estranhas*
> *A coroa que Ele deu,*
> *Mas ela não se esqueceu de chamar as velhas companhias*
> *Chamar e desejar*
> *E ao ouvir seu chamado um homem pode levantar-se e trovejar*
> *Às portas do túmulo.*[5]

---

5 | G.K. Chesterton, "Regina Angelorum" [Rainha dos anjos]. In: *Collected Poems*, 1935.

20

A MISÉRIA DA ALMA E A RAINHA DE MISERICÓRDIA

Uma pequena parábola para ilustrar uma grande verdade: todo mortal recorda-se do dia em que sua mãe lhe disse que prepararia um bolo para ele. Sua intenção era que desfrutássemos dele juntos. Vimos nossa mãe separar os ovos, o fermento, a farinha, o açúcar, o leite, a manteiga e o chocolate (espero não ter esquecido nenhum ingrediente). Quando, finalmente, a massa ficou pronta e foi posta para descansar, nossa mãe nos disse para não mexermos nela, não por não querer a nossa felicidade nem por achar os ingredientes nocivos, mas por estar certa, na sua sabedoria superior, de que não ficaríamos felizes com qualquer coisa que não estivesse perfeita.

Mas alguns de nós fomos experimentar a massa — eu sou um deles — e foi aí que começaram os problemas. O resultado da desobediência foi uma dor de barriga, e o bolo que comeríamos junto com a nossa mãe não pôde ser feito.

Foi algo parecido, mas muito maior, que aconteceu no começo da história humana e que se repete, em diferentes graus, em cada alma desde então. Deus não disse aos nossos primeiros pais: "Alguns frutos são bons e outros são ruins. Não comam os frutos ruins." Ele não disse isso porque todos os frutos eram bons, assim como todos os ingredientes do bolo eram bons. O que Deus disse foi: "Não comas o fruto da árvore da ciência do bem e do mal." Com isso, quis dizer: "Não use as coisas em seu estado imperfeito, isolado, pois ainda estão desvinculadas do seu propósito final."

Mas o homem decidiu usar as coisas em seu estado pela metade e contraiu a grande dor de barriga da humanidade, que é chamada pecado original. É provável que alguns filhos tenham acusado suas mães de lhes causarem dor de barriga, assim como os homens, que se rebelaram contra seu propósito final, questionaram Deus: "Se Ele sabia que eu me frustraria tanto, por que me criou?" Os fabricantes de automóveis fornecem diversas instruções — sobre a gasolina, o óleo etc. — para que o carro possa ter o melhor desempenho, mas não limitam a nossa liberdade ao fazer isso. Assim, Deus nos pede para não tratar a massa como bolo, a terra como o Céu, e aquilo que não é Deus como Deus. Não faz isso para nos aprisionar, mas porque nos quer felizes.

Toda pessoa tem um destino. Tem também metas menores, como ganhar a vida, cuidar da família, mas acima de tudo esta é sua meta suprema: ser perfeitamente feliz. Isso ela só alcança com uma vida sem fim nem dor nem morte, com uma verdade sem erro nem dúvida, com um êxtase de amor eterno que nunca sacia nem se perde. Ora: Vida Eterna, Verdade Universal e Amor Celeste são a definição de Deus. Recusar esse fim perfeito e substituí-lo por um objetivo passageiro, incompleto, insatisfatório, como a carne ou o ego ambicioso, é criar uma infelicidade interior que psiquiatra algum é capaz de curar!

O que a dor de barriga é para o corpo, esse complexo é para o adulto. Um complexo é basicamente um conflito entre o que deveríamos ser e o que somos; entre os nossos ideais ou os impulsos celestiais e o nosso mero ser factual; um complexo é uma tensão exagerada entre os apelos de Deus e a afirmação dos nossos egos. Se uma navalha tivesse consciência e fosse usada para cortar pedras, gritaria de dor, porque o propósito de sua existência teria se frustrado. Nossa consciência interior também grita com neuroses e psicoses quando não tendemos livremente para a meta suprema para a qual fomos criados, a saber, a Vida e a Verdade e o Amor, que é Deus.

É possível desenhar um complexo. Pegue um lápis e trace uma linha de alto a baixo numa página. Essa linha vertical, que aponta para o céu, simboliza o nosso destino. Agora, desenhe outra linha de lado a lado, cortando a linha a vertical. O que temos? Uma cruz! O que um complexo é psicologicamente, a cruz é teologicamente. A barra vertical representa a vontade de Deus; a barra horizontal representa a nossa vontade, que a nega, contradiz e a corta. Não todas, mas a maioria das psicoses e neuroses curáveis da mente moderna são efeitos do pecado. Os pacientes acabaram com uma personalidade recortada porque negaram os impulsos que lhes foram dados por Deus. Tentar abrir uma lata com um lápis só resulta num lápis quebrado e numa lata fechada. Tentar fazer um deus do nosso ventre ou do nosso ego rebaixa nossos parâmetros de vida, quebra a mente e não traz felicidade.

Toda alma infeliz do mundo tem uma cruz dentro de si. A cruz não foi feita para estar dentro de nós, mas apenas fora. Quando os israelitas eram picados por serpentes, e o veneno penetrava o corpo, Moisés ergueu uma serpente de bronze numa vara, e todos os que a olhavam eram curados. A serpente de bronze era como a serpente que os picara, mas não tinha veneno. Assim o Filho do Homem era semelhante aos homens, mas não tinha pecado, e todos os que o olham para a sua cruz são salvos. Da mesma maneira, a cruz ou complexo interior desaparece quando vislumbramos a grandiosa cruz fora de nós, no Calvário, com o Deus-homem que resolve toda contradição extraindo bem do mal, vida da morte e vitória da derrota.

A criança, ao querer ser mais sábia que sua mãe, descobriu a própria tolice. O homem, ao querer ser um deus, descobriu a agonia dolorosa de que não é Deus. Quando o primeiro homem fez essa descoberta, é descrito pela Escritura como estando "nu". Nu, porque o homem que despreza ou rejeita Deus não tem nada. Pode cobrir-se por um tempo com as folhas de figueira do "sucesso", da "arte", da "ciência", do "progresso" ou racionalizando a sua conduta, dizendo que a verdade não existe. Mas ele sabe que esses trapos inadequados não podem cobrir todas as suas necessidades. A nudez moderna é estar sem Deus!

O que chamamos sucessivamente de dor de barriga, de complexo, de cruz, de nudez é uma constatação tão comum que a literatura moderna traz cada vez mais aquilo que poderíamos chamar de *teologia da ausência*. Um homem sem Deus não é meramente um bolo sem passas; é um bolo sem farinha nem leite: carece dos ingredientes essenciais para a felicidade. Desconhecer Deus não é o mesmo que desconhecer Homero; é mais semelhante a estar vivo e acordar num túmulo. A ausência sentida pelo ateu é a negação de uma presença, um senso do absurdo, uma consciência do nada. A graça branca é a presença de Deus na alma; a graça negra é a infelicidade por sua ausência.

Essa ausência é comparável com a viuvez no sentido de que a existência parece ter-se estragado, pois vivemos na sombra agonizante daquilo que se foi! Todo esse sofrimento interior vem de dois tipos de pecado: (1) o pecado que aceita o dom e esquece o Doador; (2) o pecado que rejeita o Doador com o dom. O primeiro inutiliza Deus; o segundo expulsa Deus da alma. O pecado de Adão foi do primeiro tipo, porque ele escolheu algo antes de Deus, como o homem que põe o próprio ego, a carne ou o poder como meta de vida. A crucificação foi um pecado do segundo tipo, por ser anti-Deus. O primeiro tipo consiste naqueles pecados que poderíamos chamar de "quentes", pois são inspirados pelas paixões; o segundo consiste nos pecados "frios", como a blasfêmia e as tentativas deliberadas de destruir todos os vestígios de Deus e da moral. Matar o corpo é menos grave que matar a alma: "Temei antes aquele que pode precipitar a alma e o corpo na geena" (Mt 10, 28). O professor universitário e o editor de jornal que ridicularizam Deus a fim de expurgá-Lo do nosso coração, ou o diretor de rádio que elimina todas as orações da programação e as substitui por poemas antirreligiosos: eles são a quinta coluna de Satanás. Não se trata apenas de negar reconhecimento a Deus, mas de uma pretensão de que tudo que é divino é mau, ou como disse Nietzsche: "Mal, sê meu bem." Homens perversos assim disseram de Nosso Senhor: "É por Beelzebul, príncipe dos demônios, que ele expulsa demônios" (Mt 12, 24). Esses homens não negam a existência de Deus, mas a essência Dele, isto é, negam que Ele é a Bondade. O velho ateísmo negava a existência de Deus; o novo nega a sua essência e, portanto, milita contra a sua existência. É pior dizer "Deus é mau" do que dizer "Deus não existe". Chamar o Amor de demônio é rejeitar a própria possibilidade do perdão do Amor.

O pecado, em todas as suas formas, é uma expulsão deliberada do Amor da alma. O pecado é a ausência coagida da Divindade. O inferno é essa ausência de Deus tornada permanente pelo último ato da vontade. Deus não faz nada à alma para puni-la; a alma produz o inferno por conta própria. Se eliminássemos o ar dos pulmões como eliminamos o amor da alma, como os pulmões culpariam Deus por ficarmos de cara vermelha, por desmaiarmos ou os danificarmos? O que a ausência de ar é para os pulmões, a ausência de amor é para a alma. Nesta terra, a falta de amor deixa as pessoas vermelhas; na próxima vida, a falta de amor deixa o inferno vermelho.

O grande problema agora é como salvar esses dois grupos, aqueles que receberam o dom e se esqueceram do doador, e aqueles que rejeitaram tanto o dom como o doador.

A resposta será encontrada na atenção que uma mãe daria ao filhinho com dor de barriga. Não é da natureza da mãe abandonar os filhos que se machucam por tolice própria. Ela imediatamente manifesta o que se pode chamar de "a relação mútua entre os contrários". Por exemplo, são os ricos que ajudam os pobres, os saudáveis que ajudam os doentes, os cultos que ensinam os ignorantes e os que não têm pecado que ajudam os pecadores. Há na maternidade como que um sinônimo da clemência máxima, e que nos impede de sermos vencidos de antemão por meio do desespero e do remorso ao dar-nos esperança em meio aos pecados. É da natureza de uma mãe humana interceder pelo filho ante a justiça do pai, suplicando por seu pequeno, pedindo que a criança seja poupada, pois não compreende e merece outra chance ou no futuro ela vai melhorar. O coração de uma mãe está sempre cheio de pena por quem erra, por quem peca e quem cai. Nenhuma criança jamais ofendeu seu pai sem ofender sua mãe, mas o pai se concentra mais no crime, e a mãe na pessoa.

Ora, da mesma forma que uma mãe biológica vela pela criança que fraqueja, também Maria vela por seus filhos errantes. A única palavra que nunca associam a ela é justiça. Ela é apenas seu espelho. Como mãe do Juiz, pode influenciar seu julgamento; como Mãe de Misericórdia, pode alcançar misericórdia. Duas vezes na história, reis poderosos prometeram metade de seu reino a uma mulher: uma quando uma mulher aliciou um rei por seu vício; outra quando uma mulher inspirou um rei por sua virtude. O rei Herodes, ao ver a enteada Salomé dançar, inebriou-se menos com o vinho do que com a lascívia dos movimentos giratórios de dervixe da moça. E disse: "Pede-me o que quiseres que to darei, ainda que seja metade do meu reino." Salomé consultou a mãe, Herodíades, que, lembrando-se de que João Batista condenara seu divórcio e recasamento, disse à filha: "Pede a cabeça de João Batista numa bandeja." Foi assim que João perdeu a cabeça. Mas é sempre melhor perder a cabeça como João do que como Herodes!

O outro rei foi Assuero, que tingiu o pó da terra de vermelho com o sangue dos judeus. Ester, a bela donzela judia, jejuou antes de pedir ao rei misericórdia para com seu povo; o jejum a deixara ainda mais bela do que era. O cruel tirano, tão cruel quanto Herodes, ao ver a beleza da mulher, disse: "Pede-me o que desejares e to darei, ainda que seja metade do meu reino." Diferentemente de Salomé, Ester não pediu a morte, mas a vida, e seu povo foi poupado. A mulher é tentadora por natureza. Mas ela não tenta somente para o mal, como Salomé, mas para o bem, como Ester.

Ao longo dos séculos, os Padres da Igreja afirmaram que Nosso Senhor conserva para si metade do seu reinado, que é o Reino da Justiça, mas dá à sua Mãe a outra metade, que é o Reino da Misericórdia. Nas bodas de Caná, Nosso Senhor disse que a hora da sua Paixão ainda não tinha chegado, a hora em que se cumpriria a justiça. Mas sua Santa Mãe suplicou-lhe que não esperasse, mas que fosse misericordioso com os necessitados e atendesse às suas necessidades mudando a água para vinho. Três anos depois, quando não foi a água que virou vinho, mas o vinho que virou sangue, ele cumpriu toda a justiça, mas cedeu metade do seu reino ao nos dar aquilo que ninguém mais podia: sua Mãe. "Eis a tua mãe." Tudo que as mães fazem pelos filhos, sua Mãe faria, e mais.

Ao longo de toda a história, a Mãe de Deus tem sido o elo entre dois opostos: o castigo eterno no inferno para os pecadores e a Redenção universal e ilimitada do seu Filho divino. Esses extremos só podem ser conciliados pela misericórdia. Não é que Maria perdoe aquilo que não pode perdoar, mas ela intercede como uma mãe ante a justiça do pai. Sem justiça, a misericórdia seria indiferença para com o erro; sem misericórdia, a justiça seria vingança. As mães obtêm perdão e absolvição para os filhos sem jamais lhes dar a sensação de estarem "liberados". A justiça faz o malfeitor ver a injustiça de violar a lei; a misericórdia o faz ver o sofrimento e o mal que ele causou a quem o ama profundamente.

Um homem mau que é liberado provavelmente cometerá o mesmo pecado de novo, mas não há filho que tenha sido salvo do castigo pelas lágrimas da mãe que não decida jamais tornar a pecar. Assim, a misericórdia nunca está separada do senso de justiça. O golpe pode não vir, mas o efeito é o mesmo.

Que poder misterioso é esse da mãe sobre filho que, quando ele confessa sua culpa, ela se esforça para minimizá-la, mesmo com o coração chocado diante da perversidade da revelação? Os impuros raramente toleram os puros, mas apenas o puro compreende o impuro. Quanto mais santa é a alma de um confessor, menos ele se detém sobre a gravidade da ofensa, e mais no amor do ofensor. A bondade sempre alivia o fardo da consciência e nunca atira uma pedra para aumentar-lhe o peso. Há muitos feixes no campo que sacerdotes, religiosas e fiéis são incapazes de recolher. É papel de Maria acompanhar esses segadores para reunir os pecadores. Como disse Nathaniel Hawthorne: "Sempre invejei nos católicos essa doce e santa Virgem Mãe, que está entre eles e a Divindade, interceptando algo do imenso esplendor Dele, mas permitindo ao amor fluir para o fiel de maneira mais inteligível à compreensão humana através da ternura de uma mulher."

Maria vai nos ajudar se a invocarmos. Não há uma única alma infeliz ou pecadora no mundo que invoque Maria e não encontre misericórdia. Qualquer um que a invoque terá as chagas da alma curadas. O pecado é um crime de lesa-majestade; mas a Mãe de Deus é o refúgio. Santo Anselmo disse que "ela foi escolhida para ser Mãe de Deus mais por causa dos pecadores do que dos justos", e é difícil duvidar disso, já que Nosso Senhor mesmo disse não ter vindo para salvar os justos, mas para chamar os pecadores ao arrependimento.

Santo Efrém chama a Mãe de Deus de "alvará da nossa libertação do pecado" e chega a dizer que ela é a protetora dos que estão a caminho da perdição: *Patrocinatrix damnatorum*. Santo Agostinho disse dela: "O que todos os santos podem fazer com a tua ajuda, tu o fazes sem eles."

Há na vida dores próprias das mulheres e que os homens são incapazes de compreender. É por isso que, como Adão e Eva estiveram na queda, devia haver um novo Adão e uma nova Eva na redenção. Como convinha, portanto, uma Mulher é chamada a estar ao pé da cruz onde Nosso Senhor redimiu-nos dos pecados. Ele também a redimiu. Nosso Senhor era capaz de sentir todos os sofrimentos mentalmente, mas as dores e os sofrimentos que só uma mulher é capaz de sentir, Maria era capaz de sofrer em união com Ele. Um deles era a vergonha da mãe solo. Não que Maria fosse isso, pois era esposa de José; mas enquanto o anjo não contou a José que ela havia concebido pelo Espírito Santo, Maria teve de partilhar da dor no coração de todas as suas irmãs que gestam uma criança fora do casamento. As mães de filhos convocados para a guerra invocam Maria, cujo Filho também foi convocado para a guerra contra os principados e potestades do mal. Ela chegou mesmo a juntar-se ao Filho no campo de batalha e ter a alma ferida.

As mães de filhos nascidos com algum problema — corpo aleijado, mente desajustada, mudez — ou que vivem sob a sombra da morte ou desastre iminentes podem apresentar suas preocupações a Maria, que viveu sob uma maré iminente de dores. Sabe o que é ter um filho que será uma cruz cotidiana. No nascimento de Jesus, os magos lhe ofereceram mirra para seu enterro, dando a entender que seu destino era a morte. Quando ele tinha quarenta dias de vida, o velho Simeão disse a Maria que seu Filho seria um sinal de contradição, o que queria dizer crucificação, e que a lança que transpassaria o coração Dele também transpassaria sua alma! Agora não há desculpa. Alguns dizem que seria "hipocrisia" de sua parte recorrer a Deus. Seriam hipócritas se dissessem estarem prontos para serem limpos com a intenção de permanecerem sujos. Mas seriam hipócritas se admitissem que são pecadores e que querem ser filhos de Deus de verdade.

Aqueles de espiritualidade severa, de cristianismo frio, que conhecem Cristo mas são rígidos em seus juízos, com um toque de fanatismo e ódio por seus irmãos, deveriam perceber que carecem da maternidade de Maria. Assim como, na ordem física, um homem que cresce sem a atenção amorosa de uma mãe perde aquilo que dá delicadeza e doçura a seu caráter, na ordem espiritual, aqueles que crescem no cristianismo sem Maria carecem da alegria e felicidade daqueles que têm mãe. Órfãos do Espírito! Sua Mãe está viva!

Durante os séculos cristãos, aqueles esmagados pela culpa e temerosos de aproximar-se de Deus, ou aquelas que não acorreram à divindade de Cristo, ou que recaíam na tristeza por sentirem uma vergonha enorme diante dela, sempre puderam recorrer à Mãe de Deus para tirá-los do abismo. Dois autores modernos são exemplos típicos desse espírito. W.R. Titterton, poeta e ensaísta, escreveu por ocasião da morte de Shaw: "Shaw era muito amigo da mãe de um reverendo, e ela rezava diariamente por sua conversão. Certa vez, ele lhe confessou a sua dificuldade: não conseguia crer na divindade de Cristo. 'Mas', ele disse, dando-lhe um tapinha no ombro, 'acho que a Mãe dele vai me acompanhar'." Shaw colocara o dedo numa verdade sublime: aqueles que ainda não estão prontos para aceitar Cristo como mediador entre Deus e o homem chegarão a essa verdade por Maria, que agirá como medianeira entre as almas viúvas e Cristo, até que elas finalmente cheguem aos braços Dele.

Marcel Proust diz que quando jovem procurou sua mãe para relembrar muitas das coisas más que fizera por ignorância e paixão, coisa que sua mãe era incapaz de compreender, mas que ouviu mesmo assim. Ele disse que, de um jeito ou de outro, ela diminuía a importância de tudo aquilo com delicadeza e compaixão, aliviando sua consciência. Mas como Maria sabe o que padecem os que não têm Cristo, ou simpatiza com as chagas na alma dos pecadores? Assim como o lírio puro permanece imaculado num lago sujo, Maria descobriu o que é o pecado no momento que viveu, na sua capacidade de amor enquanto criatura, aquilo que Nosso Senhor sentiu na cruz.

O que é o pecado? Pecado é a separação de Deus e uma alienação do amor. Mas Maria também perdeu Deus! Não moral, mas fisicamente, durante os três aparentemente intermináveis dias quando seu Filho divino tinha apenas 12 anos. Procurando, perguntando, batendo de porta em porta, suplicando e implorando, Maria conheceu um pouco do vazio desesperador daqueles que ainda não encontraram Cristo. Foi o momento da sua viuvez de alma, quando Maria descobriu como todo pecador se sente, não porque ela pecou, mas porque sentiu o efeito do pecado: a perda de Deus e a solidão da alma. A cada alma perdida, ela pode dirigir as mesmas palavras: "Filho, buscávamos cheios de aflição."

Os Evangelhos nada dizem a esse respeito, mas sempre acreditei que Judas — quando partiu para trair Nosso Senhor e quando voltou mais tarde, com a corda sob o braço para enforcar-se numa olaia — desviou-se deliberadamente do caminho para evitar contato com a Mãe de Jesus. Provavelmente, Nossa Senhora não perdoaria nenhuma outra pessoa do mundo com mais benevolência do que perdoaria a Judas, embora ele tenha mandado seu Filho para a Cruz. Quando Nosso Senhor deu-nos metade de seu reino em sua Mãe, tornou quase impossível que qualquer alma fosse para inferno se suplicasse a intercessão dela. Se Judas está no inferno, é por ter deliberadamente voltado as costas a Maria quando saiu para enforcar-se. Se não está no inferno, é porque naquela fração de segundo, ao olhar para o monte do Calvário a partir do monte em que estava, avistou a Mãe com seu Filho divino e morreu com esta oração nos lábios: "Mãe dos pecadores, rogai por mim!"

Nossa Mãe do Céu demonstra misericórdia para com todas as almas, pois tem o direito de fazê-lo. Ela aceitou a maternidade não como título pessoal, mas como representante de toda humanidade. Seu consentimento é, para a nova ordem da graça, o que o consentimento de Eva foi para a humanidade caída. Portanto, ela tinha alguma parte dos méritos redentores do seu Filho. Mais: seu Filho divino afirmou esses méritos, pois o último ato de Nosso Senhor nesta terra, ato para o qual Ele exigiu nossa aceitação visivelmente, foi seu pedido para que a Mãe fosse tomada por nossa Mãe: "Eis a tua Mãe." Um filho pode esquecer-se da mãe, mas uma mãe jamais esquece o filho. Ela não é somente Mãe de Jesus, mas de todos que Ele redimiu. "Poderá a mãe esquecer-se do filho de seu ventre?" Mas além de toda a doce recordação está o consolador fato humano de que uma mãe abraça e acaricia com mais frequência o filho que mais cai e se machuca.

Com São Bernardo, a Igreja repetiu a oração a Maria Rainha de Misericórdia: "Lembrai-Vos, ó piíssima Virgem Maria, que nunca se ouviu dizer que algum daqueles que têm recorrido à vossa proteção, implorado a vossa assistência, e reclamado o vosso socorro, fosse por Vós desamparado." Como Cristo intercede por nós ante o trono do Pai, Maria intercede por nós ante seu Filho. Mas só pode desempenhar esse papel de misericórdia por quem sofre.

Em suas revelações, Santa Brígida cita as seguintes palavras de Nossa Mãe: "O povo da terra precisa de uma misericórdia tripla: dor por seus pecados, penitência para expiá-los e força para fazer o bem." E Maria prometeu essas misericórdias a todos que a invocassem. Como o Filho mostra ao Pai as chagas que recebeu ao salvar o homem na batalha do Calvário, Maria mostra o corpo trespassado por sete espadas no mesmo cerco contra o pecado. Nenhum pecador do mundo está além da esperança de redenção; não há ninguém tão amaldiçoado que não possa obter perdão se recorrer a Maria. É preciso estar em estado de graça santificante para salvar-se, mas o estado de graça não é necessário para invocar Maria. Assim como ela representou a humanidade ao dar seu consentimento à Redenção, ela ainda é a representante daqueles que ainda não estão em estado de amizade com Deus. É fácil para os irmãos de Cristo recorrerem ao Pai; mas não é fácil para os estranhos e os inimigos. Esse é o papel representado por Maria. Ela é não apenas a mãe daqueles que estão em graça, mas a rainha daqueles que não estão. O verdadeiro nome de Satanás é "Sem Misericórdia" (cf. Os 1, 6-8), aquele cuja natureza é incapaz de pedir perdão. Ele primeiro tenta convencer uma alma de que o mal não é mal; depois, quando o mal foi feito, tenta convencê-la de que não há esperança. É assim que a presunção gera o desespero. Satanás recusa a humilhação do perdão tanto para si como para os outros, mas Maria pede perdão mesmo para aqueles que, como agentes de Satanás, tornariam a crucificar seu Filho. Seu nome é a antítese de Satanás: "Aquela que recebeu misericórdia" (Os 2, 1) e, portanto, aquela que a distribui.

Santa Gemma Galgani, que viveu em tempos modernos, estava um dia intercedendo junto ao Senhor pela alma de certo pecador. Enquanto Gemma suplicava misericórdia, o Salvador relatou seus pecados horrendos e anormais, um por um. Depois de o Salvador negar por três vezes sua misericórdia, Santa Gemma Galgani disse: "Pois vou pedir à sua Mãe." Nosso Senhor respondeu: "Nesse caso, não poderei recusar." Uma hora depois o pecador em questão procurou o confessor da santa e fez uma confissão geral.

> *Doce mocidade sem dolo,*
> *Extremo da energia criadora de Deus;*
> *Pico ensolarado da personalidade humana;*
> *Rosto corado que salvou nossa vergonha da desvergonha;*
> *Pedra principal de escândalo;*
> *Sinal erguido no caminho*
> *Para que todos vencessem;*
> *Franja do manto de Deus, que todos tocam e saram;*
> *A quem por fora*
> *Prestam muito honra*
> *Com recompensa e graça*
> *Inconcebível para o bruto ainda sujo que saúda Deus face a face;*
> *Desprezando a cortesia segura e graciosa*
> *De invocá-Lo por ti:*
> *Ora pro me!*[6]

---

6 | Coventry Patmore, "The Child's Purchase" [O valor da criança]. In: *I Sing of a Maiden*, 1949.

21
MARIA E A ESPADA

Uma das penas do pecado original foi que a mulher trouxesse seus filhos ao mundo entre dores:

> *Nada começa nem acaba*
> *Sem a paga de gemidos*
> *Pois nascemos da dor alheia*
> *E perecemos com a própria.*

Mas o coração também tem suas dores, pois, embora a nova vida se dê separada da mãe, o coração sempre toma essa nova vida como própria. O que ele não possui é a independência do filho, é possuído no amor de um coração materno. Por um tempo, o corpo dela segue o coração, já que a cada filho em seu peito ela diz na linguagem de uma eucaristia natural: "Tome e coma. Este é o meu corpo, este é o meu sangue." Chega finalmente a hora de a alma da criança ser nutrida pela Eucaristia divina do Senhor, que disse: "Tomai e comei. Este é o meu corpo. Este é o meu sangue." Mesmo então o coração materno permanece, jamais deixando de amar a vida que transformou a mulher em mãe.

O outro lado da questão é: assim como cada mulher gera um filho, cada filho gera uma mãe. A dependência da criança, numa linguagem mais forte que as palavras, demanda a mãe dizendo: "Seja doce, seja sacrificada, seja misericordiosa." Mil tentações da mãe são esmagadas por um pensamento luminoso: "E o meu filho?" A criança chama-a ao dever mesmo antes de conseguir falar dever. Ela faz a mãe pensar duas vezes antes de deixar o pai para começar um novo pseudolar. O filho constitui a fadiga e o cansaço da mãe, assim como constitui sua alegria com os êxitos e as agonias em suas desgraças. O filho traz o impacto de outra vida, e mãe alguma escapa dos seus raios vitais.

Se aplicamos isso à Nossa Santa Mãe, vemos que ela não apenas gerou um Filho, mas foi gerada por esse Filho. Essa é a conexão entre Belém e o Calvário. Ela deu a Ele a filiação, e Ele deu a ela a maternidade. Na manjedoura, ela tornou-se sua Mãe; no Calvário, ela foi chamada de "Mulher". Nenhum filho além de Cristo seria capaz de fazer de sua mãe a Mãe de todos os homens, porque a carne é possessiva e exclusiva. Torná-la a Mulher ou Mãe Universal foi como uma nova palavra de criação. Ele a fez duas vezes: uma para Si, e outra para o seu Corpo Místico. Ela fez Cristo o novo Adão; Ele agora a estabelece como nova Eva, Mãe da humanidade.

Essa transferência da sua Mãe para os homens foi, de maneira muito apropriada, feita no momento em que Ele os redimiu. A palavra "mulher", pronunciada do alto da Cruz, foi a segunda Anunciação, e João foi a segunda Natividade. Que alegria vem com a maternidade de Jesus! Que angústia veio com essa maternidade de todos os homens! No estábulo, a mente de Maria estava repleta de pensamentos sobre a divindade; no Gólgota, porém, os pecadores é que mais ocupavam sua cabeça, e agora ela era mãe deles. A maldição de Eva abateu-se sobre Maria: "Darás à luz com dores." Quando contrastamos a grande diferença entre seu Filho divino e nós, a dor dela, do nosso ponto de vista, deve ter sido não apenas "Como posso viver sem Ele?", mas também "Como posso viver com eles?". Tratou-se do milagre da substituição, pois como alguém pode satisfazer-se com os raios dispersos do sol depois de ter estado com o próprio sol? A humildade que ela cantou no *Magnificat* não foi só uma confissão de falta de méritos para ser Mãe de Deus, mas também admissão da sua disposição para ser Mãe dos homens. Doeu-lhe não morrer com Ele; doeu-lhe ainda mais viver conosco.

A tradição sugere que Maria foi trespassada sete vezes pelas espadas do sofrimento, e essas são as suas Sete Dores. Nossa perspectiva aqui não será a das sete espadas; falaremos de sete golpes da mesma espada, e a Espada que trespassou sua alma foi o próprio Cristo. Essa Espada tem dois gumes: um deles penetrou no próprio Coração Sagrado de Cristo; o outro, no Coração Imaculado de Maria. Como Cristo pode ser uma espada? Primeiramente, a Carta aos Hebreus fala-nos que a palavra de Deus é uma espada de dois gumes: "Porque a palavra de Deus é viva, eficaz, mais penetrante do que uma espada de dois gumes e atinge até a divisão da alma e do corpo, das juntas e medulas, e discerne os pensamentos e intenções do coração. Nenhuma criatura lhe é invisível. Tudo é nu e descoberto aos olhos daquele a quem havemos de prestar contas" (Hb 4, 12-13). A palavra de que se fala aqui é sem dúvida a Escritura e a voz viva da Igreja. Mas a sua raiz e fonte é sem dúvida a Palavra Divina, que é o próprio Cristo. Ao comentar essa passagem, São Tomás de Aquino estabelece essa relação de identidade. Além disso, São Tomás cita Santo Ambrósio, que propõe a mesma interpretação: "Pois a Palavra de Deus é viva, efetiva e mais penetrante do que qualquer espada de dois gumes."

Cristo, falando metaforicamente, golpeou o seu próprio Sagrado Coração com um dos gumes dessa espada, no sentido de que quis todos os sofrimentos desde Belém até o Calvário. Ele foi a causa de sua morte, diz-nos São Tomás, e o foi de duas maneiras: diretamente, por opor-se de tal maneira ao mundo que este não pôde suportar sua presença. Simeão anunciara isso ao dizer que Ele era "sinal de contradição". A essência do mal não é roubar, furtar, assassinar; é a crucificação da bondade, a eliminação do princípio moral da vida, de modo que a pessoa acaba por pecar sem remorso nem pena. Indiretamente, Cristo foi a causa da própria morte, como nos diz São Tomás, "por não a evitar quando podia. Pode-se dizer que uma pessoa molhou a outra quando deixou a janela aberta num momento de chuva, e é nesse sentido que Cristo foi a causa de sua Paixão e Morte". Ele podia ter usado seu poder e lançado relâmpagos contra Pilatos e Herodes; podia ter feito um apelo às massas com o magnetismo de sua palavra; podia ter transformado os pregos em botões de rosa e a coroa de espinho numa coroa dourada. Ele podia ter descido da Cruz quando lhe desafiaram. Porém, "como a alma de Cristo não rejeitou os machucados infligidos ao seu Corpo — antes permitiu que sua natureza corpórea sucumbisse a esses machucados —, podemos dizer que Ele entregou sua vida ou morreu voluntariamente", escreve São Tomás.

A espada, portanto, foi a própria vontade de morrer de Cristo, a fim de que fôssemos salvos da morte dupla. Mas Ele também quis que sua Mãe estivesse intimamente associada a Si, da maneira como qualquer pessoa humana pode associar-se a uma Pessoa Divina. Pio X declarou que o vínculo entre a Virgem e seu Filho era tão estreito que as palavras do profeta podiam ser aplicadas a ambos: *Defecit in dolore vita mea, et anni mei in gemitibus* (Sl 30, 11). Se pensarmos com Leão XIII que "Deus quis que a graça e verdade que Cristo alcançou para nós fossem-nos concedidas somente por Maria", então ela também teve de querer cooperar na Redenção, como Cristo quis enquanto Redentor. Cristo quis que ela sofresse consigo, dizem alguns teólogos, *per modum unius*. Se Ele desejou a própria morte, quis as Dores de Maria. E se Ele quis ser o "Varão de Dores", quis que ela fosse a "Mãe das Dores". Mas Cristo não impôs sua vontade; ela a aceitou no seu *fiat* original na Anunciação. A espada que Ele cravou no próprio Coração cravou também no de sua Mãe, com a cooperação dela. Não o poderia ter feito se ela não fosse sua Mãe, e se não fossem, em sentido espiritual, "dois em uma só carne", "dois em uma só mente". As dores da Paixão eram Dele, mas Maria as considerou suas também, pois esse é o significado de compaixão.

Não houve sete espadas, mas apenas uma, trespassando dois corações. As Sete Dores são como sete golpes de Cristo-espada, um gume para Ele enquanto Redentor; outro para ela, enquanto Mãe do Redentor. Cristo é a espada da própria Paixão; Cristo é a espada da compaixão de Maria. Pio XII diz que ela, como verdadeira Rainha dos Mártires, completou, mais do que qualquer fiel, para o Corpo de Cristo, que é a Igreja, os sofrimentos que faltavam à Paixão de Cristo!

E o primeiro motivo para Deus permitir as dores de Maria foi para que ela pudesse ser a primeira depois do Redentor a continuar a Paixão e a Morte dele em seu Corpo Místico. Nosso Senhor alertou: "Como odiaram a mim, também vos odiarão." Se a lei de que a Sexta-Feira Santa deve preceder o Domingo de Páscoa vale para todos os fiéis, vale ainda mais para ela que é Mãe do Salvador. Um Cristo sem sofrimentos, que ignorasse o pecado, estaria reduzido ao nível de um reformador da ética, como Buda ou Confúcio. Uma Mãe de Cristo que não sofresse com Ele seria uma Mãe sem amor. Quem ama de verdade e não quer partilhar das dores da pessoa amada? Cristo amou a humanidade a tal ponto que quis morrer para expiar-lhe a culpa; assim, também quis que sua Mãe, que vivia apenas para fazer sua vontade, também fosse envolta pelas faixas das suas dores,

Mas Maria também teve de sofrer pelo nosso bem. Assim como Nosso Senhor aprendeu a obediência pela qual sofreu, Maria teve de aprender a maternidade não por abstrações, mas pela experiência com os fardos do coração humano. Os ricos não podem consolar os pobres sem tornarem-se menos ricos pelo bem dos pobres; Maria não consegue secar as lágrimas dos homens sem que ela própria seja sua fonte. O título de "Mãe dos Aflitos" precisou ser obtido na escola das aflições. Ela não expia os pecados; ela não redime; ela não é a salvadora. Contudo, por vontade de Deus e própria, está tão vinculada a Cristo que a Paixão dele seria completamente diferente sem a compaixão dela.

Ele também golpeou a alma dela com a espada ao pedir sua cooperação, chamando-a para ser a nova Eva na regeneração da humanidade. Quando a mãe de Tiago e João pediu um favorecimento político para os filhos, Cristo perguntou aos dois se podiam tomar do cálice dele. Essa era a condição para estar em seu Reino. Qual será a quantidade que a Mãe do Crucificado não terá tomado desse cálice! São Paulo diz que não podemos participar da glória do Senhor sem participarmos da sua crucificação. Portanto, se os filhos de Maria não estão isentos da lei do sacrifício, Maria está ainda menos isenta, por ser Mãe de Deus. Por isso o cântico *Stabat Mater* suplica que a compaixão de Maria com Cristo estenda-se a nós:

> *Minha Mãe, ó dá-me isto:*
> *Trazer as chagas do Cristo*
> *Gravadas no coração.*
>
> *Do teu Filho as feridas,*
> *Para meu perdão sofridas,*
> *Vem reparti-las comigo.*
>
> *Quero contigo chorar*
> *E a cruz compartilhar,*
> *Por toda a minha vida.*

Os Sete Golpes da Espada são: a Profecia de Simeão, a Fuga para o Egito, a Perda de Jesus no templo, o Caminho de Jesus para o Gólgota, a Crucificação, a Deposição da Cruz e o Sepultamento de Jesus.

Primeiro golpe da espada

O primeiro golpe foi a profecia de Simeão. O Menino Deus, com apenas quarenta dias de vida, é levado ao Templo. Assim que a Luz do Mundo lhe é posta nos braços, Simeão irrompe em seu canto do cisne: está pronto, pois viu o Salvador. Depois de anunciar que o Menino é um sinal de contradição, ele diz a Maria: "Uma espada transpassará a tua alma." Notemos que Simeão não disse que uma espada transpassaria o corpo de Maria. A lança do centurião faria isso ao perfurar o Coração de Cristo, e seu Corpo ficaria tão ferido que "era possível contar mesmo os ossos de seu corpo", mas o corpo virginal de Maria seria poupado de qualquer violência externa. Na Anunciação, ela concebeu de maneira diferente do amor humano: o êxtase chegou primeiro à sua alma e depois ao seu corpo; assim, na sua compaixão, as dores do martírio recaem primeiro em sua alma e só depois na sua carne que, simpática aos sofrimentos do Filho, ecoava cada golpe do flagelo nas costas do Filho, cada cravo que penetrou as mãos e os pés Dele.

A Espada contava apenas quarenta dias, mas Ele já sabia desembainhá-la. A partir daquele momento, toda vez que a Criança erguesse as mãozinhas, Maria veria nelas a sombra dos pregos. Se seu coração deveria ser um com o Dele, então ela precisava ver, como Ele, em cada poente uma imagem sanguínea da Paixão. Em certo sentido, a morte dela não seria enterrada, assim como a Espada em sua alma não seria arrancada. Simeão descartou a bainha quando o próprio Menino fez luzir a lâmina. Cada pulsação de seus punhos soaria como o eco das marteladas por vir. Mas a dor de Maria não foi o que ela sofreu, e sim o que Ele teve de sofrer. Essa foi a tragédia. O amor jamais pensa em si. Se Ele buscava os pecadores, ela também buscaria.

O gume da espada do Salvador estava dizendo à sua Mãe, por meio de Simeão, que Ele se ofereceria como vítima pelos pecados; o gume de Mãe era saber que guardaria a vida Dele até a hora do sacrifício. Com uma palavra, Simeão anuncia a Crucificação de Cristo e a dor de Maria. A vida do Menino mal se iniciara e o ancião já enxergava o naufrágio. A Mãe teve apenas quarenta dias para abraçar seu Filho antes de ver a sombra da contradição projetar-se sobre sua vida. Ela não tinha cálice de pecado que beber, o Pai não lhe fizera tomar uma taça de amargura como ao Filho no Jardim das Oliveiras. Contudo, é o próprio Filho quem leva o cálice até os lábios dela.

A inimizade do mundo é a sina de todos que vivem próximos a Jesus. Poucos são os conversos à fé que não sentiram o desprezo e o fanatismo do mundo que protesta contra o seu abandono da mediocridade do humanismo em favor do alto nível do supernatural. Ao falar da oposição que

atraíram, disse: "Vim trazer a espada, pôr pai contra filho, mãe contra filha."
Se um converso sente essa contradição, quão pior não a sentiu Maria, mãe
Daquele que carregou a cruz! Com efeito, Ele veio trazer a Espada, e sua
Mãe é a primeira a senti-la, não como vítima forçada, mas como alguém
cujo *fiat* livre uniu a Ele no ato da Redenção. Se você fosse a única pessoa
com olhos num mundo repleto de cegos, não lhes serviria de guia? Se a
bondade para com os feridos ameniza as chagas, acaso pode a virtude ante
o pecado desejar ser dispensada de cooperar com Aquele que limpa a culpa?
Se Maria, sem pecado, aceita com alegria uma Espada da impecabilidade
divina, quem de nós, culpados de pecado, poderá reclamar caso o mesmo
Jesus nos permita uma dor pela remissão dos nossos pecados?

> *Oh, Maria, transida de dores*
> *Lembrai, tocai e salvai*
> *A alma que amanhã vai*
> *Para o Senhor dos Senhores;*
> *Todos nascidos de mulher,*
> *E necessitados agora.*
> *Pelos amigos corajosos,*
> *Intercedei, Senhora.*[7]

Segundo golpe da espada

A segunda vez que a Espada trespassou a alma de Maria se deu quando a chamou para partilhar da dor de todos os exilados e refugiados do mundo, dos quais Ele próprio foi primogênito. O ditador Herodes, temeroso de que Aquele que viera trazer uma coroa de ouro roubasse uma de latão, procurou matar o Menino Jesus, que ainda não completara dois anos. Duas espadas cortam o ar: uma empunhada por Herodes, disposto a matar o Príncipe da Paz pela falsa paz do reinado do poder; a outra, sendo Ele mesmo a Espada, que faria a própria Mãe tomar o caminho reverso do Êxodo, já que agora Ele volta para a terra de onde tirara o seu povo. E José ainda tem a responsabilidade de proteger o Pão Vivo! Os corações suportariam as dores com mais

---

7 | Rudyard Kipling, "Song before Action" [Canção antes da ação]. In: *I Sing of a Maiden*, 1949.

disposição se tivessem certeza de que elas vêm de Deus. Foi compreensível que o Filho tenha usado Simeão como instrumento para o primeiro golpe, pois o "Espírito Santo estava com ele". Mas esse segundo golpe tomou um homem perverso por instrumento. Quantas vezes já não nos sentimos abandonados por Deus quando Ele permite que a maldade dos homens nos prejudique! Contudo, a Onipotência divina está nos braços de Maria e permite o mesmo! A cruz parece dobrar de peso quando não vem Dele, mas casos assim não testam a nossa paciência, mas a nossa humildade e a nossa fé. E, contudo, se nem Filho de Deus humanado nem sua Mãe tivessem sentido a tragédia de milhões da nossa civilização ao serem perseguidos por Herodes; se não tivessem vivenciado esse desenraizamento forçado da terra natal para serem enxertados como oliveiras selvagens na Sibéria; se nem o novo Adão nem a nova Eva não tivessem sido os primeiros refugiados da história cristã, os exilados que vieram depois poderiam erguer o punho contra o céu e dizer: "Deus não sabe o que estou sofrendo", ou "Nenhuma mulher passou por tanta dor".

Foi pelo bem de todas as mulheres que Maria teve de sofrer com Jesus as penas de uma terra inóspita. Os dons primevos da Imaculada Conceição e da Virgindade eram muralhas que a separavam da maldade do mundo. Mas agora a Espada estava abrindo uma brecha na muralha, derrubando-a e permitindo que ela sentisse o que Ele mesmo sentiria no ápice da sua vida. Também ela teria o seu Pilatos e o seu Herodes! Assim como um sacerdote que porta o Santíssimo Sacramento o defende até com o seu sangue, Maria, que portava Emanuel, estava aprendendo que ser a Mãe de Deus implicava sofrer com Ele, a fim de que pudesse reinar com Ele. As palavras de Simeão a tocaram apenas internamente; a ira de Herodes e a fuga para o Egito transportaram a batalha contra o mal para o exterior, assim como Jesus passaria da agonia em um Jardim para a crucificação num monte. Uma palavra daquele Bebê em seu colo bastaria para silenciar todos os Herodes, desde aquele dia até Stálin ou Mao Tsé-Tung. Mas Ele não pronunciaria essa palavra. A Palavra era agora uma Espada. E, no entanto, como deve ter sido ainda mais pungente a dor do Menino, que, com sua mente infinita, conhecia e queria tudo o que se passava! A mãe que assiste à cirurgia do filho sofre, mas suporta em nome de um bem maior no futuro; aqui, o Filho é o cirurgião que, com uma espada de dois gumes, primeiro transpassa o próprio

Coração e depois o da Mãe, como que para cegar a lâmina antes. A Palavra é uma espada de dois gumes! Se só tivesse um, Ele seguraria o cabo e apenas Maria sentiria a lâmina, o que seria crueldade. Mas nada adentra a alma de Maria sem antes adentrar a Dele. Ele quis a tragédia de que padeceria nas mãos de homens maus. Ela também quis, mas principalmente por ser a vontade Dele: se Ele desfaria o mal de Adão, ela desfaria o de Eva.

Maria sabia que o Menino em seus braços ainda não levantara a voz contra o mal, mas ela enxerga mesmo assim todos os fanáticos e tiranos, todos os ditadores e comunistas, os intolerantes e libertinos, que O vão atacar. Ele pesava como uma pluma em seus braços, mas era mais pesado do que um planeta em seus corações, "posto para a ruína e ressurreição de muitos". Um Bebê era odiado! Esse é o motivo do segundo golpe da Espada. "Como odiaram a mim, assim também vos odiarão." Maria devia sentir o ódio dos homens contra Ele como se fosse contra si! Mas Ele levou o amor àqueles que odiavam, e ela fez o mesmo. Por Deus e pelas pessoas, Maria poderia rumar para o Egito mil vezes entre mil temores se com isso pudesse evitar que uma única pessoa cometesse um único pecado.

Agora coroada nos Céus, quando Maria olha para a terra, vê milhões de homens ainda banindo o Criador de suas terras e O expulsando de seu coração. Muitos homens não passam a maior parte do tempo ganhando a vida; passam-no fugindo de Deus! Ele, por sua vez, não destruirá a liberdade dessas pessoas, que não optam por Ele. Mas assim como na sua segunda dor Maria não se zangou com os perversos, mas se entristeceu por sua causa, também agora no Céu sua compaixão e seu amor pelos pecadores parecem quase alcançar a altura dos seus pecados. Quanto mais próxima de Jesus está uma alma, mais ama os pecadores. Um doente pode estar tão febril e delirante que se crê em bom estado; um pecador pode estar tão imerso no pecado que se crê bom. Apenas os saudáveis reconhecem a enfermidade do doente, e apenas quem não tem pecado reconhece a gravidade do pecado e procura curá-lo. Ao fugirem para o Egito, tanto Jesus como Maria experimentaram na sua bondade — Infinita em Jesus e finita em Maria — os dois efeitos psíquicos do pecado: medo e fuga. A não ser que seja superado pelo perdão, o medo desemboca na perseguição dos outros; a não ser que seja vencido por um retorno a Deus, o escapismo afoga-se no alcoolismo, nas drogas, no tédio da excitação! Como seria bom que todos os psiquiatras do mundo soubessem que esses dois efeitos do pecado são vencidos não pela autopiedade carnal, mas pelo amor, que domina o medo, e pela penitência, que detém a fuga. Nosso Senhor e sua Bem-aventurada Mãe sofreram deliberadamente esses dois efeitos psicológicos para que nossas almas pecadoras pudessem ser libertadas deles. O verdadeiro "tratamento de choque" que a culpa ainda não experimentou é o choque de invocar uma Mulher com um Menino que desce para o Egito a fim de comer os grãos da tribulação e o trigo da penitência! Quando o coração do homem não está na sua casa em Nazaré, mas em fuga da realidade, ele ainda pode ter esperança, pois Nossa Senhora e seu Menino ainda podem encontrá-lo, mesmo na sua fuga louca para os egitos desertos deste mundo.

Terceiro golpe da espada

A perda do Menino Deus por três dias foi o terceiro golpe da Espada. Um gume penetrou sua própria alma quando Ele se ocultou de sua Mãe e de seu pai nutrício para lembrar-lhes, como disse, que deveria se ocupar "das coisas de seu Pai". Mas como o Céu também brinca de esconde-esconde, o outro gume da espada foi a dor de Maria, por sua perda e sua busca. Ele era dela, e é por isso que ela O buscou; Ele se ocupava da Redenção, e foi por isso que Ele a deixou e foi até o Templo. Não houve apenas uma perda física, mas uma provação espiritual. "Acabados os dias da festa, quando voltavam, ficou o menino Jesus em Jerusalém, sem que os seus pais o percebessem" (Lc 2, 43). Nosso Senhor disse: "Por que me procuráveis? Não sabíeis que devo ocupar-me das coisas de meu Pai?" (Lc 2, 49). "Eles, porém, não compreenderam o que ele lhes dissera" (Lc 2, 50). Mais tarde, haveria mais Três Dias em que o Corpo de Jesus seria posto num sepulcro. A perda no Templo foi um antegosto e um prelúdio para essa outra, assim como uma sombra da perda de três anos durante o ministério público do Senhor.

Havia agora algo oculto de Maria, no sentido de que ela não compreendia. Não se tratava de uma simples ignorância negativa, mas de uma privação, de um ocultamento deliberado do propósito daquilo por parte de seu Filho. Maria experimentou a noite escura do corpo no Egito; agora, teria a sua noite escura da alma em Jerusalém. A escuridão e a desolação espirituais sempre foram uma das provações que Deus dá aos místicos. Primeiro, o Corpo e o Sangue de Jesus esconderam-se dela; agora, esconde-se o resplendor da sua Verdade. Se o segundo golpe a uniu aos refugiados do mundo, este terceiro golpe a elevou à amizade dos santos. A cruz projetava agora suas sombras sobre sua alma! Não era apenas seu corpo virginal que deveria pagar caro pelo privilégio da Imaculada Conceição; também a sua alma deve pagar o custo de ser Sede da Sabedoria.

A espada de dois gumes atinge as duas almas na doce batida de um ritmo. Um dia, no Gólgota, Ele sentirá o pessimismo dos ateus, o desespero dos pecadores, a solidão dos egoístas ao tomar para Si seus pecados e envolver todo seu isolamento num grande brado: "Meu Deus, meu Deus, por que me abandonaste?" Maria também deve experimentar a solidão e o abandono, não apenas na perda física de Cristo, mas também na obnubilação de todo consolo. Assim como na Cruz Ele negaria à sua própria natureza humana todas as alegrias da sua divindade, também negava agora à sua Mãe todas as alegrias das coisas de seu Pai. Se o seu gume da espada foi o abandono, o dela foi a escuridão. O Evangelho conta que houve escuridão na terra quando Ele bradou na cruz; assim também a noite se insere na mente de Maria, porque o próprio Filho quis o eclipse do sol. Aparentou mesmo questionar o direito dela de procurá-Lo: "Por que me procuráveis?" (Lc 2, 49). Assim como na Cruz, erguida entre o Céu e a terra, Ele se sentiria abandonado por Deus e rejeitado pelos homens, uma palavra da Espada bastou para que ela agora fosse completamente "abandonada" por Aquele que é Deus e homem.

A escuridão dos santos não é a mesma que a dos pecadores. Nos primeiros, não há luz, mas há amor; nos segundos, há noite sem amor. É bem provável que essa escuridão mística, que a Espada cravou na alma de Maria, tenha levado a atos de amor tão heroicos que a elevaram a novos Montes Tabores jamais experimentados por ela antes. A luz às vezes pode ser brilhante a ponto de cegar! O fracasso de Maria em compreender as palavras que lhe foram ditas teve mais a ver com um excesso de luz do que com a sua falta. A razão humana chega a um ponto em que não pode descrever ou explicar o que acontece no coração. Mesmo o amor humano, em seus momentos de maior êxtase, é incapaz de falar. A razão é capaz de compreender palavras, mas não consegue compreender a Palavra. O Evangelho aqui nos diz que aquilo que Maria não compreendeu foi Palavra. Como deve ser difícil entender a Palavra quando ela se quebra em palavras! Ela não entendeu porque a Palavra a alçou para fora do abismo da razão até outro abismo inimaginável, a mente divina. A essa altura, a Sabedoria Divina na sua expressão humana exige um reconhecimento da ignorância. É incapaz de revelar seu segredo, como São Paulo foi incapaz de revelar sua visão do terceiro céu. As palavras foram incapazes de expressar totalmente o significado da Palavra.

Para provar que essa escuridão era diferente da ignorância, o Evangelho acrescenta: "Sua Mãe conservava todas essas coisas em seu coração" (Lc 2, 51). A alma de Maria conservaria a Palavra, seu coração, as palavras. Ele, que por suas palavras parecia rejeitá-la, agora a toma para si, não apenas conservando o mel da mensagem na colmeia do coração dela, mas também voltando para Nazaré e sendo-lhe submisso.

A Espada Divina não usou dessa vez instrumentos humanos como Simeão e Herodes para empunhá-la. Aos 12 anos de idade, Ele é grande o bastante para usá-la por Si. Nesta dor, suas duas naturezas concentravam-se em Maria para torná-la corredentora por sua causa: sua natureza humana na perda física, sua natureza divina na noite escura da alma. Na Anunciação, ela faz uma pergunta ao anjo: "Como se dará isso, visto que não conheço varão?" Agora, Ela se dirige ao Deus-homem e o chama de "Filho" para pedir que se explique e justifique o que fez. Há aqui a consciência suprema de que ela foi Mãe de Deus. Sempre há grande familiaridade com Deus onde há grande santidade, e essa familiaridade é maior na dor do que na alegria. Os santos que receberam o favor de uma revelação do Senhor O descrevem dizendo que essa dor lhe custou tanto sofrimento quanto qualquer outra dor da sua vida: neste, como em todos os outros casos, Ele perfurou seu próprio Sagrado Coração com Espada antes de golpear o Imaculado Coração da Mãe, para poder conhecer a dor primeiro. A dor que Nosso Senhor sentiria ao deixar a Mãe depois de três horas na cruz foi antecipada na perda de três dias. Aqueles que pecam sem ter fé jamais sentem a ansiedade de quem peca com fé. Ter Deus, e depois perdê-Lo, foi o gume da espada de Maria; ser Deus, e esconder-se de quem jamais O abandonaria, foi o gume de Jesus. Ambos sentiram os efeitos do pecado de diferentes maneiras: ela sentiu a escuridão de perder Deus; Ele sentiu a escuridão de perder-se. Se a dor de Maria foi o inferno, a Dele foi a agonia de criá-lo. A amargura da morte está na alma dela; a tristeza de a infligir, na Dele!

Da mesma maneira que ela se tornou Refúgio dos Pecadores ao saber o que é perder Deus e depois encontrá-lo, Ele tornou-se o Redentor dos pecadores ao conhecer o consentimento, a disposição, a decisão daqueles que ferem a quem amam! Ela sentiu como é para a criatura perder o Criador; Ele sentiu como é para o Criador perder a Criatura. Maria perdeu Jesus apenas na escuridão mística da alma, não nas trevas morais do coração mau. A perda dela foi um ocultamento do rosto Dele, não uma fuga. Mas ainda assim Maria nos ensina que, quando perdemos Deus, não devemos esperar a sua volta. Devemos sair à sua procura. E para a alegria de todos os pecadores, ela sabe onde encontrá-Lo!

Quarto golpe da espada

Nossa Senhora agora já tinha desfrutado de 18 anos ao lado do Deus humanado. Se em três anos Ele conseguiu realizar tamanha transformação num publicano chamado Mateus, qual não foi a sabedoria acumulada em trinta anos por aquela que já era a Imaculada Conceição? Três anos de ensinamentos tinham-se passado e só ouvimos falar dela uma vez. O golpe da Espada agora foi quase até o cabo; passamos para a primeira das quatro provações de Maria: ver Jesus carregar a cruz. Ele golpeou a própria alma com a espada, e ela apareceu como Cruz em seus ombros; Ele golpeou a alma de Maria com a Espada e se tornou uma cruz no coração dela.

Como lemos na quarta estação da Via Sacra: "Com a cruz às costas, Jesus encontra-se com sua Santa Mãe." Simeão anunciara que Ele seria um sinal de contradição; Maria agora vê que o sinal de contradição é a Cruz. Foi o advento de um mal temido havia muito. Todas as árvores com galhos em ângulos retos com relação ao tronco a lembravam do dia em que uma árvore se voltaria contra o seu Criador para tornar-se seu leito de morte. Pregos no chão de uma carpintaria, traves escoradas numa parede, os braços de um jovem abertos contra o poente depois de um dia de trabalho, projetando a sombra de uma cruz contra um muro: tudo eram lembretes antecipados da hora temível. Mas não importa o quanto alguém se prepare para a desgraça que é o sofrimento do inocente em favor dos culpados: a realidade é sempre mais triste do que o imaginado. Maria havia se preparado para o golpe, mas parece que ele atingiu um ponto fraco. Não há duas dores iguais; cada uma tem o próprio caráter. Embora a espada seja a mesma, a diferença está na profundidade com que ela penetra. Ela toca uma área da alma que até então não tinha conhecido a dor.

    O Filho é o carrasco de cada dor, mas Ele sempre cuida para que o seu gume seja o mais afiado. Seu gume não é apenas carregar os pecados do homem naquela cruz, mas também permitir que ela, inocente de tudo aquilo, o vivenciasse como se fosse próprio. Mas a cruz deve ter ficado mais pesada, e não mais leve, depois que Maria a viu nos ombros de Jesus. Quantas vezes Nosso Senhor tinha dito: "Se algum homem quiser vir após mim, negue-se a si mesmo, tome a sua cruz e siga-me" (Mt 16, 24). Se carregar a própria cruz é condição para seguir Cristo, então a condição para ser a Mãe do Salvador é carregar a cruz do Salvador. Os curiosos pelas vias podiam ver o que Ele carregava, mas somente Ele sabia o fardo que Maria levava.

    Este nosso mundo não apenas teme o mal por vir, como na profecia de Simeão; a fuga forçada da ira de um tirano, como na fuga para o Egito; a solidão e a ansiedade dos pecadores, como na perda do Menino no Templo; mas também padece do pesadelo moderno que é o terror. O Abel justo assassinado pelo Caim do Leste Europeu, os fiéis chineses vivendo em completo pavor da execução, as incontáveis multidões em pânico por causa das injustiças dos comunistas: acaso todos poderiam levantar os olhos para o Céu se um Homem e uma Mulher não tivessem sentido a amargura do terror? E se apenas um Homem, o Inocente, tivesse sentido o peso desse terror, o que diriam as mulheres? Acaso não deveria haver também entre elas alguém cuja alma fora inundada com esse terror, de modo que ela pudesse trazer consolação e esperança para as de seu sexo? Se Deus Encarnado não tivesse sido paciente nos julgamentos espúrios, os sacerdotes chineses não teriam coragem de seguir seus passos. Se uma criatura, perante uma multidão enlouquecida clamando sangue, não tivesse partilhado desse terror como se fora seu, a humanidade poderia dizer que um Deus-homem era capaz de suportá-lo, por ser Deus, mas um ser humano, não. É por isso que Nosso Senhor teve de ser a Espada de Maria e desferir o quarto e agoniante golpe.

    Nesta quarta dor, nenhuma palavra é pronunciada. Vemos apenas o brilho do aço da Espada, porque o terror é mudo. A Espada que ele cravou no próprio Coração o fez verter lágrimas de sangue, como contas do rosário da Redenção, ao longo de cada palmo daquela estrada de Jerusalém.

Mas a Espada que ele cravou na alma de Maria a fez identificar-se com seu sofrimento redentor, forçou-a a percorrer as ruas sobre o sangue do próprio Filho. As chagas dele sangravam, as delas não. Mães, ao verem os filhos sofrer, desejam ver o próprio sangue derramado no lugar do deles. No caso de Maria, era o sangue dela que Ele derramou. Cada gota rubra de sangue, cada célula na carne que ela lhe dera. Jesus não teve pai humano. Era o sangue de sua Mãe que Ele derramava; era sobre o próprio sangue que ela caminhava.

Através dessa tremenda dor, Maria ganhou a compaixão pelos aterrorizados. Os santos são mais indulgentes para com aqueles que demonstraram menos indulgentes para com eles. Aqueles que levam vidas fáceis, sem mortificação, são incapazes de falar a língua dos apavorados. Estão tão acima do terror que não podem inclinar-se para consolá-lo. Quando o fazem, é com condescendência, não com compaixão. Mas aqui vemos Maria já no pó da vida humana; ela vive em meio ao terror, às lavagens cerebrais, às falsas acusações, às calúnias e todos os outros instrumentos do terror. A Imaculada está com os maculados; e sem pecado com os pecadores. E não lhes guarda rancor ou amargura, somente pena, porque eles não veem ou não conhecem o quão amável é o Amor que condenaram à morte. Na sua pureza, Maria está no alto de uma montanha; na sua compaixão, em meio a ofensas, corredores da morte, enforcadores, carrascos e sangue. Ao tomar consciência do seu pecado, o homem pode desesperar-se de pedir o perdão de Deus, mas não deixará de invocar a intercessão da Mãe de Deus, que viu os pecadores fazerem essas coisas e orou para que fossem perdoados. Se uma Mãe santa e boa como Maria, que merecia ser poupada do mal, teve mesmo assim uma cruz pela providência especial de seu Filho, como nós, que não merecemos estar ao lado dela, vamos querer escapar do nosso encontro com a cruz? "O que fiz para merecer isso?" é um brado de orgulho. O que fez Jesus? O que fez Maria? Que não haja reclamações contra Deus quando Ele nos mandar uma cruz; que haja apenas sabedoria suficiente para vermos que Maria está lá para a fazer mais leve, mais doce. Para a fazer sua!

Quinto golpe da espada

A cruz não une apenas os amigos de Nosso Senhor, mas também seus inimigos. Apenas os medíocres sobrevivem. Nosso Senhor era bom demais;

perturbava consciências; portanto, deve morrer. Também os ladrões eram perversos; perturbavam a falsa segurança das posses; portanto, devem morrer. Nosso Senhor mesmo disse que seria levantado assim como Moisés levantou a serpente de bronze no deserto. O significado era este: quando os israelitas eram picados por serpentes, Deus ordenou-lhes que fizessem uma serpente de bronze e a pendurassem numa cruz. Todos que olhavam para ela eram curados do veneno da serpente. A serpente de bronze tinha a aparência da serpente que picava, mas não o seu veneno. Cristo é a serpente de bronze no sentido de ser semelhante ao homem em sua forma, mas sem o veneno do pecado. Todos os que olham para Ele serão curados do pecado que veio da serpente, que é o demônio.

Ninguém olhou para Ele mais de perto do que sua Mãe. Nosso Senhor cravou um gume da espada em seu próprio coração, pois ninguém lhe tirou a vida: "Eu a dou por mim mesmo." Ereto como um sacerdote e prostrado como uma vítima, Ele entregou-se à vontade iníqua do homem para que o homem fizesse o que tinha de pior. A pior coisa que um homem pode fazer é matar Deus. Ao permitir que o homem se valesse do seu armamento mais forte, para então derrotá-lo ressuscitando dos mortos, Nosso Senhor mostrou que o mal jamais tornaria a vencer.

O outro gume da espada penetrou a alma de Maria, pois foi ela a preparar o Sacerdote para ser Vítima. Sua cooperação foi tão real e ativa que ela esteve de pé ao lado da cruz. Em toda representação da crucificação, Maria Madalena está prostrada, quase aos pés Dele. Mas Maria está de pé; João estava lá, e o fato de ela estar ereta ao longo dessas três horas o impressionou tanto que ele o deixou registrado em seu Evangelho.

O Éden era agora revertido. Três coisas cooperaram para a nossa queda: um homem desobediente, Adão; uma mulher orgulhosa, Eva; e uma árvore. Deus toma os três elementos que levaram à derrota do homem e os usa como instrumentos para a vitória: o novo Adão obediente, Cristo; a nova Eva humilde, Maria; e a árvore da cruz.

A peculiaridade dessa dor é que as sete palavras de Nosso Senhor na cruz foram como as sete notas de uma endecha. A Sagrada Escritura só registra sete vezes em que Nossa Mãe falou. Isso não quer dizer que ela falou apenas esse número de vezes, mas que só sete delas foram registradas. Nosso Senhor também falou sete vezes da cruz. A cada palavra pronunciada por

Ele, o coração de Maria recorda cada palavra pronunciada por ela própria, e sua dor intensificava-se ao ver o mistério do "sinal de contradição".

A primeira palavra de Nosso Senhor na cruz foi "Pai, perdoai-lhes, pois não sabem o que fazem". Não é a sabedoria do mundo que salva; é a ignorância. Se os carrascos soubessem o horror que cometeram ao rejeitarem o Filho do homem; se soubessem que Ele era o Filho de Deus e mesmo assim fossem adiante, matando-o deliberadamente, não haveria esperança de salvação. Foi somente a sua ignorância da blasfêmia que cometiam que os levou perto o bastante para ouvir a palavra de perdão.

Essa primeira palavra de Cristo lembrou Maria em sua primeira palavra. Também tratava de ignorância. Quando o anjo lhe anunciou que seria a Mãe do Filho de Deus, ela perguntou: "Como se dará isso, se não conheço varão?" A ignorância então significava inocência, virtude, virgindade. A ignorância a ser exaltada não é a ignorância da verdade, mas a ignorância do mal. Nosso Senhor perdoaria os pecadores porque eram ignorantes; não eram como os anjos rebeldes que sabiam o que estavam fazendo e, portanto, estavam fora do alcance da redenção. Nossa Mãe foi bem-aventurada por ser ignorante dos homens por meio da consagração da sua virgindade.

Aqui, as duas palavras fundem-se numa dor: uma da parte de Jesus, e outra da parte de Maria. É a dor pelos homens não terem a sabedoria dada somente às crianças e aos pequeninos: saber que somente Cristo pode salvar-nos dos nossos pecados.

A segunda palavra de Nosso Senhor foi dirigida ao bom ladrão. No começo, ele blasfemou contra Nosso Senhor, mas em seguida, ao ouvir a palavra de perdão e ver a solidão da Mãe de Jesus, correspondeu à graça e encarou seu castigo como "justa paga dos seus crimes". A visão do Homem na cruz central obedecendo a Vontade do Pai inspirou o bom ladrão a aceitar sua cruz como vontade de Deus, e com a aceitação veio o pedido de perdão. Nosso Senhor respondeu: "Hoje estarás comigo no paraíso".

Essa bela aceitação de seus sofrimentos em expiação do pecado recordou Maria da sua palavra ao anjo. Quando soube que seria a Mãe d'Aquele descrito no capítulo 53 do Livro de Isaías como "ferido por Deus e humilhado", Maria pronunciou sua segunda palavra: *Fiat*. "Faça-se em mim segundo a tua palavra." Nada importa em todo o universo senão fazer a vontade de Deus, mesmo que ela leve um ladrão à cruz e uma dor a ela, ao pé da cruz. O *fiat* de Maria foi um dos grandes *fiats* do universo. Um fez a luz, outro aceitou a vontade do Pai no Jardim, e o dela aceitou uma vida de solidariedade generosa com a cruz.

O Coração de Jesus e o Coração de Maria fizeram-se um no Calvário pela obediência à vontade do Pai. Todas as pessoas do mundo têm uma cruz; a de Nossa Senhora foi a união pela vida toda com a cruz de Cristo. A do ladrão foi a paciência numa cruz que era prelúdio para uma coroa. A nossa vontade é a única coisa absolutamente nossa; por isso é a oferenda mais perfeita que podemos fazer a Deus.

A primeira palavra de Nosso Senhor dirigiu-se a seus carrascos, a segunda aos pecadores, e a terceira à sua Mãe e São João. É uma palavra de saudação e, no entanto, alterou profundamente todas as relações humanas. Ele chama sua própria Mãe de "Mulher" e João de "filho" dela. "Mulher, eis o teu filho. Filho, eis a tua mãe." Foi um mandato para que todos os seus seguidores passassem a ver a sua Mãe como a própria Mãe. Ele já tinha aberto mão de todo o resto; agora, abriria mão dela também. Mas, claro, Ele a reencontraria como Mãe do seu Corpo Místico.

A terceira palavra de Maria também foi uma saudação. Não sabemos exatamente o que ela disse, apenas que saudou e cumprimentou sua prima Isabel. Nessa cena ainda havia um João, João Batista, e até ele proclamou Maria sua mãe. Com João saltando no ventre, Isabel falou por ele e dirigiu-se a Maria como "Mãe de Deus". Duas crianças nascituras estabeleceram uma relação antes mesmo de nascerem. Quando Jesus pronunciou sua terceira palavra na cruz, Maria pensou na sua. Na Visitação, Maria tinha a influência de Cristo antes de Ele nascer, porque estava destinada na cruz a ser a mãe de todos os que viriam a nascer. Seu parto não lhe custou dores, mas o nascimento de João e os milhões de nós ao pé da cruz lhe causamos agonia a ponto de ela merecer o título "Rainha dos Mártires". Custou a Jesus sua Mãe para fazer dela a nossa mãe; custou a Maria seu Filho divino para fazer de nós seus filhos. Uma troca ruim, mas que ela crê valer a pena.

A quarta palavra de Maria foi seu *Magnificat*, e a quarta palavra de Nosso Senhor foi tirada do Salmo 21, que começa com tristeza: "Meu Deus, meus Deus, por que me abandonaste?", mas acaba mais ou menos com o mesmo tom do Cântico de Maria: "Os pobres comerão e serão saciados. Hão de se lembrar do Senhor e a ele se converter todos os povos da terra."

Ambos os cânticos foram entoados antes de a vitória estar assegurada. Que frágil, do ponto de vista humano, que uma mulher contemple os corredores do tempo e profetize que "me chamarão bem-aventurada todas as gerações". Como era frágil, do ponto de vista humano, a perspectiva de Nosso Senhor, que agora clama por seu Pai na escuridão, algum dia exercer seu domínio sobre a terra que o rejeitava. Tanto para Jesus como para Maria, há tesouros na escuridão: para um é a escuridão de uma mulher, para outro a escuridão de um monte. Só aqueles que caminham no escuro enxergam as estrelas.

A quinta palavra de Maria foi pronunciada ao fim de uma busca: "Filho, por que fez isso conosco?" Imaginemos a angústia na mente do seu pai e da sua mãe se tivessem suportado uma busca por você. A quinta palavra de Maria foi sobre as criaturas em busca de Deus. A quinta palavra de Nosso Senhor foi de Criador em busca do homem: "Tenho sede." Não se tratava de uma sede de água da terra, mas de uma sede de almas. A palavra de Maria sintetiza a aspiração de toda alma com relação a Cristo, e as palavras Dele sintetizam o afeto de seu Filho divino com relação a toda alma. Só há uma coisa no mundo capaz de impedir esse encontro, e é a vontade humana. Devemos querer encontrar Deus; do contrário, Ele sempre nos parecerá um Deus escondido.

A sexta palavra de Maria foi uma oração simples: "Não têm vinho"; palavras que fizeram Nosso Senhor realizar seu primeiro milagre e iniciar sua jornada real até a cruz. Depois de provar o vinho que lhe foi dado por um soldado, Nosso Senhor disse: "Está consumado." Aquela "hora" que Maria começou em Caná quando Ele mudou água no vinho terminou agora que o vinho da vida de Cristo mudou em sangue de sacrifício. Em Caná, Maria enviou seu Filho para a cruz; no Calvário, seu Filho declara que completou a obra da Redenção. O Imaculado Coração de Maria foi a pedra viva do altar em que Ele ofereceu seu Sagrado Coração; Maria sabia que os filhos dos homens jamais poderiam ser salvos sem a oferta do Filho de Deus!

A última palavra de Maria registrada é um abandono à vontade de Deus: "Fazei o que Ele vos disser" (Jo 2, 5). Na Transfiguração, o Pai Celeste falou: "Eis o meu filho amado. Ouvi-o." Agora Maria pronuncia sua despedida: "Fazei a vontade Dele." A última palavra de Jesus na cruz foi a livre entrega da sua vida à vontade do Pai: "Pai, em tuas mãos entrego o meu espírito." Maria entrega Jesus, e Jesus se entrega ao Pai. Fazer a vontade de

Deus até a morte: eis o cerne de toda santidade. E aqui Jesus nos ensina a morrer, pois se Ele quis sua Mãe no momento de entregar-se, como ousaremos deixar de dizer todos os dias: "Rogai por nós, pecadores, agora e na hora de nossa morte. Amém."?

Sexto golpe da espada

Nosso Senhor inclina a cabeça e morre. Alguns astros só concluem sua órbita depois de um longo tempo e depois voltam ao ponto de início, como que para saudar Aquele que definiu seus cursos. Ele, que veio do Pai, retorna ao Pai, e com as palavras finais: "Pai, em tuas mãos entrego meu espírito." Ordena-se uma dupla investigação para que sua morte seja confirmada. Um sargento do exército romano então pega uma lança e a enfia no lado de Nosso Senhor. Ele, que enfatizaria tanto alguns testemunhos do seu Amor, agora os derrama pelo lado como água e sangue. Sangue, o preço da nossa redenção; água, símbolo da nossa regeneração.

Cristo, que foi a Espada da própria morte, continua seus golpes mesmo depois de morto, fazendo de Longuinho um instrumento para abrir os tesouros de seu Sagrado Coração, a nova Arca em que as almas devem entrar para salvarem-se da enchente e do dilúvio do pecado. Mas, enquanto um gume abria os tesouros do peito de Jesus, o outro atravessou a alma de Maria. Simeão anunciara que uma espada lhe transpassaria a alma; dessa vez, ela veio através do lado aberto de seu Filho. Dois corações foram perfurados por uma espada só — perfurado literalmente no caso Dele, metaforicamente no dela. É essa simultaneidade de golpes, esse transpassar do Coração Dele e da alma dela, que nos une na adoração ao Sagrado Coração de Jesus e na veneração ao Imaculado Coração de Maria. As pessoas jamais unem-se na alegria como se unem na dor. Os prazeres da carne unem, mas sempre com uma mancha de egoísmo, porque o ego coloca-se no "tu" da outra pessoa para ali encontrar seus deleites. Mas nas lágrimas e na dor, o ego morre antes de adentrar o "tu", e não se deseja nada além do bem do próximo. Nessas sucessões de golpes, Jesus sofre pela Mãe, que tanto deve padecer por causa Dele; Maria sofre pelo Filho, sem se importar com o que acontece consigo. Quanto mais consolo uma pessoa encontra nas criaturas, menos encontra em Deus. Poucos são capazes de consolar. Na verdade, apenas os que já partiram podem consolar. Nenhum humano é capaz de aliviar a solidão de Maria. Apenas seu divino Filho é capaz de fazê-lo. Nosso Senhor enluta-se para fazer de Maria consolo e modelo para as mães que perdem os filhos em campos de batalha e para as esposas que perdem os maridos em meio às alegrias do amor. Ninguém jamais poderá dizer: "Deus não conhece a agonia de um leito de morte; Deus não conhece o amargor das minhas lágrimas." A sexta dor ensina a lição que só Deus pode consolar-nos em tamanha tristeza.

Depois de rebelar-se contra Deus no Paraíso abusando da liberdade humana, Adão um dia deparou-se com o cadáver do filho, Abel. Ao levá-lo para Eva, ele o colocou em seu colo. Ela falou, mas Abel não respondeu. Isso jamais acontecera. Levantaram seus braços, mas ambos caíram moles pelos lados. Então lembraram-se: "no dia em que comerdes o fruto daquela árvore, morrereis indubitavelmente." Foi a primeira morte do mundo.

O ciclo do tempo gira, e o novo Abel, morto pela raça assassina de Caim, é tirado da cruz e posto sobre o colo da nova Eva, Maria. Para as mães, seus filhos nunca crescem. Por um instante, Maria deve ter pensado que voltara a Belém, que mais uma vez tinha um Menino no colo. Também havia outro José, José de Arimateia. Havia ainda especiarias e mirra para o enterro, com aroma que evocava o presente dos Magos na Natividade. Que prenúncio da morte foi o terceiro presente dos reis magos! A Criança mal nascera e o mundo sugeriu sua morte; no entanto, com justiça, pois Ele foi o único a vir ao mundo para morrer. Todos os outros vieram para viver. A morte era meta da sua vida, meta que sempre perseguiu.

Mas, Maria, aqui não é Belém, mas o Calvário. Ele não está branco como saíra do Pai, mas vermelho como saiu de nós. Na manjedoura, Ele era o cálice do ofertório, cheio do vinho tinto da vida. Agora, ao pé da cruz, seu corpo é um cálice drenado de todo sangue pela redenção da humanidade. Não havia lugar na estalagem para Ele no nascimento; não há lugar na estalagem para Ele na morte. "O Filho do Homem não tem onde recostar a cabeça" a não ser nos braços da Mãe.

Na parábola do filho pródigo, Nosso Senhor só nos conta do pai bondoso. Por que o Evangelho se cala sobre a mãe do filho pródigo? Creio que a resposta está na dor da nossa Mãe. Jesus é o verdadeiro filho pródigo. Maria, a mãe do divino pródigo que deixou a morada celeste do Pai para aventurar-se nesta nossa terra estrangeira. Ele "esbanjou sua substância", gastou seu corpo e seu sangue, para que pudéssemos recuperar a nossa herança no Céu. E agora está caído entre os cidadãos de um país alheio à vontade de seu Pai e guarda os porcos dos pecadores. Ele prepara-se para voltar à casa do Pai. No caminho para o Calvário, a Mãe desse Filho o encontra. Nesse instante, ela tornou-se mãe de todos os filhos pródigos do mundo, ungindo-os com as especiarias da intercessão e preparando-os para o dia, não muito distante, quando a vida e a ressurreição fluirão em suas veias enquanto caminham nas asas da manhã.

Sétimo Golpe da Espada

Não pode mais haver dores depois da Ressurreição, quando a morte será tragada pela vitória. Mas até que se rompessem as cadeias do pó, havia ainda uma grande dor que Jesus teve de querer e Maria aceitar, a fim de que aqueles que enterram seus entes queridos jamais perdessem a esperança e a consolação. Nosso Senhor cravou a espada do enterro no próprio Coração, pois queria que o homem jamais tivesse uma pena pelo pecado que Ele mesmo não tivesse padecido. Como Jonas nas entranhas da baleia por três dias, Ele ficaria nas entranhas da terra por três dias. O Credo dos Apóstolos põe tamanha ênfase nessa dor que menciona o fato de Nosso Senhor ter sido "sepultado".

Mas Nosso Senhor não transpassou sua própria alma com a dor do sepultamento sem ao mesmo tempo golpear a alma de Maria com ela. Com o acontecido, a terra escurece, pois o sol tinha vergonha de iluminar o crime de deicídio. A terra também tremeu e os mortos saíram das covas. Em meio a esse cataclisma da natureza, Maria prepara o Corpo de seu Filho divino para o enterro. O Éden retornou; Maria planta na terra a Árvore da Vida, que florescerá em três dias.

Todas as dores sem pai, sem mãe, sem esposo, sem esposa que já partiram o coração dos seres humanos agora recaíam sobre a alma de Maria. O máximo que alguém já perdeu para a morte foi uma criatura, mas Maria estava enterrando o Filho de Deus. É difícil perder um filho ou uma filha, mas é ainda mais difícil enterrar Cristo. Perder a mãe é uma tragédia, mas perder Cristo é o inferno. No amor de verdade, dois corações não se juntam em doce servidão mútua, mas se fundem num só coração. Isso vale especialmente para Jesus e Maria. Assim como Adão e Eva caíram pelo prazer de comer uma maçã, também Jesus e Maria uniram-se pelo prazer de comer o fruto da vontade do Pai. Nesses momentos, não há solidão, mas desolação — não uma desolação exterior como na perda do Menino por três dias; trata-se de uma desolação interior, provavelmente tão profunda a ponto de estar além de qualquer expressão por meio de lágrimas. Algumas alegrias são tão intensas que não provocam nem mesmo um sorriso; assim, há também dores que jamais produzem uma lágrima sequer. A dor de Maria no enterro de Nosso Senhor foi provavelmente desse tipo. Se ela pudesse chorar, aliviaria um pouco a tensão. Mas aqui as únicas lágrimas eram vermelhas, derramadas no horto oculto de seu coração! Não se pode imaginar nenhuma dor depois desta; foi a última dos sacramentos da dor. A Espada Divina não podia querer outros golpes depois deste, nem para Cristo nem para Maria. Penetrara ambos os corações até o cabo, e quando isso acontece, já se está além de qualquer consolação humana. Na sexta dor, havia ao menos o consolo do Corpo; agora, mesmo este se foi. O Calvário era como o silêncio gélido de uma Igreja na Sexta-Feira Santa após o Santíssimo Sacramento ser reservado. Só se pode montar guarda em um túmulo.

Em pouco tempo, a Espada será retirada, pois a Ressurreição cura as feridas. No Dia de Páscoa, o Salvador portará as cicatrizes da sua Paixão para provar que o amor é mais forte que a morte. Mas acaso Maria não portará as cicatrizes dos sete golpes da Espada contra sua própria alma? A Ressurreição significará para ambos a volta da Espada à bainha, pois a dívida do pecado está paga e o homem está redimido. Ninguém é capaz de descrever as dores que ambos suportaram, e ninguém é capaz de descrever a santidade que Maria atingiu por participar, o mais que podia enquanto criatura, da obra da Redenção. Desse dia em diante, Deus permitirá dores, sofrimentos e aflições aos seus cristãos, mas tudo não passará de picadas da Espada quando comparado ao que Ele sofreu e Maria suportou. A Espada que Cristo cravou no próprio Coração e na alma de Maria perdeu o fio depois de tantos golpes e já não pode voltar a ferir com tamanha violência. Quando a Espada vier, como Maria, devemos ver "a sombra da mão Dele estendida em carícias".[8]

---

8 | Francis Thompson, "The Hound of Heaven" [O cão de caça do Céu], 1890.

22

A MULHER E O ÁTOMO

Há uma justificativa para um pouco da ansiedade de hoje, mas ninguém tem direito de perder a esperança. Contudo, os profetas da melancolia abundam, e os discípulos da esperança são poucos. Mas antes de dar razões para a esperança, convém investigar o motivo de tanta apreensão hoje. O homem vive em medo, mas diferente de todo medo passado. Primeiro, porque o homem costumava temer a Deus, com um temor filial que o fazia não querer magoar Aquele que o amava. Mais tarde, já não temia Deus, mas seus semelhantes diante de um mundo em colapso por duas Guerras Mundiais em 21 anos. Agora chegamos ao último e mais terrível dos medos, que faz o homem tremer diante da menor coisa do universo: o átomo!

A bomba atômica fez *a humanidade inteira* sentir um medo repentino que antes apenas se sentia individualmente: a morte. A morte tornou-se inesperadamente um fenômeno que não apenas a pessoa deve enfrentar, mas a sociedade ou civilização em si. Aqueles que negavam a imortalidade pessoal costumavam refugiar-se na imortalidade coletiva, dizendo que embora o indivíduo pereça, a sociedade continuaria A bomba atômica tornou a imortalidade coletiva um mito e restaurou a imortalidade pessoal como grande problema da nossa época.

A segunda razão para o medo é o fato de a religião ter uma vez mais se tornado o fator primário da vida humana, e não por motivos religiosos, mas políticos. As guerras foram religiosas ao longo de toda história pré-cristã e cristã. Babilônios, persas, gregos e romanos, todos eles travaram guerras religiosas. Travaram-nas em nome de seus deuses contra povos que acreditavam em outros tipos de deuses. Nos tempos cristãos, as guerras continuaram a ser religiosas. O Islã é uma religião e, como tal, esmagou o cristianismo, reduzindo o número de bispos na África de 750 no século VII para apenas cinco no século XI, de modo que hoje a África precisa ser reevangelizada. O Islã é uma religião que crê em Deus, mas combate contra aqueles que creem ter Deus se revelado no seu Filho divino, Nosso Senhor e Salvador Jesus Cristo. Nas guerras de antigamente, os combatentes não brigavam para saber qual é a finalidade do homem, pois sabiam que era a união com Deus. A disputa consistia apenas em saber qual o melhor meio para atingir essa finalidade.

Mas hoje tudo isso mudou. Já não há mais conflitos de deuses contra deuses, ou de religiões inferiores contra o cristianismo; antes, o que existe é o fenômeno absolutamente novo de uma força antirreligiosa que se opõe a toda religiosidade. O comunismo não é um ateísmo que nega Deus intelectualmente à maneira do adolescente que acaba de ler as primeiras 15 páginas de um livro didático de biologia. Antes: o comunismo é a vontade de destruir Deus. Não quer tanto negar a existência de Deus, mas O desafiar, tornar má a sua essência, fazendo do homem, na forma de um ditador, senhor e mestre do mundo.

Queiramos ou não, somos agora confrontados não por uma escolha entre religiões, mas pela alternativa suprema entre Deus e anti-Deus. Nunca antes democracia e fé em Deus estiveram tão identificadas; nunca antes ateísmo e tirania estiveram tão irmanados. A preservação da civilização e da cultura equivale agora à preservação da religião. Se as forças anti-Deus do mundo vencerem, a cultura e a civilização desaparecerão, e teremos de começar tudo de novo.

Isso leva à terceira característica do medo moderno, a saber, a dissolução do homem na natureza. Para ser feliz, o homem precisa cultivar duas relações: uma vertical, com Deus, e outra horizontal, com os outros homens. Nos tempos modernos, o homem primeiro corta suas relações verticais com Deus pela indiferença e a irreligiosidade, e depois as relações horizontais com o próximo por meio da guerra e dos conflitos civis. O homem tentou compensar a perda de ambas com uma nova dimensão, a profundidade, buscando perder-se na natureza. Ele, antes cheio de um orgulho justo por ter sido feito à imagem e semelhança de Deus, começou a gabar-se de ser o criador de si mesmo e de ter feito Deus à sua imagem e semelhança. Desse humanismo falso veio a noção de que o humano descende do animal, pela qual o homem reconheceu vir da fera e imediatamente pôs-se a prová-lo agindo feito uma fera em guerras. Mais recentemente, ele fez-se um com a natureza, dizendo não passar de um arranjo complexo de elementos químicos. Agora chama a si mesmo de "homem atômico", enquanto a teologia se transforma em psicologia, a psicologia em biologia e a biologia em física.

É compreensível o que Cournot quis dizer quando afirmou que no século XX Deus deixaria os homens ao destino das leis mecânicas das quais Ele próprio é o autor. A bomba atômica age na humanidade como o excesso de álcool age no indivíduo. Quando um homem abusa da natureza do álcool e bebe excessivamente, o álcool faz seu próprio juízo. Diz ao alcoólatra: "Deus me fez. Quis que eu fosse usado com racionalidade, isto é, para a cura e o convívio. Mas você abusou de mim. Assim, vou voltar-me contra você, porque você se voltou contra mim. De agora em diante, você terá enxaquecas, tonturas e dores de estômago. Vai perder a razão; vai tornar-se meu escravo, e isso apesar de eu não o desejar."

O mesmo vale para o átomo. Ele diz ao homem: "Deus me criou. Ele colocou a fissão atômica no universo. É assim que o sol ilumina o mundo. O grande poder que a Onipotência encerrou em mim foi feito para servir-lhe em fins pacíficos: iluminar suas cidades, girar seus motores, aliviar os fardos do homem. Mas em vez disso, como Prometeu, você roubou o fogo de céu a fim de usá-lo, pela primeira vez, para destruir civis. Seu primeiro uso da eletricidade não foi matar um homem, mas você usou a bomba atômica pela primeira vez para aniquilar cidades. Por esse motivo, vou voltar-me contra você, fazê-lo temer aquilo que deveria amar, fazer milhões de corações encolherem-se de pavor por causa dos seus inimigos; vou fazer com você o que você fez com eles e tornar a humanidade vítima de Frankenstein, acovardada em abrigos antibombas por causa dos próprios monstros que criou."

Não é que Deus tenha abandonado o mundo; foi o mundo que abandou Deus e atrelou sua sorte à natureza divorciada do Deus da Natureza. Ao longo da história, o homem sempre se perverteu quando, voltando as costas para Deus, identificou-se com a natureza. O novo nome para natureza é ciência. Bem compreendida, a ciência significa ler a sabedoria de Deus no livro da natureza, criada por Deus. Mal compreendida, a ciência significa ler as provas do livro da natureza e ao mesmo tempo negar que o livro teve Autor. A natureza ou ciência é uma criada do homem sob Deus; divorciada de Deus, porém, a natureza ou ciência é tirânica, e a bomba atômica é o símbolo de sua tirania.

Como o homem treme diante da natureza sem Deus, a única esperança da humanidade deve ser encontrada na natureza em si. É como se Deus, em sua misericórdia, ainda desse esperança nessa própria natureza ao homem que lhe dá as costas e baixa os olhos. Há esperança, e uma esperança grande. A esperança está, em última análise, em Deus, mas as pessoas estão tão longe Dele que são incapazes de dar o salto de imediato. Temos de começar pelo mundo como ele é. Mas existe algo sem mancha e inteiro em toda a natureza com o qual possamos começar o caminho de volta? Há uma coisa, que Wordsworth chamou de "o orgulho solitário da natureza manchada". Essa esperança está na Mulher. Ela não é deusa, não é divina, não merece qualquer adoração. Mas ela saiu da nossa natureza física e cósmica tão santa e boa que Deus, ao vir para esta terra, a escolheu como Mãe e Mulher do mundo.

É de particular interesse que a teologia dos russos, antes de eles serem esmagados pelo coração frio dos anti-Deus, ensinava que, quando o mundo rejeitava o Pai Celeste, Este enviava seu Filho, Jesus Cristo, para iluminá-lo. Em seguida, previam que quando o mundo rejeitasse Nosso Senhor, como faz hoje, a luz de sua Mãe emergiria na noite escura para iluminar as trevas e conduzir o mundo à paz. A bela revelação da nossa Mãe em Fátima, Portugal, de abril a outubro de 1917, foi outra prova da tese russa de que, quando o mundo lutasse contra o Salvador, Ele enviaria sua Mãe para salvar-nos. E sua maior revelação ocorreu precisamente no mesmo mês em que a Revolução Bolchevique começou.

O que se disse na ocasião é por demais conhecido para repetirmos. Nossa preocupação agora é com a dança do sol, que teve lugar em 13 de outubro de 1917. Aqueles que amam a Mãe de Nosso Senhor não precisam de mais provas desse acontecimento. Como aqueles que infelizmente desconhecem ambos só aceitam provas fornecidas pelos que rejeitam tanto Nosso Senhor como sua Mãe, ofereço a descrição do evento dada pelo editor do jornal anarquista português *O Século*, que estava entre as setenta mil testemunhas do incidente naquele dia. Foi:

> um espetáculo único e inacreditável, se não o tivesse presenciado [...]. Via-se a multidão imensa voltada para o sol, que se mostrava sem nuvens ao meio-dia. O astro do céu lembrava uma placa de prata, e era possível fitá-lo sem o mínimo

esforço. [...] Aos olhos deslumbrados daquele povo, cuja atitude nos transporta aos tempos bíblicos e que, pálido de assombro, cabeça descoberta, contemplava o azul do céu, o sol pôs-se a tremer com movimentos bruscos, nunca observados anteriormente e fora de todas as leis cósmicas. O sol "dançou", segundo a típica expressão dos camponeses... [...] Juravam que o sol girara sobre si mesmo, como uma roda de fogos de artifício; que parecera descer quase a ponto de queimar a terra com os seus raios... [...] Cabe aos competentes explicar a dança macabra do sol que hoje, em Fátima, fez explodir hosanas do coração dos crentes e impressionou, como afirmam testemunhas fidedignas, até os livres-pensadores e outras pessoas absolutamente indiferentes em matéria religiosa.

Outro periódico ateu e antirreligioso, *A Ordem*, escreveu: "O sol, umas vezes rodeado de chamas escarlates, outras aureolado de amarelo e roxo esbatido, outras ainda animado de um velocíssimo movimento de rotação, pareceu desprender-se do céu, aproximar-se da terra e irradiar um calor intenso."

Por que Deus todo-poderoso teria escolhido confirmar a mensagem de Nossa Senhora em Fátima em 1917 sobre o fim da Primeira Guerra Mundial, sobre o começo da Segunda Guerra em 1939, com a fonte natural de calor e a luz únicos e indispensáveis? Só nos é possível especular.

Há três maneiras possíveis de interpretar o Milagre do Sol. A primeira é considerá-lo como um alerta da bomba atômica, que, como um sol cadente, escureceria o mundo. Pode ter sido mesmo um presságio do dia em que o homem, como um Prometeu, roubou o fogo do céu e fez chover como morte em Nagasaki e Hiroshima.

Por outro lado, o milagre pode ser visto como sinal de esperança: a Mulher que veio da natureza é mais poderosa que as forças da natureza. A bomba atômica explode por fissão, ou seja, porque um átomo despedaça outro. Mas a fissão atômica é a maneira como o sol ilumina o mundo. Deus colocou a fissão atômica no universo; do contrário, não a teríamos descoberto. Em Fátima, o fato de Maria poder balançar o sol "como um brinquedo em seu pulso" prova que Deus lhe deu poder sobre ele, não um poder para a morte, mas para a luz, a vida e a esperança. Como anunciado na

Escritura: "E agora no céu apareceu um grande sinal: uma mulher vestida de sol" (Ap 12, 1).

Há uma terceira maneira de enxergar o Milagre do Sol, que é considerá-lo uma miniatura e um camafeu do que pode vir a acontecer com o mundo, isto é, de algum cataclisma ou uma catástrofe repentina que faria o mundo tremer horrorizado como os setenta mil presentes em Fátima no dia. Essa catástrofe poderia ser a explosão precoce ou descontrolada de uma bomba atômica que, literalmente, faria a terra tremer. Não se trata de uma perspectiva fora do reino das possibilidades. Einstein e Lindbergh, em seus escritos científicos, descrevem isso como um perigo. Mas melhor do que o testemunho de qualquer um dos dois é o discurso do Santo Padre Pio XII durante a sessão de abertura da Pontifícia Academia de Ciência em 21 de fevereiro de 1943, dois anos antes de a primeira bomba atômica ser lançada.

> Como os átomos são extremamente pequenos, não se pensava seriamente que pudessem jamais adquirir uma importância também na ordem prática. Hoje, pelo contrário, tal questão tomou um aspecto inesperado, depois dos resultados da radioatividade artificial. Estabeleceu-se de fato que na desagregação que um átomo de urânio sofre, se for bombardeado por um nêutron, tornam-se livres dois ou três nêutrons, cada um dos quais se lança sozinho e pode encontrar e fraturar outro átomo de urânio. De modo que se multiplicam os efeitos, e pode acontecer que o choque, continuamente em crescimento dos nêutrons sobre átomos de urânio, faça aumentar em breve tempo o número de nêutrons tornados livres, e proporcionalmente a soma de energia que deles se desenvolve, até uma medida enorme e apenas imaginável. De um cálculo especial resultou que, de tal modo em um metro cúbico de pó de óxido de urânio, em menos de um centésimo de segundo desenvolve-se uma energia suficiente para elevar a 27 mil metros um peso de um milhão de toneladas: uma soma de energia que poderia substituir, por muitos anos, a ação de todas as grandes centrais elétricas de todo o mundo. Planck termina observando que, se bem não se possa ainda pensar em colocar tecnicamente em proveito dos povos um tão tempestuoso processo, todavia, está aberto o caminho para importantes possibilidades, de maneira

que o pensamento da construção de uma máquina de urânio não pode ser estimado como mera utopia. Sobretudo seria importante que não se deixasse efetuar tal processo em modo de explosão, mas que se freasse o curso com adaptados e especiais meios químicos. De outro modo, poderia disto surgir não só no próprio lugar de experiência, mas também para todo o nosso planeta, uma perigosa catástrofe.

No dia 13 de outubro de 1917, fiéis e ateus prostraram-se no chão durante o Milagre do Sol. Em sua maioria, suplicavam o perdão e a misericórdia de Deus. Aquele sol rodopiante, girando feito uma roda-gigante e baixando à terra como se a fosse queimar com seus raios, pode ter sido o prenúncio de um espetáculo mundial que fará milhões ajoelharem-se num renascimento da fé. Assim como Maria revelou-se naquele primeiro Milagre do Sol, que também nós possamos ansiar por uma nova revelação do poder dela quando o mundo iniciar seu próximo ensaio para o *Dies Irae*.

A devoção a Nossa Senhora de Fátima na verdade consiste em pedir a uma Mulher que salve o homem da natureza, que se tornou destrutiva por causa do intelecto rebelde do próprio homem. Noutros momentos da história, ela foi mediadora do seu Filho divino para os homens; mas agora ela é mediadora para a natureza. Ela toma o poder atômico, que é o sol, e mostra que é seu e o usa para a paz. E, contudo, não é sem o homem que ela o salva da natureza, assim como não foi sem o seu consentimento livre que Deus salvou a humanidade do pecado. Em Lourdes, por três vezes Nossa Mãe repetiu: "Penitência, penitência, penitência." Em Fátima, ouve-se a mesma antífona penitencial uma e outra vez. O átomo não destruirá o homem, se o homem não destruir a si próprio. Um átomo em revolta é apenas um símbolo do homem em revolta. Mas a humanidade arrependida conquistará uma natureza totalmente controlada. Como a ameaça da destruição de Nínive, a ameaça de outra guerra mundial é condicional.

Nossa Mãe revelou em Fátima em 1917 que a Primeira Guerra Mundial acabaria dali a um ano. Se os homens se arrependessem, ela disse, haveria uma grande era de paz e prosperidade no mundo. Do contrário, outra guerra mundial, pior do que a primeira, teria início durante o reinado do pontífice seguinte (Pio XI). Assim, a Guerra Civil Espanhola foi vista, da perspectiva do Céu, como a abertura das cortinas e o prólogo da Segunda Guerra Mundial. Essa guerra seria o meio pelo qual Deus "vai punir o mundo pelos seus crimes, por meio da guerra, da fome e de perseguições à Igreja e ao Santo Padre".

> Para o impedir, virei pedir a consagração da Rússia ao meu Imaculado Coração e a comunhão reparadora nos primeiros sábados. Se atenderem aos meus pedidos, a Rússia se converterá e terão paz; se não, espalhará os seus erros pelo mundo, promovendo guerras e perseguições à Igreja. Os bons serão martirizados, o Santo Padre terá muito que sofrer, várias nações serão aniquiladas.

Em seguida está um parágrafo faltante, que a Igreja ainda não revelou ao mundo.[9] Provavelmente refere-se a esses tempos. Em seguida, como

---

9 | O Autor talvez confunda o "parágrafo faltante" com a terceira parte do segredo de Fátima, só tornada pública no ano 2000. Seu conteúdo é:

J.M.J.

A terceira parte do segredo revelado a 13 de Julho de 1917 na Cova da Iria-Fátima.
Escrevo em ato de obediência a Vós Deus meu, que mo mandais por meio de sua Ex.ª Rev.mo o Senhor Bispo de Leiria e da Vossa e minha Santíssima Mãe.
Depois das duas partes que já expus, vimos ao lado esquerdo de Nossa Senhora um pouco mais alto um Anjo com uma espada de fogo na mão esquerda; ao cintilar, despedia chamas que parecia iam incendiar o mundo; mas apagavam-se com o contacto do brilho que da mão direita expedia Nossa Senhora ao seu encontro: O Anjo apontando com a mão direita para a terra, com voz forte, disse: Penitência, Penitência, Penitência! E vimos n'uma luz imensa que é Deus: "algo semelhante a como se veem as pessoas num espelho quando lhe passam por diante" um Bispo vestido de Branco e "tivemos o pressentimento de que era o Santo Padre". Vários outros Bispos, Sacerdotes, religiosos e religiosas subir uma escabrosa montanha, no cimo da qual estava uma grande Cruz de troncos toscos como se fora de sobreiro com a casca; o Santo Padre, antes de chegar aí, atravessou uma grande cidade meio em ruínas, e meio trêmulo com andar vacilante, acabrunhado de dor e pena, ia orando pelas almas dos cadáveres que encontrava pelo caminho; chegado ao cimo do monte, prostrado de joelhos aos pés da grande Cruz, foi morto por um grupo de soldados que lhe dispararam vários tiros e setas, e assim mesmo foram morrendo uns trás outros os Bispos, Sacerdotes, religiosos e religiosas e várias pessoas seculares, cavalheiros e senhoras de várias classes e posições. Sob os dois braços da Cruz estavam dois Anjos, cada um com um regador de cristal na mão; neles recolhiam o sangue dos Mártires e com ele regavam as almas que se aproximavam de Deus.
Tuy-3-1-1944.

que indicando que seriam tempos difíceis, vem o parágrafo de conclusão: "Por fim, o meu Imaculado Coração triunfará. O Santo Padre consagrar-me-á a Rússia, que se converterá, e será concedido ao mundo algum tempo de paz."

Arrependimento, oração, sacrifício: eis as condições para a paz, porque esses são os meios pelos quais o homem é recriado. Fátima projeta uma nova luz sobre a Rússia, pois faz uma distinção entre a Rússia e os soviéticos. Não é o povo russo que deve ser vencido pela guerra; ele já sofre o bastante desde 1917. É o comunismo que deve ser esmagado. Isso pode ser feito por uma revolução a partir de dentro. É bom recordar que a Rússia não possui uma, mas duas bombas atômicas. Sua segunda bomba é sofrimento acumulado do seu povo sobre o jugo da escravidão, e quando ele explodir, será com uma força mil vezes maior do que a da fissão do átomo! Precisamos de uma revolução também, assim como a Rússia. Nossa revolução deve fazer-se a partir dos nossos corações, isto é, pela recriação das nossas vidas. À medida que avançarmos na nossa revolução, a revolução da Rússia vai acompanhar-nos.

Oh, Maria, exilamos seu Divino Filho de nossas vidas, de nossas assembleias, de nossa educação e famílias! Vinde com a luz do sol como símbolo do poder Dele! Curai nossas guerras, nossa inquietação sombria; resfriai as bocas dos canhões, tão quentes da guerra! Tirai nossas mentes do átomo e nossas almas da lama da natureza! Dai-nos renascer em vosso Divino Filho, nós, pobres filhos da terra já entrados em anos! Avançai, Mulher, em vosso assalto à Onipotência! Constrangei-nos todos a alistarmo-nos como vossos guerreiros de paz e amor!

DIREÇÃO EDITORIAL
Daniele Cajueiro

EDITOR RESPONSÁVEL
Hugo Langone

PRODUÇÃO EDITORIAL
Adriana Torres
Laiane Flores
Juliana Borel

REVISÃO DE TRADUÇÃO
Horácio Cardoso

REVISÃO
Rita Godoy
Mariana Gonçalves

CAPA
Victor Burton

DIAGRAMAÇÃO
DTPhoenix Editorial

Este livro foi impresso em 2022
para a Petra.